LA

PROPRIÉTÉ INDUSTRIELLE

ET LA

PROPRIÉTÉ LITTÉRAIRE ET ARTISTIQUE

EN FRANCE ET A L'ÉTRANGER

LA

PROPRIÉTÉ INDUSTRIELLE

ET LA

PROPRIÉTÉ LITTÉRAIRE ET ARTISTIQUE

EN FRANCE ET A L'ÉTRANGER

PAR

CH. FLINIAUX

AVOCAT AU CONSEIL D'ÉTAT ET A LA COUR DE CASSATION.

LÉGISLATION ET JURISPRUDENCE FRANÇAISES
LÉGISLATIONS ÉTRANGÈRES
ET CONVENTIONS INTERNATIONALES

PARIS

LIBRAIRIE CH. DELAGRAVE

15, RUE SOUFFLOT, 15

1879

Tout exemplaire non revêtu de notre griffe, sera réputé contrefait.

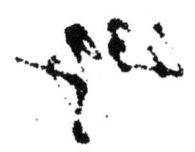

PRÉFACE

~~~~~~~~~~~~~~~

Voulant faire un livre dont le principal mérite soit celui de la concision, nous commencerons par être bref dans notre préface.

Notre but a été de donner, dans un cadre restreint, le résumé le plus complet possible de tout ce qui concerne en France et à l'étranger la *propriété industrielle* et la *propriété littéraire et artistique*.

Nous avons traité successivement, et en suivant une méthode uniforme d'analyse, les diverses branches de la propriété industrielle : les brevets d'invention, les dessins des modèles de fabrique, et les marques de fabrique ou de commerce, en y joignant les conventions internationales conclues avec la France. Pour l'étude de la propriété littéraire et artis-

tique nous avons adopté les trois divisions,
que les lois les plus nouvelles semblent ac-
centuer de plus en plus , savoir : en œuvres
littéraires proprement dites, œuvres dramatiques, et œuvres artistiques, et nous y avons
joint les conventions internationales conclues
avec la France.

A la législation française nous avons ajouté
les documents de jurisprudence qui nous ont
paru nécessaires pour faire un recueil utile et
substantiel, tout en gardant des proportions
dont ne puissent s'effrayer ceux qui, pour
toutes sortes de bonnes raisons, redoutent les
trop gros volumes.

APERÇU GÉNÉRAL

DES

DIVERSES LÉGISLATIONS

PROPRIÉTÉ INDUSTRIELLE.

I. — BREVETS D'INVENTION.

Une idée nouvelle, lorsqu'elle s'applique aux choses industrielles, crée des droits particuliers, celui qui a trouvé un système inconnu avant lui, ne peut s'en servir exclusivement que si une loi spéciale le protége ; le droit commun ne peut lui être applicable ; car non-seulement il réclame la propriété matérielle sur ce qu'il a produit, mais il prétend empêcher qu'on ne produise rien de semblable. De plus, il est certain que l'inventeur a profité des œuvres de ses devanciers et en outre qu'il est utile pour la Société de pouvoir user librement de la découverte nouvelle.

C'est par suite de cette situation exceptionnelle de l'inventeur vis-à-vis du public, qu'il a fallu établir des règles particulières en cette matière.

Parmi toutes les législations, la loi la plus ancienne et qui a posé les premiers principes de réglementation fut la loi française du 7 janvier 1791,
qui suivit l'abolition des priviléges. Cet exemple
ne commença à être suivi que plus de trente ans
après environ; actuellement, sauf dans les Pays-
Bas, en Suisse et en Turquie, tous les peuples de
l'Europe protégent l'inventeur; les lois les plus
récentes sont celles d'Italie du 30 octobre 1860,
des États-Unis du 4 mars 1861, de la République
Argentine du 11 octobre 1864, du Mexique du
3 novembre 1865, du Canada du 15 juin 1872, de
l'empire Allemand du 3 mai 1877.

Chez la plupart des nations, le gouvernement
délivre à l'inventeur un titre établissant sa pré-
tention à l'invention qu'il présente. Ce titre, est
généralement appelé brevet ou patente d'invention,
et l'on distingue les brevets d'invention proprement dits, les certificats d'addition, les brevets
de perfectionnement, les brevets d'introduction et
les brevets d'importation.

Les *brevets d'invention* proprement dits sont accordés pour les inventions entièrement nouvelles
ne se rattachant à aucun autre procédé faisant
l'objet d'un brevet antérieur, non tombé dans le
domaine public.

· Les *certificats d'addition* sont donnés dans certains pays à celui qui a déjà obtenu un brevet,
pour les perfectionnements qu'il a trouvés depuis

lors et pour lesquels il ne veut pas faire les frais d'un brevet nouveau.

Le *brevet de perfectionnement* se rattache à une invention dont le brevet n'est pas tombé dans le domaine public, et il peut être pris sous certaines conditions par l'inventeur primitif ou parfois par un tiers.

Le *brevet d'introduction* s'applique aux inventions connues à l'étranger, mais encore ignorées dans le pays où le brevet est demandé.

Le *brevet d'importation* concerne les inventions connues et de plus brevetées à l'étranger, mais ignorées dans le pays où le nouveau brevet est demandé.

Les brevets sont partout accordés sans garantie du gouvernement, c'est-à-dire sans que le titre donné à l'inventeur soit un obstacle à ce que les tiers contestent la réalité, la nouveauté ou le mérite de l'invention. Parfois des commissions spéciales sont chargées d'examiner les demandes, et le public est admis à faire opposition à la délivrance du brevet, mais généralement le brevet est accordé à tous ceux qui, à tort ou à raison, en font la demande.

Aucune nation n'a reconnu à l'inventeur un droit perpétuel résultant de son brevet, et le terme le plus ordinairement concédé pour le brevet d'invention proprement dit est celui qui ne dépasse pas quinze ans ; la France, l'Espagne, le Portugal, l'Italie, l'empire d'Allemagne, l'Autriche, la Suède, et aussi la Grèce, le Japon, le Canada, la République Argentine, ont adopté cette limite ; le maximum est de 17 ans aux États-Unis, de 20 ans en Belgique, en Danemark, au Brésil. Quant au Mexique, il n'accorde que 12 ans, et l'Angleterre 14 ans ; la Russie, la Norwége, le Paraguay, 10 ans.

Nulle part le brevet n'est gratuit ; il donne lieu à une taxe soit unique, soit périodique, soit progressive.

Les formalités à remplir pour l'obtention d'un brevet sont partout précisées avec soin ; il est en effet important que la nature de l'invention soit bien spécifiée ; la chose même qui fait l'objet du brevet n'est point déposée, mais il faut la remplacer par une description et des dessins.

Pour éviter toute méprise de la part du public et empêcher qu'une invention ne soit imitée par ignorance des droits de l'inventeur, une grande publicité est donnée aux brevets et les descriptions sont mises dans des conditions diverses à la disposition du public.

C'est dans un but semblable que souvent les cessions de brevets sont soumises à un enregistrement qui doit être fait au lieu même où la demande de brevet a été déposée.

Les causes de nullités et de déchéances sont en général fort nombreuses : on ne les distingue pas toujours assez bien les unes des autres, et cependant dans le cas de nullité le brevet n'a jamais existé, et, s'il y a seulement déchéance, il a été valable jusqu'au moment où le vice s'est produit. On peut regretter que parmi ces causes de déchéances on ait placé presque partout le non-paiement de la taxe; car ce n'est là qu'une mesure fiscale indépendante du brevet lui-même; il serait plus rationnel de doubler ou même tripler la taxe lorsqu'elle n'est pas payée en temps utile, et de ne faire de ce non-paiement qu'une fin de non-recevoir que le contrefacteur pourrait opposer jusqu'à ce que le montant en ait été acquitté.

Ce n'est pas tout d'avoir un brevet; pour le conserver il faut s'en servir, car, lorsqu'il n'est point exploité pendant un temps déterminé, il tombe dans le domaine public; partout la loi veut que l'idée profite à tous et qu'elle ne reste point inutile au progrès de la science industrielle.

Mais était-il nécessaire de sacrifier pour cela l'inventeur? ce dernier peut être malheureux, et ce sont généralement ceux qui possèdent le moins qui trouvent le plus difficilement à emprunter, surtout s'il s'agit de commencer une exploitation importante sur des éléments nouveaux; il serait certainement plus équitable de ne permettre l'exploitation par les tiers, pendant la durée du brevet restant à courir, que moyennant une indemnité à régler par experts devant les tribunaux à la fin de chaque année.

La plupart des législateurs ont adopté la confiscation du matériel et des produits comme une des

peines de la contrefaçon, indépendamment des
dommages-intérêts ; l'emprisonnement n'a le plus
souvent été admis que pour le cas de récidive ;
enfin on ne s'accorde pas sur la question de savoir
si la bonne foi doit être considérée comme une
excuse.

Quoiqu'il en soit, dans l'état actuel de la question, il serait très-facile d'arriver chez les différents peuples à une grande similitude de législations ; on pourra s'en convaincre en comparant les
lois que nous avons analysées dans ce volume en
suivant un ordre uniforme qui permet plus facile-
ment le rapprochement des dispositions traitant
des mêmes questions.

II. — Dessins ou Modèles de fabrique.

Le dessin ou modèle de fabrique est toute œuvre
de dessin, peinture ou sculpture composée dans le
but de la prendre pour type afin de la reproduire
au moyen d'appareils industriels.

La loi qui fait l'énumération la plus détaillée des
objets susceptibles d'être produits ou ornementés
au moyen de modèles, est la loi Anglaise qui cite les
tissus de lin, coton, laine, soie, les dentelles,
passementeries, lacets, fils, papiers de tentures
et toiles cirées ; les articles en métal, bois, verre,
poterie céramique, os, ivoire, papier mâché et
autres substances solides, les sculptures, modèles,

copies ou moulages reproduisant même des figures humaines ou d'animaux.

C'est la destination de l'œuvre qui donne le caractère de dessin ou modèle, et si ce but n'existe pas, l'œuvre est purement artistique.

Tous les États n'ont point encore réglementé cette matière, et l'on ne compte en Europe que la France, la Belgique, l'Angleterre, le Portugal, l'Italie, l'empire Allemand, l'Autriche, la Russie, et en Amérique que les États-Unis et le Canada.

La durée du droit de propriété, qu'il convient d'accorder sur ces sortes de compositions, est encore fort indécise ; en France, au Portugal et au Canada, elle peut être perpétuelle au choix du demandeur, mais en Allemagne elle n'est, au plus, que de 15 ans ; de 14 ans aux États-Unis ; de 10 en Russie ; de 5 en Belgique et en Angleterre ; de 3 en Italie.

Pour que l'objet protégé puisse être connu, il a fallu obliger au dépôt les auteurs des dessins ou modèles, et comme l'intérêt fiscal est toujours le corollaire d'un droit concédé, une taxe périodique a été établie ; on a essayé d'en varier la quotité suivant la nature et l'importance des objets, mais il est difficile d'arriver à une solution équitable, le succès de la composition nouvelle étant des plus incertains à quelque nature qu'elle appartienne.

Les nullités et déchéances sont peu nombreuses ; on s'accorde à reconnaître que le caractère de nouveauté doit exister, mais en dehors du dépôt et de la taxe, les lois ne spécifient rien et le déposant n'est pas obligé de se servir des modèles déposés.

Les peines sont partout pécuniaires ; elles consistent en confiscation, amendes et dommages-intérêts.

III. — MARQUES DE FABRIQUE ET DE COMMERCE.

Les marques sont les signes particuliers aux fabricants ou commerçants pour distinguer leurs produits ou marchandises et en indiquer la provenance au consommateur ; elles peuvent consister en toutes sortes d'emblèmes ; on admet généralement le nom du fabricant et même les lettres initiales, du moment qu'elles ont une forme tout exceptionnelle qui ne puisse amener une confusion fâcheuse avec d'autres marques semblables.

Le principe de propriété des marques a été reconnu dans la loi française du 22 germinal an XI, mais ce n'est que depuis vingt ans environ que cette matière a été réglementée dans les différents États ; en Amérique les États-Unis, le Canada, le Brésil, le Chili, la République Argentine ont depuis quelques années des lois sur cette matière ; en Europe, la Suisse, la Grèce et la Turquie sont les seuls États qui n'aient encore aucune disposition de ce genre.

Dans quelques pays les marques sont obligatoires pour certaines fabrications.

Les marques sont partout reconnues comme susceptibles d'un droit de propriété perpétuelle, mais à la condition d'en faire le dépôt et de le renouveler à des époques déterminées moyennant une taxe payable à chaque renouvellement

Quant aux peines, elles ne sont pas toujours pécuniaires seulement, l'emprisonnement est parfois prononcé par les lois, mais plusieurs ne l'admettent qu'en cas de récidive.

A côté des marques de fabrique il faut placer le *nom commercial;* l'usurpation du nom du fabricant se confond avec la marque et doit suivre les mêmes règles lorsqu'il est employé pour distinguer un produit d'un autre; il tombe sous les règles du droit commun lorsqu'il n'est pas usurpé comme marque, mais comme désignation d'un individu ou d'une raison sociale, non dans le but de tromper sur la provenance de la marchandise, mais dans l'intention d'attirer frauduleusement la clientèle.

Quant aux enseignes, c'est à tort qu'aucune loi n'en a fait mention; la jurisprudence peut les assimiler à l'usurpation de noms, mais il est difficile de leur appliquer la législation relative aux marques, puisque l'enseigne a pour but, comme le nom, de spécifier la maison et non de distinguer la marchandise.

IV. — CONVENTIONS INTERNATIONALES CONCERNANT LA PROPRIÉTÉ INDUSTRIELLE.

I. — Aucune convention n'a été conclue avec la France relativement aux *brevets d'invention*; la première raison, c'est que, à l'exemple de la loi française, les lois étrangères donnent une solution à la question du droit des étrangers et, sauf les États-Unis, ne les excluent pas complétement du bénéfice de la loi nationale. La seconde, c'est qu'il était difficile de décider qu'un brevet pris dans un pays pourrait, sans aucune formalité, valoir dans tous les autres; car les inventions se succèdant, sont le plus souvent greffées les unes sur les autres et si, d'après une expression vulgaire, les grands esprits se rencontrent quelquefois, c'est surtout sur le terrain des inventions, lorsqu'il s'agit d'arriver à l'application d'une découverte scientifique; c'est ainsi que, dès qu'on eut commencé à appliquer à l'industrie la vapeur et l'électricité, les appareils se multiplièrent dans des proportions infinies. Comment dès lors reconnaître les droits de chacun d'un bout du monde à l'autre ? Pour les grandes découvertes destinées à révolutionner tous les systèmes précédents, on pourrait y arriver à cause de la publicité donnée maintenant aux choses importantes de la science et de l'industrie; mais des milliers d'inventions modestes restent souvent dans l'ombre et ne font dans le monde d'autre bruit que celui de leurs machines; c'est à cause de celles-là qu'un droit international est pratiquement difficile et que chaque nation a dû se faire à elle-même son *modus vivendi*.

La plupart des pays ont admis les étrangers à prendre des brevets comme les nationaux eux-mêmes, sous la seule condition d'élire domicile chez un représentant. Quant au cas où un brevet aurait été déjà pris à l'étranger, il a été prévu par les brevets d'importation qui sont reconnus dans la plupart des États, sauf en France et dans l'empire Allemand, à la condition toutefois que ce brevet ne puisse durer plus longtemps que le brevet étranger. Mais il est quelquefois difficile d'obtenir un brevet à l'étranger lorsqu'on en a déjà obtenu un dans son pays, par la raison que, dans diverses législations, il n'y a point de brevet possible si l'invention a été publiée, non point seulement dans le pays, mais même dans quelque coin du globe que ce soit.

Cet inconvénient n'existe pas dans les pays peu nombreux du reste, comme la Russie, l'Espagne, le Portugal, qui ont admis les brevets d'introduction pour les inventions, brevetées ou non, qui sont connues à l'étranger, mais ignorées dans le pays où le brevet est demandé. Ce qui a empêché d'adopter d'une façon plus générale cette sorte de brevets, c'est qu'on l'accorde non-seulement à l'inventeur lui-même, mais à un tiers, du moment qu'il est l'introducteur de l'invention.

Sur ces différents points, des conventions internationales pourraient intervenir afin de régler le
droit d'importation d'une façon plus complète et
plus conforme aux intérêts des inventeurs. Lorsque
les peuples seront devenus moins égoïstes, ils accorderont à l'inventeur breveté dans son pays aide
et protection suivant la loi de sa nationalité, sous
la simple condition que son gouvernement ait fait
publier dans un recueil spécial en pays étranger et
en langue étrangère tous les brevets concédés.

II. — Les lois sur les *dessins ou modèles de fabrique* n'ont point généralement parlé du droit des
étrangers ; mais la plupart des États, à l'exception
des États-Unis, ont, soit dans les traités de commerce, soit dans les conventions relatives à la propriété littéraire et artistique, reconnu d'une façon
générale, aux auteurs des dessins et modèles, la
même protection qu'aux nationaux ; il n'y est pas
toujours question du dépôt des œuvres, mais il faut
entendre les conventions en ce sens que la protection n'est accordée que moyennant l'accomplissement des formalités exigées des nationaux.

III. — Les conventions internationales ont assimilé les *marques de fabrique* aux dessins ou modèles
et accordé aux étrangers le même droit qu'aux
nationaux; malgré le silence des conventions le
dépôt doit avoir lieu. Il serait cependant bien plus
facile en cette matière qu'en toute autre d'éviter
cette formalité ; la publication des marques dans
un recueil spécial à chaque État et déposé par

chaque gouvernement dans les pays voisins serait un moyen pratique d'assurer aux fabricants
la protection de leur marque ; les dispositions générales sont devenues nécessaires aujourd'hui que
les peuples ont eu, aux expositions universelles,
l'occasion de se connaître et de se comparer entre
eux, et que la distance n'est plus un obstacle aux
relations commerciales des peuples civilisés.

PROPRIÉTÉ LITTÉRAIRE ET ARTISTIQUE [1]

I. ŒUVRES LITTÉRAIRES.

Il est de droit naturel que tout ce que l'homme produit à l'aide d'éléments qui lui appartiennent, reste
sa propriété ; dans les œuvres littéraires l'auteur a
traité un *sujet*, suivant des *idées* qu'il a conçues,
dans une *forme* qui lui est propre, il doit donc être,
dit-on, propriétaire de son œuvre à perpétuité, bien
plus que le propriétaire d'une maison qui n'a pas

---

(1) Les questions de propriété littéraire, dramatique et
artistique ont été traitées d'une façon plus étendue dans
l'ouvrage du même auteur : *Législation et jurisprudence concernant la* PROPRIÉTÉ LITTÉRAIRE ET ARTISTIQUE, par
Ch. FLINIAUX, *avocat au Conseil d'État et à la Cour de Cassation.* — Deuxième édition, 1878. Thorin, é l.. rue de Médi-
cis. 7.

eu le talent de la bâtir. Mais, répondent les adversaires de ce système, le littérateur s'est servi de ce qui avait été créé avant lui, il a puisé dans le fonds commun et n'est le plus souvent, et malgré lui, qu'un compilateur ; les œuvres doivent d'ailleurs servir au progrès de la civilisation, et la société a le droit de les revendiquer toutes entières à son profit, donc il n'y a pas pour l'auteur de droit de propriété.

C'est pour concilier ces deux thèses opposées qu'on a plus ou moins limité le droit de l'auteur, et dans certains pays on a substitué au mot de propriété ceux de droits d'auteur, droits de copie, droits de reproduction.

Toutes les législations qui se sont occupées de la question, ont reconnu à l'auteur un droit absolu pendant sa vie, sauf en Grèce, aux États-Unis et au Canada, mais les ayants-cause, héritiers ou successionnaires n'ont qu'un droit restreint à une période d'années après sa mort, sauf au Mexique, où une loi récente a consacré la perpétuité.

Tous les pays de l'Europe, sauf la Turquie, et plusieurs États d'Amérique, ont des lois sur cette matière ; celles qui, parmi les plus anciennes encore en vigueur, méritent d'être citées, sont, en Suède, du 16 juillet 1812, en Angleterre, du 1er juillet 1842 et du 29 juillet 1862, en Russie, du 26 juillet 1846 et du 7 mai 1857, en Autriche, du 19 octobre 1846, en Portugal, du 8 juillet 1851.

Les plus nouvelles sont pour l'Italie du 25 juin

1865, pour le Danemark du 31 mars 1864 et du 21 février 1868, l'empire Allemand du 11 juin 1870, le Mexique du 1er mars 1871, le Canada du 28 octobre 1875, la Norwége du 8 juin 1876, l'Espagne du 7 juillet 1877 ; cette dernière loi n'est pas encore promulguée et portera une date postérieure.

La Belgique a adopté et encore conservé les anciennes lois françaises tout à fait incomplètes du 23 septembre 1814 et du 25 janvier 1817, et quant à la France qui, par la loi du 19 juillet 1793, avait pris l'initiative de ce grand mouvement législatif, elle n'a encore qu'un embryon de loi en date du 14 juillet 1866 relatif à la durée du droit.

Le délai le plus long accordé aux héritiers, après la perpétuité, a été de 80 ans d'après la nouvelle loi d'Espagne ; il est fixé à 50 ans par la Russie, la France, le Danemark, la Norwége ; 40 ans par l'Italie avec faculté donnée au public de publier moyennant une redevance ; 30 ans en Autriche, dans l'empire Allemand, en Hollande, en Portugal.

La Belgique et la Suède n'accordent que 20 ans, le Brésil 10 ans, le Chili 5 ans.

En Angleterre, la durée est variable puisqu'elle part pour les héritiers de la publication, et elle est au plus de 42 ans, et au moins de 7, suivant que l'auteur a vécu plus ou moins longtemps après la publication. En Suisse elle est de 30 ans à partir de la première publication, de sorte que les héritiers peuvent ne rien avoir.

Aux États-Unis et au Canada, l'auteur lui-même n'a qu'un droit limité à 42 ans au plus à partir de la première publication, et ce droit ne passe qu'à sa veuve et à ses enfants. En Grèce, il n'a que 15 ans par assimilation aux brevets d'invention.

Quelques pays admettent l'extinction du droit par le défaut de publication après un certain temps, ou l'expropriation suivant certaines formes ; mais en pratique on n'est pas encore arrivé à un résultat sérieux sur ce point et l'application de cette disposition de loi ne s'est pas présentée en Angleterre depuis son adoption. La difficulté d'application a fait également abandonner le droit de redevance adopté par l'Italie et dont le système a pris le nom de *domaine payant.*

Le dépôt d'un certain nombre d'exemplaires est exigé dans un certain nombre d'Etats ; il est parfois remplacé par un enregistrement sur un registre spécial. Aucun délai n'est indiqué pour l'accomplissement de cette formalité du dépôt qui n'est qu'un préliminaire nécessaire avant la poursuite.

La contrefaçon est en général un délit qui ne peut être poursuivi d'office sans plainte de la partie lésée. La peine est presque toujours pécuniaire avec confiscation des exemplaires contrefaits ; en Autriche, un emprisonnement est prononcé en cas d'insolvabilité, au Portugal en cas de récidive.

II. — Œuvres dramatiques et musicales.

La plupart des lois sur les œuvres littéraires se sont occupées en même temps des œuvres dramatiques et musicales, mais ne se sont point en général expliquées longuement sur ce genre de production, cependant l'Italie a une loi spéciale du 10 août 1875.

Il faut distinguer dans les œuvres dramatiques et musicales le droit de reproduction par l'impression et le droit de représentation sur les théâtres et dans les autres lieux publics.

Le droit de *reproduction* suit presque partout les règles établies pour les autres œuvres littéraires, mais la *représentation* a été au contraire réglée d'une façon spéciale. Ainsi la durée du droit a été modifiée dans quelques pays; en Italie, elle est de 80 ans à partir de la première représentation ou de la première publication tant pour l'auteur que pour ses héritiers. Elle est, au Mexique, de 30 ans pour les héritiers au lieu de la perpétuité, en Belgique de 10 ans au lieu de 20, et, en Autriche de 10 ans également au lieu de 30, mais à condition que l'œuvre n'ait point été publiée.

Au Portugal, la loi a fixé la quotité du droit de représentation dû aux auteurs.

La cession du droit de représentation suit partout le droit commun; mais en Norwége l'auteur reprend possession de son œuvre si pendant trois ans elle n'a pas été représentée.

III. — ŒUVRES D'ART.

Les œuvres d'art ont presque partout été assimilées aux œuvres littéraires, et les lois les plus récentes commencent seulement à faire des distinctions entre ces deux sortes d'œuvres ; l'empire Allemand a une loi spéciale du 9 janvier 1876 sur les arts figuratifs et une autre du 10 janvier 1876 sur la photographie qui accorde au photographe un droit sur ses œuvres pendant 5 années.

La durée du droit est partout la même que pour les œuvres littéraires, sauf en Angleterre, où l'artiste n'a que 28 ans, au lieu de 42, à partir de la première publication, et ses héritiers la fin de l'une des deux périodes de 14 ans composant ce délai de 28 ans. En Italie le droit est réduit à 10 ans s'il s'agit de la transformation d'une œuvre en une autre d'espèce différente, comme de la reproduction d'une statue par le dessin, d'un tableau par la gravure. En Autriche, la reproduction doit être faite dans les deux années à partir de la production de l'original.

Quant au dépôt, il est exigé, au Portugal et en Espagne, pour toutes les œuvres ; au Mexique également, et les œuvres de peinture et de sculpture sont déposées en dessins ; en Angleterre il suffit d'un enregistrement ; en Allemagne, l'enregistrement n'est nécessaire que si le nom de l'artiste n'est point sur l'œuvre même. Partout ailleurs

la gravure et les œuvres de même genre sont
seules soumises au dépôt.

IV. — Droit international et Conventions conclues avec la France.

Tous les pays d'Europe ont conclu des conventions avec la France, sauf le Danemark, la Suède,
le Norwége, la Grèce et la Turquie ; ces États, sauf
la Turquie, protégent néanmoins les étrangers
à défaut de conventions, par des lois établissant
la réciprocité.

Les conventions internationales déclarent toutes
en principe protéger les étrangers comme les nationaux. Mais toutefois la durée du droit ne dépasse pas celle des pays d'origine.

Quant au droit de traduction, il n'est point protégé en Russie et en Hollande ; et, dans les autres
pays, il n'est le plus souvent conservé à l'auteur
que pour 5 ans, sauf en Autriche et en Italie, où la
durée n'est point restreinte. En outre, une réserve
expresse doit avoir été faite, et la publication
avoir été terminée, savoir :

S'il s'agit d'œuvres non dramatiques : en
Espagne, dans les six mois de la publication ; en
Italie, dans l'année, et dans les autres États, dans
les trois ans. S'il s'agit d'œuvres dramatiques : en
Italie, dans les six mois, et pour les autres États,
dans les trois mois.

Si l'on ajoute à ces difficultés, multipliées comme
à plaisir, que, hormis pour la Belgique, le dépôt
doit être effectué en pays étranger dans le délai
de trois mois à partir de la publication, (ou l'enregistrement, au lieu du dépôt, en Suisse, au Portugal, en Autriche et en Allemagne), on conviendra
que la prétendue protection accordée en principe
par les conventions est à peu près illusoire, car il
est impossible qu'un éditeur se mette en règle
dans tous les pays.

Beaucoup de diplomatie pour un résultat mé-
diocre, voilà le résumé des conventions ; on n'arri-
vera à rien, suivant nous, tant qu'on n'aura pas
renversé la question et accordé à chacun, en pays
étranger, les droits qu'il a dans son propre pays
c'est ce qu'a paru vouloir faire la nouvelle loi espagnole qui a timidement lancé dans ce sens un bal
lon d'essai.

Cette idée révolutionnaire, que nous avons
émise au Congrés de Paris de 1878 sur la propriété
littéraire, est trop simple et trop naturelle pour
pouvoir triompher avant longtemps du système
adopté jusqu'à ce jour; mais en attendant on arri
verait, dans les conventions diplomatiques, à des
résultats plus sérieux que ceux obtenus jusqu'ici
en stipulant que par la publication périodique dan
un pays étranger du catalogue des livres de ses au
teurs nationaux, chaque gouvernement y garanti
rait les droits de ces derniers sans autres forma
lités.

Ces questions sont peut-être, il faut le dire, encore un peu prématurées ; on comprend, en effet, que pour les pays où la littérature est peu abondante, il y ait intérêt à laisser pénétrer les idées des autres peuples en multipliant leurs œuvres à volonté, aussi ne faut-il point être trop sévère pour certains États ; la protection efficace viendra certainement partout lorsque la production sera équilibrée, car les auteurs d'un État ont eux-mêmes intérêt à ce qu'on y empêche la contrefaçon des livres étrangers, qui leur feraient une moins grande concurrence, devenus plus chers en raison des frais d'exportation.

FRANCE

PROPRIÉTÉ INDUSTRIELLE.

I. — BREVETS D'INVENTION.

Législation. — Avant 1789, le droit d'exploiter exclusivement une invention était concédé par le pouvoir royal, qui accordait des lettres patentes indiquant la durée du privilége qui parfois était perpétuel; cependant un édit du 24 décembre 1762 réduisit la durée du privilége à 15 ans; mais une prolongation pouvait être obtenue.

Une loi du 7 janvier 1791, qui reconnaissait à l'inventeur, pendant 15 ans, un droit de propriété, et qui fut complétée par une loi réglementaire du 25 mai 1791, a été la loi fondamentale en cette matière jusqu'en 1844.

La loi du 5 juillet 1844, qui est actuellement en vigueur, ne s'est point prononcée sur la question de propriété, elle a accordé *un droit exclusif d'exploitation* pendant un temps déterminé.

Il faut ajouter la loi du 23 mai 1868 relative aux expositions publiques, l'arrêté du 21 octobre 1848 et le décret du 5 juin 1850 qui règlent l'application de la loi de 1844 aux colonies et à l'Algérie.

Forme du brevet. — Le brevet consiste dans un arrêté du ministre constatant la régularité de la demande ; une expédition est délivrée au breveté ; à cet arrêté est joint le duplicata certifié de la description et des dessins déposés après que la conformité avec l'expédition originale en a été reconnue et établie au besoin. (*Art.* 11.)

Nature des brevets. — La loi ne reconnaît qu'une sorte de brevet, le brevet d'invention, auquel peut être joint un certificat d'addition ; le brevet de perfectionnement est assimilé au brevet d'invention.

Les étrangers peuvent prendre, en France, un brevet ; s'ils en ont déjà un à l'étranger, il faut qu'il n'ait reçu aucune publicité ; le brevet d'importation pour les inventions connues à l'étranger et inconnues en France n'est pas admis par la loi de 1844 comme il l'avait été par la loi de 1791.

Inventions brevetables et non brevetables. — Les *brevets d'invention* peuvent être accordés pour toutes inventions et découvertes nouvelles telles que : « L'invention de nouveaux produits industriels ; l'invention de nouveaux moyens, ou l'application nouvelle de moyens connus pour l'obtention d'un résultat ou d'un produit industriel. » (*Art.* 1.)

Il faut qu'il y ait par conséquent non-seulement

invention, mais encore invention nouvelle, et de plus invention nouvelle applicable à l'industrie.

La jurisprudence a décidé que l'invention ne consistait pas dans la découverte matérielle d'un objet, mais dans le résultat d'une conception intellectuelle. (Cass., 29 juin 1868, Deiss.) Aussi l'on ne peut faire breveter *une matière* extraite du sol dont le gisement est reconnu supérieur pour la fabrication d'un produit, comme la marne employée dans la composition du ciment (Paris. 21 fév. 1861, Lingée) ; on ne peut non plus faire breveter l'emploi d'une matière semblable. (Cass., 2 fév. 1863, de Molon.)

Il en est de même *de l'idée* de rendre les chapeaux plus commodes en les repliant à volonté, alors qu'aucun système spécial n'est présenté. (Cass., 26 mars 1846, Duchesne.)

Le *but proposé* n'est point non plus brevetable, mais bien les moyens d'exécution, et l'inventeur d'une ferrure plus légère pour les chevaux ne peut empêcher la validité d'autres brevets pris dans le même but avec des procédés différents. (Cass., 17 avril 1868, Charlier)

Les procédés doivent être considérés comme industriels et brevetables, quelle que soit leur destination, du moment que les produits qu'on en tire ont une valeur vénale ; ainsi un appareil pour la fabrication de la glace, quoique qualifié appareil domestique, peut néanmoins être l'objet d'un brevet (Cass., 30 nov. 1864, Haussmann.)

L'application à l'industrie de procédés connus peut leur donner, à ce point de vue, un caractère nouveau et permettre l'obtention du brevet; il en est ainsi de l'application à la teinture d'un rouge particulier, décrit dans des ouvrages de chimie (Cass., 13 août 1862, Depouilly), du mode de décoloration des plumes par un procédé scientifique (Paris, 23 avril 1868, Viol.); il en serait autrement si les phénomènes naturels utilisés étaient déjà connus dans la même industrie; en ce cas l'appareil nouveau servant à produire le phénomène serait seul brevetable. (Cass., 16 juin 1876, Moride.)

Les résultats différents, obtenus par des procédés en usage, donnent à l'invention le caractère de nouveauté, par exemple l'emploi pour la fabrication de la glace d'un liquide donnant du gaz (Cass., 30 nov. 1864, Haussmann), la confection pour les portières de voitures d'un système connu de serrure avec levier (Cass., 7 avril 1869, Gault), l'application à des instruments de musique de pistons à amorces déjà connus. (Cass., 26 janv. 1867, Drouelle.)

Il en est ainsi, quoique les moyens employés soient dans le domaine public, du moment qu'ils procurent un résultat utile, par exemple le perfectionnement d'une machine (Cass., 15 juillet 1867, Lefort. — Paris, 1er juillet 1870, Agnellet); l'application, à des bourrelets d'enfants, d'une forme adoptée déjà pour d'autres coiffures, peut être brevetée d'après le même principe. (Cass., 14 mars 1865, Marfaing.)

Un procédé est nouveau lorsqu'il offre des avantages sur ceux déjà employés comme : l'adaptation aux biberons d'enfants d'un long tube de caoutchouc flexible au lieu d'un tuyau en gomme élastique (Cass., 10 nov. 1855, Veilleux), la fabrication de cartes à jouer plus solides et plus maniables (Cass., 27 déc. 1867, Maurin), la substitution aux cartes à jouer de coins arrondis aux coins angulaires (Cass., 26 janv. 1866, Avril), la fabrication d'une matière non jusque-là employée pour produire une nuance de couleur connue. (Cass., 4 juillet 1870, Coupier.)

Le résultat industriel nouveau, obtenu par la combinaison de divers éléments connus, peut faire l'objet d'un brevet (Cass , 17 janv. 1852, Crespel-Delisle. — Cass., 6 avril 1861, Franon. — Cass., 25 mars 1868, Echassieux.— Cass , 31 juillet 1867, Lefebvre. — Cass , 4 juin 1877, Bruère), comme la dessication et la compression employées successivement pour conserver les légumes à l'état frais (Cass., 6 nov. 1854, Loiseau), la modification de la quantité de chaux et du degré de chaleur employés pour la fabrication du sucre (Cass., 19 fév. 1853, Rousseau), l'adaptation de procédés connus au pliage à chaud des essieux coudés de six centimètres, résultat industriel non encore obtenu (Cass., 18 nov. 1872, Fonderies de St-Etienne), la combinaison du soufre et du charbon pour la fabrication d'une poudre contre l'oïdium (Bordeaux, 20 juin 1867, Dufour) ; et les juges doivent constater si les conditions d'emploi des procédés et les résultats industriels sont ou ne sont pas différents. (Cass., 25 mars 1868, Petit — Cass., 5 janv. 1876, Godin.)

Mais n'est point brevetable, à cause du défaut de nouveauté, un appareil déjà employé dans les mêmes conditions et procurant un résultat analogue comme les capsules percées d'un trou pour faciliter le dévidage du fil par imitation de la boîte à dévider tombée dans le domaine public (Cass., 24 mars 1868, Crespel); l'application à un objet d'amusement des propriétés d'un corps utilisées dans d'autres buts (Paris, 21 mars 1866, Bernett,) l'emploi, pour les biberons d'enfants, d'une soupape formée d'un cône en caoutchouc déjà employé dans l'industrie du caoutchouc. (Paris, 5 mai 1877, Robert.)

Il en est de même si l'invention consiste seulement dans le changement de proportion des appareils (Cass., 31 juillet 1871, Mairet), mais elle serait brevetable si, par suite de cette extension, le résultat industriel devenait différent (Cass., 21 avril 1854, Revel. — Paris, 1ᵉʳ juillet 1870, Agnellet), comme une lanterne-phare construite au moyen d'appareils déjà employés pour grossir la lumière. (Cass., 10 mars 1858, Chrétien.)

Ne sont pas susceptibles d'être brevetés : les compositions pharmaceutiques ou remèdes de toute espèce, lesdits objets demeurant soumis aux lois et règlements spéciaux sur la matière, et notamment au décret du 18 août 1810, relatif aux remèdes secrets; les plans et combinaisons de crédit ou de finances. (*Art.* 3.)

Le Conseil d'État a décidé qu'un produit présenté comme alimentaire devait être breveté, quoique dans sa composition il entrât des substances employées comme remèdes, telles que l'huile de foie de morue mélangée au chocolat. (Cons. d'État, 14 avril 1864, Laville.)

Il faut considérer comme composition pharmaceutique ou remède, le pain ferrugineux (Seine, Tr. civ., 5 mars 1847), le papier revêtu de farine de moutarde pour sinapismes (Lyon, 28 juin 1870, Rigollot), une liqueur hygiénique comme l'eau de Mélisse des Carmes (Cass., 8 mai 1868, Boyer), un mastic employé pour l'obturation des dents cariées (Paris, 6 mai 1857, Sorel); mais les eaux dentifrices sont brevetables, un amendement présenté en sens contraire au moment de la confection de la loi ayant été repoussé.

Les appareils ou instruments de chirurgie peuvent faire l'objet d'un brevet; de même les appareils orthopédiques pour redresser les déviations de la taille (Cass., 30 mars 1853, Guérin), les tissus susceptibles de produire l'électricité pour apaiser les douleurs. (Paris, 23 août 1866, Courant.)

Les enveloppes des médicaments ayant pour but leur conservation, comme les capsules gélatineuses, peuvent être également brevetées. (Cass., 12 nov. 1839, Duval.)

Certificats d'addition. — Les certificats d'addition sont ainsi déterminés par la loi de 1844 :

« Le breveté ou les ayants droit au brevet ont, pendant toute la durée du brevet, le droit d'apporter à l'invention des changements, perfectionnements ou additions, en remplissant, pour le dépôt de la demande, les mêmes formalités — Ces changements, perfectionnements ou additions, sont constatés par des certificats délivrés dans la même forme que le brevet principal, et qui produisent, à partir des dates respectives des demandes et de leur expédition, les mêmes effets que ledit brevet principal, avec lequel ils prennent fin.

« Les certificats d'addition, pris par un des ayants droit, profitent à tous les autres. » (Art. 16.)

Aux termes de la jurisprudence, il suffit pour pouvoir prendre un certificat d'addition que cette addition se rattache au brevet, quand bien même elle y apporterait un changement notable (Cass , 8 janvier 1869, Périer); mais il faut qu'elle soit inhérente au procédé lui-même, par exemple une forme nouvelle pour le goulot des bouteilles ne se rattache pas suffisamment à un mode breveté de bouchage hermétique. (Cass., 27 juillet 1861, Rouget de Lisle.)

Le ministre ne peut refuser un certificat d'addition en se fondant sur la nullité du brevet alors que cette question n'est pas jugée, même s'il s'agit du défaut de paiement de la taxe annuelle, et il commet un excès de pouvoir sur lequel le Conseil d'État peut se prononcer. (Cons. d'État, 27 mai 1848, Bélicard.)

Le certificat d'addition suit le brevet et si celui-ci est déclaré nul pour défaut de nouveauté, il ne peut conserver de validité quand bien même il eût pu faire l'objet d'un brevet principal (Cass., 5 nov. 1867, Raab), et il en est ainsi alors même que les juges, en prononçant la nullité du brevet, n'auraient fait aucune mention du certificat d'addition. (Cass., 17 avril 1875, Porion.)

Mais lorsque le brevet est maintenu pour partie, le certificat d'addition est valable s'il se rapporte à l'objet non annulé. (Cass., 16 juillet 1863, Muller.)

Brevets de perfectionnement. — « Tout breveté qui, pour un changement, perfectionnement ou addition, veut prendre un brevet principal de cinq, dix ou quinze années, au lieu d'un certificat d'addition expirant avec le brevet primitif, doit remplir les formalités prescrites pour le brevet. » (*Art.* 17.)

« Nul autre que le breveté ou ses ayants droit, agissant comme il est dit ci-dessus, ne peut, pendant une année, prendre valablement un brevet pour un changement, perfectionnement ou addition à l'invention qui fait l'objet du brevet primitif. — Néanmoins, toute personne qui veut prendre un brevet pour changement, addition ou perfectionnement à une découverte déjà brevetée, peut dans le cours de ladite année former une demande, qui est transmise et reste déposée, sous cachet, au ministère de l'agriculture et du commerce. —

L'année expirée, le cachet est brisé et le brevet délivré. — Toutefois, le breveté principal a la préférence pour les changements, perfectionnements et additions pour lesquels il aurait lui-même, pendant l'année, demandé un certificat d'addition ou un brevet. » (*Art.* 18.)

« Quiconque a pris un brevet pour une découverte, invention ou application se rattachant à l'objet d'un autre brevet, n'a aucun droit d'exploiter l'invention déjà brevetée, et réciproquement, le titulaire du brevet primitif ne peut exploiter l'invention, objet du nouveau brevet. » (*Art.* 19.)

Un brevet de *perfectionnement* peut être pris à la place d'un certificat d'addition, quel que soit le peu d'importance du perfectionnement. (Lyon, 24 avril 1868, Meyer). En ce cas, il a son existence propre et se continue jusqu'au terme fixé après l'expiration du brevet principal. On peut même prendre en même temps, pour un même perfectionnement, et un brevet de perfectionnement et un certificat d'addition ; en ce cas, si ce dernier est annulé par un vice propre au brevet primitif, le brevet de perfectionnement n'en subsiste pas moins. (Cass., 17 déc. 1873, Œhler.)

Si le brevet de perfectionnement est pris par un autre que l'inventeur, ce dernier ne peut en faire usage, mais il peut empêcher également que le perfectionnement ne soit employé au mépris de ses droits sur l'invention principale. (Lyon, 5 juin 1861, Franon.)

Un brevet pris par un tiers pour une invention qui n'est qu'un changement, une addition, un perfectionnement à un brevet déjà existant, est nul si la demande n'a pas été déposée sous pli cacheté comme le prescrit la loi. (Paris, 30 mars 1854, Frezon.)

Brevets accordés aux étrangers. — Les étrangers peuvent obtenir, en France, des brevets d'invention. (*Art.* 27.)

« Les formalités et conditions déterminées par la présente loi sont applicables aux brevets demandés ou délivrés en exécution de l'article précédent. » (*Art.* 28.)

« L'auteur d'une invention ou découverte déjà brevetée à l'étranger peut obtenir un brevet en France ; mais la durée de ce brevet ne peut excéder celle des brevets antérieurement pris à l'étranger. » (*Art.* 29.)

Le droit de prendre un brevet en France, après en avoir pris un à l'étranger, est personnel à l'inventeur, mais ses concessionnaires ou ayants droit peuvent l'exercer, en son lieu et place. (Cass., 24 mars 1860, Brunfaut.)

Il peut y avoir publicité antérieure au brevet, susceptible de lui ôter le caractère de nouveauté, par les formalités accomplies à l'étranger pour l'obtention d'un brevet, et en particulier en Belgique où l'insertion par analyse du procédé a lieu dans un recueil spécial et où les descriptions et dessins annexés au brevet sont mis à la disposition du public. (Cass., 9 déc. 1867, Joly.) — La publicité donnée dans ces conditions au brevet à l'étranger ne serait pas suffisante pour constituer le défaut de nouveauté, si le temps écoulé entre la demande à l'étranger et la demande en France était trop restreint pour que le brevet eût pu être exécuté, et si d'ailleurs il n'est pas établi que les tiers aient pris communication des pièces. (Cass., 8 mars 1865, Bertrand.)

Il y a déchéance de brevet obtenu en France à la suite d'un brevet pris à l'étranger, lorsque ce dernier est déclaré nul ou encourt la déchéance à l'étranger pour une cause quelconque (Cass., 1er juin 1865, Joly.), et il en est ainsi alors même que le titulaire du brevet serait un français (Cass. 14 janvier 1864, Rebours.)

Les tribunaux ont un pouvoir discrétionnaire pour décider non-seulement de la nouveauté d'un brevet étranger (Cass., 22 janv. 1870, Leplay), mais encore de l'étendue et de l'application du brevet étranger. (Cass., 1er juin 1867, Bertre. — Cass., 11 mai 1870, Poitevin). Les conditions de validité du brevet doivent être réglées par la loi étrangère, et si, d'après cette loi, il prend date du jour de la délivrance, les tribunaux français ne peuvent décider qu'il a commencé du jour du dépôt de la demande conformément à la loi française. (Cass., 13 mai, Bourcart.)

Garantie. — « Les brevets dont la demande a été régulièrement formée sont délivrés, sans examen préalable, aux risques et périls des demandeurs, et sans garantie, soit de la réalité, de la nouveauté ou du mérite de l'invention, soit de la fidélité ou de l'exactitude de la description. » (*Art.* 11.)

Tout le monde peut donc prendre un brevet, les sociétés, les incapables tels que la femme mariée, le mineur, l'interdit ; il en est de même du failli (Cass., 12 janvier 1864, Roche) et même de l'État par l'intermédiaire de ses agents. (Cass., 25 janvier 1856, Marès.)

Tout autre que l'inventeur peut prendre le brevet s'il possède sans fraude l'invention (Seine, Tr. civ. 21 fév. 1834, Barbier), mais l'ouvrier qui a fait pour l'inventeur les travaux nécessaires à l'invention n'a aucun droit à un brevet, et s'il l'obtient il peut être poursuivi comme contrefacteur. (Amiens, 25 avril 1856, Marès.)

Le ministre a cependant le droit de rejeter toute demande de brevet ; il rend en ce cas un arrêté qui est notifié au demandeur Un recours contre cet arrêt peut être porté au Conseil d'État dans le délai de trois mois, conformément à l'article 11 du décret réglementaire du 22 juillet 1806 relatif aux matières contentieuses portées au Conseil d'État. (Cons. d'État, 14 avril 1864, Laville.)

Durée du brevet. — « La durée du brevet est de 5, 10 ou 15 années au choix du demandeur. » (*Art.* 4.)

« Elle commence à courir du jour du dépôt de la demande. » (*Art.* 8.)

« La durée des brevets ne peut être prolongée
que par une loi. » (*Art.* 15.)

Un arrêté ministériel qui accorderait au demandeur une durée moins grande ou plus longue que
celle qu'il aurait spécifiée, serait entaché d'excès
de pouvoir et pourrait être déféré au Conseil
d'État. (Paris, 13 mars 1862, Guérineau-Aubry.)

La prolongation de durée en vertu d'une loi n'a
eu lieu que deux fois depuis 1844 et elle n'a été
que de cinq ans au plus.

Taxe. — « Chaque brevet donne lieu au paiement
d'une taxe qui est fixée ainsi qu'il suit, savoir :
500 fr. pour un brevet de 5 ans ; 1,000 fr. pour un
brevet de 10 ans ; 1,500 fr. pour un brevet de
15 ans. »

« Cette taxe est payée par annuités de 100 fr.
sous peine de déchéance, si le breveté laisse écou-
ler un terme sans l'acquitter. » (*Art.* 4.)

« Lorsqu'il n'y a pas lieu à la délivrance du brevet, les objets n'étant pas susceptibles d'être brevetés, la taxe est restituée » (*Art.* 13.)

« Chaque demande de certificat d'addition donne
lieu au paiement d'une taxe de 20 fr. » (*Art.* 16.)

« La première expédition des brevets est délivrée sans frais. — Toute expédition ultérieure,
demandée par le breveté ou ses ayants cause,
donne lieu au paiement d'une taxe de 25 francs. —
Les frais de dessin, s'il y a lieu, demeurent à la
charge de l'impétrant. » (*Art.* 11.)

Le défaut de paiement de la taxe entraîne la déchéance. *(Voir : Déchéance.)*

La Société à laquelle a été concédée pour un temps déterminé l'exploitation d'un brevet, doit veiller au paiement de la taxe annuelle qui, aux termes de l'article 608 du Code civil, est une charge de la jouissance, et elle peut être déclarée responsable envers l'inventeur en cas de déchéance du brevet pour non-paiement des annuités. (Rouen, 29 déc. 1871, Morand.)

Formalités de la demande. — Quiconque veut prendre un brevet d'invention doit déposer, sous cachet, au secrétariat de la préfecture, dans le département où il est domicilié ou dans tout autre département, en y élisant domicile :

« 1º Sa demande au ministère de l'agriculture et du commerce ; — 2º une description de la découverte, invention ou application faisant l'objet du brevet demandé ; — 3º les dessins qui seraient nécessaires pour l'intelligence de la description ; — et 4º un bordereau des pièces déposées. » *(Art. 5.)*

« La demande est limitée à un seul objet principal, avec les objets de détail qui le constituent et les applications qui ont été indiquées. Elle mentionne la durée que les demandeurs entendent assigner à leur brevet, dans les limites fixées par la loi, et ne peut contenir ni restrictions ni conditions ni réserves. Elle indique un titre renfermant la désignation sommaire et précise de l'objet de l'invention. »

« La description ne peut être écrite en langue
étrangère. Elle doit être sans altération ni sur-
charges. Les mots rayés comme nuls doivent être
comptés et constatés, les pages et les renvois paraphés. Elle ne doit contenir aucunes dénominations de poids et mesures autres que celles qui sont
portées au tableau annexé à la loi du 4 juillet
1837. »

« Les dessins sont tracés à l'encre et d'après
une échelle métrique. »

« Un duplicata de la description et des dessins est
joint à la demande. Toutes les pièces sont signées
par le demandeur ou par un mandataire dont le
pouvoir reste annexé à la demande. » (*Art.* 6.)

« Toute demande dans laquelle n'ont pas été
observées les formalités prescrites par les n°s 2°
et 3° de l'art. 5, et par l'art. 6, est rejetée. La moitié
de la somme versée est acquise au Trésor ; mais il
est tenu compte de la totalité de cette somme au
demandeur, s'il reproduit sa demande dans un délai de trois mois, à compter de la notification du
rejet de sa requête. » (*Art.* 12.)

« Aucun dépôt n'est reçu que sur la production
d'un récépissé constatant le versement d'une somme
de 100 francs à valoir sur le montant de la taxe du
brevet.

« Un procès-verbal, dressé sans frais par le secré-
taire général de la préfecture, sur un registre à ce
destiné et signé par le demandeur, constate chaque
dépôt, en énonçant le jour et l'heure de la remise

des pièces. — Une expédition du dit procès-verbal est remise au déposant, moyennant le remboursement des frais de timbre. » (*Art.* 7.)

« Aussitôt après l'enregistrement des demandes et dans les cinq jours de la date du dépôt, les préfets transmettent les pièces, sous le cachet de l'inventeur, au ministre de l'agriculture et du commerce, en y joignant une copie certifiée du procès-verbal de dépôt, le récépissé constatant le versement de la taxe, et, s'il y a lieu, le pouvoir du mandataire. » (*Art.* 9.)

« A l'arrivée des pièces au ministère de l'agriculture et du commerce, il est procédé à l'ouverture, à l'enregistrement des demandes et à l'expédition des brevets, dans l'ordre de la réception desdites demandes » (*Art.* 10.)

Tous les moyens et procédés mentionnés dans le mémoire descriptif sont compris dans la demande, quoique l'énonciation précise n'y ait point été faite, mais à la condition qu'ils concourent directement au but spécifié de l'invention principale et se confondent avec elle ; si, au contraire, on a ajouté dans la description l'indication d'une invention distincte, le brevet ne la protége pas. Ainsi le brevet pris pour un procédé de condensation de vapeur, ne porte pas sur l'invention des lentilles en verres destinées à observer l'ébullition. (Cass., 21 août 1846, Degrand)

Lorsque le produit et le procédé font également l'objet de l'invention, comme les coins arrondis des cartes à jouer et la presse qui les façonne, il n'est pas nécessaire, pour que ces deux parties de l'invention fassent l'objet du brevet, que le titre du brevet les spécifient expressément, il suffit que l'intention du requérant résulte des autres pièces de la demande (Cass., 26 janv. 1866, Avril ; — Cass., 27 déc. 1867, Maurin), et en particulier de la description de l'invention. (Cass., 17 déc. 1873, Œhler.)

Il n'est pas nécessaire que la description fasse connaître les avantages de l'invention, il suffit qu'elle explique le procédé de façon qu'il puisse être employé. (Cass., 6 avril 1861, Franon.)

Un dessin ne suffit pas pour spécifier une invention, il faut que la description fasse mention du procédé et l'explique (Cass., 15 juin 1865, Dubrusle), à moins que la demande ne soit bien précise et que le dessin ne puisse laisser aucun doute sur l'étendue et la nature de l'invention. (Cass., 10 mars 1854, Jamin. — Cass., 9 janv. 1867, Sax.)

Aux termes d'un arrêté du 21 octobre 1848, des brevets d'invention peuvent être pris dans les colonies françaises ; le dépôt de la demande doit être fait en triple expédition, dont deux sous enveloppes différentes pour être expédiées en France.

La même disposition a été appliquée à l'Algérie par décret du 5 juillet 1850.

Il n'y a aucune formalité à remplir dans les colonies françaises et en Algérie pour que les brevets pris en France y soient valables. (Cass., 25 fév. 1861, Bérard.)

Publicité du brevet — « Les descriptions, dessins, échantillons et modèles des brevets délivrés, restent, jusqu'à l'expiration des brevets, déposés au Ministère de l'Agriculture et du Commerce, où ils sont communiqués, sans frais, à toute réquisition.

« Toute personne peut obtenir, à ses frais, copie desdites descriptions et dessins, suivant les formes qui sont déterminées dans le règlement rendu en exécution de la loi » *(Art. 23.)*

« Après le paiement de la deuxième annuité, les descriptions et dessins sont publiés, soit textuellement, soit par extrait.

« Il est, en outre, publié au commencement de chaque année un catalogue contenant les titres des brevets délivrés dans le courant de l'année précédente. » *(Art 24)*

« Le recueil des descriptions et dessins, et le catalogue, publiés en exécution de l'article précédent, sont déposés au Ministère de l'Agriculture et du Commerce, et au secrétariat de la préfecture de chaque département, où ils peuvent être visités sans frais. » *(Art. 25)*

« A l'expiration des brevets, les originaux des descriptions et dessins sont déposés au Conservatoire des Arts et Métiers. » *(Art. 26.)*

« Une ordonnance insérée au *Bulletin des Lois*

proclame tous les trois mois les brevets délivrés. »
(*Art.* 14.)

L'insertion au *Bulletin des Lois* de l'arrêté ministériel a lieu par les soins de l'autorité, et le
breveté n'a pas à y pourvoir ; en conséquence on
ne peut lui opposer l'inaccomplissement de cette
formalité. (Cass., 25 fév. 1861, Bérard.)

Cessions. — « Tout breveté peut céder son brevet
en totalité ou en partie. — La cession totale ou partielle d'un brevet, soit à titre gratuit, soit à titre
onéreux, ne peut être faite que par acte notarié et
après le paiement de la totalité de la taxe. — Aucune cession n'est valable, à l'égard des tiers,
qu'après avoir été enregistrée au secrétariat de la
préfecture du département dans lequel l'acte a été
passé. — L'enregistrement des cessions et de tous
autres actes emportant mutation est fait sur la
production et le dépôt d'un extrait authentique de
l'acte de cession ou de mutation.

« Une expédition de chaque procès-verbal d'enregistrement, accompagnée de l'extrait de l'acte ci-
dessus mentionné, est transmise par les préfets au
Ministre de l'Agriculture et du Commerce dans les
cinq jours de la date du procès-verbal. » (*Art.* 20.)

« Il est tenu au Ministère de l'Agriculture et du
Commerce un registre sur lequel sont inscrites les
mutations survenues sur chaque brevet, et tous les
trois mois une ordonnance insérée au *Bulletin des
Lois* proclame les mutations enregistrées dans le
trimestre expiré. » (*Art.* 21.)

« Les cessionnaires d'un brevet et ceux qui ont acquis d'un breveté-ou de ses ayants droit la faculté d'exploiter la découverte ou l'invention, profitent de plein droit des certificats d'addition qui sont ultérieurement délivrés au breveté ou à ses ayants droit. Réciproquement le breveté ou ses ayants droit profitent des certificats d'addition qui sont ultérieurement délivrés aux cessionnaires.

« Tous ceux qui ont le droit de profiter des certificats d'addition peuvent en lever une expédition au ministère de l'Agriculture et du Commerce moyennant un droit de 20 francs. » (*Art.* 22.)

La cession par acte sous-seing privé et sans accomplissement des autres formalités. n'est nulle qu'à l'égard des tiers, et les parties ne peuvent se prévaloir entre elles de l'omission de ces formalités. (Cass., 1er sept 1855, Dominge ; — Seine, Tr. civ., 19 mars 1861, Dalifol.)

La cession d'un brevet ne pouvant être faite que par acte notarié, le mandataire chargé de la consentir doit être muni d'une procuration authentique. (Cass., 27 avril 1869, Carbonnier.)

Le défaut de paiement de la totalité de la taxe est une cause de nullité de la cession, mais non du brevet pour lequel il suffit que la taxe annuelle soit régulièrement payée. (Cass., 1er sept. 1855, Dominge.)

Lorsque la licence d'exploitation n'a pas, de même que la cession, été enregistrée au secrétariat de la préfecture du lieu où l'acte a été passé, le cessionnaire ne peut poursuivre les contrefacteurs, mais le breveté peut intenter l'action sans toutefois que le cessionnaire puisse intervenir au procès. (Cass., 25 fév. 1860, Drouin.)

Le non paiement des taxes à échoir emporte les mêmes conséquences. (Rouen, 2 janvier 1869, Gazier.)

Il n'y a point cession dans les termes de la loi lorsque l'exploitation d'un brevet est mise en société, et il n'est pas nécessaire d'accomplir les formalités imposées pour la cession. (Cass., 24 mars 1864, Guerrier.)

Il en est de même en sens inverse lorsqu'une société qui a obtenu un brevet vient à se dissoudre, les associés ne sont pas obligés de payer immédiatement les annuités à échoir et peuvent sans formalités exploiter séparément moyennant le paiement collectif de la taxe annuelle. (Cass , 10 août 1849, (Calais); — Dijon, 1er mars 1865.)

L'enregistrement n'est pas non plus nécessaire pour donner un brevet en nantissement, le créancier gagiste n'ayant pas le droit d'exploiter le brevet. (Paris, 29 août 1865, Cauchy.)

L'inventeur qui cède son brevet peut valablement garantir l'acquéreur contre toutes poursuites relatives à la validité du brevet. (Cass., 25 juillet, Aubert.)

Un brevet nul ne peut être cédé valablement, le contrat manquant d'objet certain. (Cass., 22 avril 1861, Landois.)

La cession est nulle malgré la clause de non garantie, si la déchéance provient du fait du cédant. (Cass., 25 mai 1869, Godard.)

Le cessionnaire a droit par suite de la déchéance à des dommages-intérêts, mais il faut tenir compte des avantages qu'il a, pendant un certain temps, retiré de l'exploitation exclusive. (Même arrêt.)

Si c'est le cessionnaire lui-même qui a intenté devant le tribunal civil l'action en nullité du brevet, il n'en doit pas moins, jusqu'à ce que la nullité soit prononcée, les redevances stipulées par la cession, et le tribunal de commerce peut le condamner au paiement d'ors et déjà sur la demande du cédant. (Cass., 14 août 1876, avril.)

Le cessionnaire du droit d'exploiter un brevet n'est pas tenu de fabriquer lui-même les divers éléments de l'exploitation et peut charger des tiers d'opérer pour son compte. (Cass., 26 janv. 1867, Drouelle.)

L'inventeur qui a, moyennant une indemnité et une part de bénéfice, permis à un fabricant de prendre en son nom le brevet, ne peut, en cas de résiliation du contrat, reprendre le brevet dont il n'est pas titulaire et n'a droit qu'à des dommages-intérêts. (Nancy, 23 mai 1866, Frison.)

Il n'y a. pas cession complète du brevet, mais licence d'exploitation, lorsque le droit d'exploiter réduit à une localité déterminée a été concédé personnellement au concessionnaire avec clause

d'incessibilité. (Rouen, 10 juin 1868 et Cass. Rej.,
27 avril. 1869, Carbonnier.)

Celui à qui le breveté n'a concédé qu'une simple
licence d'exploitation, n'ayant aucun droit direct
sur le brevet ne peut poursuivre les contrefacteurs
Cass., 27 avril 1869, Carbonnier), quand bien
même le breveté lui aurait donné dans le contrat
mandat à cet effet, par la raison que nul en France
ne plaide par procureur. (Rouen, 2 janv. 1869,
Gazier.)

L'adjudication sur saisie d'appareils brevetés ne
confère pas à l'acquéreur le droit d'user du brevet ;
ces appareils ne sont vendus que comme objets
matériels. (Lyon, 26 déc. 1863, Sonier-Dupré.)

Nullités. — Sont nuls et de nul effet les brevets
délivrés dans les cas suivants, savoir :

« 1° Si la découverte, invention ou application
n'est pas nouvelle ; — 2° Si la découverte, invention ou application n'est pas susceptible d'être
brevetée ; — 3° Si les brevets portent sur des
principes, méthodes, systèmes, découvertes et con-
ceptions théoriques ou purement scientifiques,
dont on n'a pas indiqué les applications industrielles ; — 4° Si la découverte, invention ou application
est reconnue contraire à l'ordre ou à la sûreté
publique, aux bonnes mœurs ou aux lois, sans préjudice, dans ce cas et dans celui du paragraphe précédent, des peines qui pourraient être encourues pour
la fabrication ou le débit d'objets prohibés ; — 5° Si
le titre sous lequel le brevet a été demandé indique

frauduleusement un objet autre que le véritable objet de l'invention ; — 6° Si la description jointe au brevet n'est pas suffisante pour l'exécution de l'invention ou si elle n'indique pas, d'une manière complète et loyale, les véritables moyens de l'inventeur ; — 7° Si le brevet a été obtenu pour perfectionnements par un autre que le breveté principal contrairement aux prescriptions de la loi.

« Sont également nuls et de nul effet les certificats comprenant les changements, perfectionnements ou additions qui ne se rattachent pas au brevet principal. » (*Art.* 30.)

« N'est pas réputée nouvelle toute découverte, invention, ou application, qui en France ou à l'étranger et antérieurement à la date du dépôt de la demande, a reçu une publicité suffisante pour pouvoir être exécutée. » (*Art.* 31.)

La nouveauté de l'invention est toujours présumée, et c'est à celui qui attaque le brevet à prouver le contraire. (Paris, 28 janv. 1860, de Bergues.)

La publicité donnée à l'invention doit, pour lui ôter le caractère de nouveauté, avoir eu lieu non-seulement avant la date du brevet, mais avant la date du dépôt. (Cass., 22 déc. 1849, Bockhorst.)

Elle peut résulter de toutes sortes de moyens de divulgation. (Cass., 12 janv. 1865, Bertre ; — Cass., 1er juin 1865, Jolly.)

L'invention perd son caractère de nouveauté, si l'inventeur a laissé la machine, objet de son in-

vention, exposéé pendant un certain temps aux re-
gards du public dans l'atelier d'un industriel, sans
qu'il ait été défendu d'en prendre connaissance.
(Cass., 18 janv. 1864, Malteau.)

Si, par des expériences faites antérieurement
au brevet, le public a pu connaître les matières
employées sans découvrir les quotités nécessaires et
le mode de mélange, il n'y a pas eu publication de
l'œuvre (Bordeaux, 20 juin 1867, Dufour); il en est
de même si les expériences ont eu lieu devant
ceux qui ont concouru à la confection de l'appareil (Cass., 19 août 1853, Tussand), ou dans un
régiment pour des équipements devant servir à
l'armée. (Cass., 25 mai 1869, Varin.)

Il n'y a pas non plus publicité si le procédé a été
cédé à plusieurs personnes à condition que le secret en serait gardé, lorsque la clause a été stric-
tement observée (Cass., 22 avril 1854, Panay) ;
à fortiori si l'on a seulement fait confidence à un tiers
de son invention. (Paris, 16 avril 1866, Leclère.)

L'examen des circonstances qui ont donné
la publicité à la découverte est laissé à l'appréciation souveraine des juges. (Cass., 14 mars 1865,
Marfaing.)

L'insuffisance du titre sous lequel le brevet a
été demandé n'entraîne la nullité du brevet qu'autant que l'indication a été faite frauduleusement.
(Cass., 8 mars 1856, Bertrand.)

La nullité d'un brevet peut n'être prononcée que
partiellement. (Cass., 6 mai 1857, Gélis.)

Si plusieurs produits font ensemble l'objet d'une demande de brevet et que les appareils décrits soient indiqués comme ne se rapportant qu'à quelques-uns de ces produits déterminés, il y a nullité partielle du brevet, quoique l'omission ait été réparée postérieurement dans un certificat d'addition (Cass., 29 janv. 1868, Déiss). La nullité peut également n'être prononcée pour absence de nouveauté que relativement au produit seulement, tout en laissant au brevet sa validité quant au procédé de fabrication. (Cass., 4 juillet 1870, Coupier.)

Lorsqu'un inventeur a pris successivement deux brevets et que le second est annulé, le premier subsiste même pour les parties qui avaient été reproduites dans le second. (Cass., 24 janv. 1868, Coq.)

Les causes de nullité sont limitatives ; en conséquence, si la demande de brevet porte sur plusieurs inventions et que le ministre ait cependant admis cette demande, le vice de complexité ne peut être opposé pour obtenir la nullité du brevet (Cass., 4 mars 1855, Cavaillon ; — Paris, 30 juin 1868, Galy). On ne pourrait également prétendre qu'il y a nullité parce que la découverte brevetée n'appartient pas au titulaire du brevet. (Cass., 25 janv. 1856, Manceaux.)

Celui qui obtient la nullité d'un brevet peut se faire allouer des dommages-intérêts si le brevet avait été pris sans droit pour lui faire concurrence. (Lyon, 11 novembre 1869, et Cass., 31 juillet 1871, Maire)

Les français et les étrangers qui, avant d'être brevetés, produisent leurs inventions dans une exposition publique, peuvent, au moyen d'un certificat descriptif délivré par les préfets et sous-préfets, se garantir contre la nullité que, par suite de la publicité donnée à leur invention, encourrait leur brevet demandé postérieurement.

Ces règles sont fixées par une *loi du* 23 *mai* 1868, ainsi conçue :

« *Art.* 1ᵉʳ. — Tout français ou étranger auteur, soit d'une découverte ou invention susceptible d'être brevetée aux termes de la loi de 1844, soit d'un dessin de fabrique qui doit être déposé, conformément à la loi de 1806, ou ses ayants droit peuvent, s'ils sont admis dans une exposition publique autorisée par l'administration, se faire délivrer par le préfet ou le sous-préfet, dans le département ou l'arrondissement duquel cette exposition est ouverte, un certificat descriptif de l'objet déposé. »

« *Art.* 2. — Ce certificat assure à celui qui l'obtient les mêmes droits que lui conférerait un brevet d'invention, ou un dépôt légal de dessins de fabrique, à dater du jour de l'admission, jusqu'à la fin du troisième mois qui suivra la clôture de l'exposition, sans préjudice du brevet que l'exposant peut prendre ou du dépôt qu'il peut opérer avant l'expiration de ce terme. »

« *Art.* 3. — La demande de ce certificat doit être faite dans le premier mois, au plus tard, de l'ouverture de l'exposition. Elle est adressée à la préfecture ou à la sous-préfecture, et accompagnée d'une description exacte de l'objet à garantir, et, s'il y a lieu, d'un plan ou d'un dessin dudit objet. — Les demandes ainsi que les décisions prises par le préfet ou par le sous-préfet sont inscrites sur un registre spécial, qui est ultérieurement transmis au Ministère de l'Agriculture, du Commerce et des Travaux publics (aujourd'hui ministère de l'agriculture et du commerce), et communiqué sans frais à toute réquisition. La délivrance du certificat est gratuite. »

Déchéance. — Est déchu de tous ses droits :

« 1° Le breveté qui n'a pas acquitté son annuité avant le commencement de chacune des années de durée de son brevet ; — 2° Le breveté qui n'a pas mis en exploitation sa découverte ou invention en France dans le délai de deux ans à dater du jour de la signature du brevet, ou qui a cessé de l'exploiter pendant deux années consécutives, à moins que, dans l'un ou dans l'autre cas, il ne justifie des causes de son inaction ; — 3° Le breveté qui introduit en France des objets fabriqués en pays étranger et semblables à ceux qui sont garantis par son brevet. — Sont exceptés des dispositions du précédent paragraphe, les modèles de machines dont le ministre de l'agriculture et du commerce peut autoriser l'introduction dans le cas où un brevet est accordé à un étranger déjà breveté dans son pays. » (*Art.* 32.)

Ce dernier paragraphe a été modifié en ces termes par une loi du 30 mai 1856 :

«... 3° Le breveté qui a introduit en France des objets fabriqués en pays étranger et semblables à ceux qui sont garantis par son brevet. Néanmoins, le ministre de l'agriculture et du commerce peut autoriser l'introduction : 1° des modèles de machines ; 2° des objets fabriqués à l'étranger destinés à des expositions publiques ou à des essais faits avec l'assentiment du gouvernement. »

Pour le paiement de la taxe, le délai court du jour du dépôt de la demande sans compter le *dies a quo*, de sorte que si le dépôt a été fait le 29 décembre il n'est pas nécessaire que la taxe soit payée avant le 29 décembre suivant, et elle peut encore l'être valablement ce jour même (Rouen, 12 déc. 1862, Ancelin); — (Cass., Ch. civ., 20 janv. 1863, Vimont). Mais si le jour anniversaire est un jour férié, le délai expire la veille et non le lendemain de ce jour (Paris, 26 juillet 1865, Poullot). Il n'y a pas déchéance lorsque le paiement n'a pas eu lieu par suite d'un événement de force majeure. (Cass., 16 mars 1864, Wild).

Pour ne pas encourir la déchéance pour cause de non exploitation, il suffit que l'inventeur ait fait tous ses efforts afin de mettre en œuvre sa découverte (Paris, 30 déc. 1864, Bourdon). Une crise commerciale peut être un cas de force majeure suffisant pour l'excuser. (Paris, 30 mars 1854, Frezon ; — Cass., 23 nov. 1859, de Coster; — Cass., 23 nov.

1860. Chem. de fer du Nord ; — Caen, 21 juin 1866, Lemasson).

La preuve de l'exploitation peut résulter des mentions obtenues à des expositions industrielles et de licences concédées à des tiers; (Paris, 9 fév. 1865, Poitevin.)

La livraison de produits fabriqués avec la machine prouve suffisamment l'exploitation ; la machine peut être unique entre les mains du breveté qui est en droit de refuser, sans encourir de déchéance, d'en livrer de semblables au public. (Colmar, 16 déc. 1864, Klotz.)

Mais il faut que la fabrication ait eu une certaine importance commerciale qui soit appréciable. (Paris, 23 mars 1870, Wilcox.)

Le breveté, qui sans prendre de certificat d'addition exploite son procédé en ajoutant quelques modifications de détail à son appareil industriel, n'est pas déchu de son brevet pour non-exploitation et peut poursuivre les contrefacteurs de l'invention déposée. (Cass., 23 mai 1857, Gache ; — Cass., 30 avril 1869, Dufour ; — Cass., 18 nov. 1872, Fonderies de Saint-Étienne.)

L'introduction en France, par le breveté ou l'un de ses agents de machines fabriquées à l'étranger et semblables à celles qui sont garanties par son brevet, emporte déchéance si ces objets ont une certaine importance et forment la partie principale de l'invention (Cass., 17 juin 1865, Communay), mais il n'en est pas ainsi s'il s'agit de parties accessoires. (Paris, 23 mars 1870, Aubineau.)

Le breveté qui achète à une exposition française des machines étrangères semblables à la sienne, doit être considéré comme introducteur en France, l'exposition étant considérée comme un terrain neutre qui conserve à chaque marchandise sa nationalité. (Colmar, 7 déc. 1864, Pariseau.)

Procédure en nullité ou déchéance. — « L'action en nullité et l'action en déchéance peuvent être exercées par toute personne y ayant intérêt. — Ces actions, ainsi que toutes contestations relatives à la propriété des brevets, sont portées devant les tribunaux civils de première instance. » (*Art.* 34.)

« Si la demande est dirigée en même temps contre le titulaire du brevet et contre un ou plusieurs cessionnaires partiels, elle est portée devant le tribunal du domicile du titulaire du brevet. » (*Art.* 35.)

« L'affaire est instruite et jugée dans la forme prescrite pour les matières sommaires, par les articles 405 et suivants du Code de procédure civile. Elle est communiquée au ministère public. » (*Art.* 36.)

« Dans toute instance tendant à faire prononcer la nullité ou la déchéance d'un brevet, le ministère public peut se rendre partie intervenante et prendre des réquisitions pour faire prononcer la nullité ou la déchéance absolue du brevet. — Il peut même se pourvoir directement par action principale pour faire prononcer la nullité dans les cas où la découverte n'est pas brevetable, lorsqu'elle est contraire aux lois et aux bonnes mœurs, ou que la demande porte frauduleusement une fausse indication de l'objet de l'invention. » (*Art.* 37.)

« Dans les cas prévus par cet article 37, tous les ayants droit au brevet dont les titres ont été enregistrés au Ministère de l'Agriculture et du Commerce, doivent être mis en cause. » (*Art.* 38).

« Lorsque la nullité ou la déchéance absolue d'un brevet a été prononcée par jugement ou arrêt ayant acquis force de chose jugée, il en est donné avis au ministre de l'agriculture et du commerce, et la nullité, ou la déchéance, est publiée dans la forme déterminée pour la proclamation des brevets. » (*Art.* 39)

« Le tribunal correctionnel, saisi d'une action pour délit de contrefaçon, statue sur les exceptions qui sont tirées par le prévenu soit de la nullité ou de la déchéance du brevet, soit des questions relatives à la propriété dudit brevet. » (*Art.* 46.)

Les tribunaux de commerce sont incompétents pour juger les questions de nullité et de déchéance, même lorsqu'elles sont présentées comme exception à une demande de leur compétence (Riom, 27 mai 1862, Barault), et contre un breveté non négociant (Paris, 16 nov. 1852, Martin) ; mais les tribunaux de commerce seraient compétents si les contestations portaient sur une licence d'exploitation du brevet , question nécessairement commerciale

(Paris, 22 août 1859, Dieu-garcia). — En tous cas,
l'exception d'incompétence ne pourrait être présentée pour la première fois en Cassation. (Cass., 20
juin 1870, Dide)

Les tribunaux correctionnels, quoiqu'ils soient
incompétents pour juger les questions de nullité
ou déchéance de brevets opposées par le prévenu, ne sont pas tenus de surseoir; ils peuvent
condamner ou acquitter le prévenu sans se prononcer sur la question proposée (Paris, 7 déc. 1865,
Leduc), et s'ils se prononcent sur cette question, leur
décision n'a en ce point aucun effet, même contre
les parties au procès. (Cass., 1ᵉʳ avril 1870, Hayem.)

Le moyen tiré de l'insuffisance de la description
annexée à la demande ne peut être présenté pour
la première fois devant la Cour de Cassation. (Cass.,
11 mai 1870, Levasseur.)

La nullité peut être absolue ou relative. Elle est
absolue si le ministère public, pendant l'instance en
nullité devant le tribunal civil, intervient au procès
dans la forme indiquée par l'article 339 du Code de
procédure civile « par requête contenant les moyens
et conclusions dont il doit être donné copie ainsi
que des pièces justificatives; » cette intervention
ne pourrait avoir lieu devant le tribunal correctionnel puisqu'il n'a pas compétence pour décider
des nullités et déchéances. (Douai, 5 août, 1851,
Jérome). Elle est relative, quand cette intervention
dans le débat n'a pas lieu, et alors la nullité ne peut
profiter qu'au demandeur ou à ses ayants cause;

elle ne pourrait profiter à sa veuve si elle ne tient aucun droit de son mari. (Cass., 11 juillet 1846, Duvelleroy.)

Contrefaçon. — « Toute atteinte portée aux droits du breveté soit par la fabrication de produits, soit par l'emploi de moyens faisant l'objet de son brevet, constitue le délit de contrefaçon. » (Art. 40.)

« Ceux qui ont sciemment recélé, vendu, ou exposé en vente, ou introduit sur le territoire français un ou plusieurs objets contrefaits, sont punis des mêmes peines que les contrefacteurs. » (Art. 41.)

Celui qui achète de bonne foi un appareil breveté et en fait usage, commet le délit de contrefaçon, la bonne foi n'est admise que s'il n'y a pas emploi (Metz, 11 février 1869, Gougy. — Aix, 18 janvier 1873 Gougy), à moins que l'objet contrefait n'ait servi qu'à l'usage personnel de l'acheteur et non à un usage commercial ou industriel. (Douai, 8 juin 1864, Mahieu.)

Tout propriétaire du brevet peut opérer la poursuite en son nom alors même qu'il ne serait propriétaire que pour partie, comme dans le cas de société pour l'exploitation d'un brevet pris au nom de chacun des associés (Cass., 29 avril 1868, Carbonnier). Mais si c'est la société qui est propriétaire du brevet, l'action ne peut être intentée qu'en son nom. (Cass., 24 mars 1864, Guerrier.)

Lorsqu'une action en contrefaçon contre un fabricant a été repoussée au civil parce que le brevet était nul, l'arrêt a l'autorité de la chose jugée à l'égard de ceux qui ont vendu les produits de ce fabricant, et ils ne peuvent être poursuivis par le prétendu breveté (Cass., 11 mai 1870, Levasseur). Mais une décision rendue au criminel n'a pas l'autorité de la chose jugée à l'égard d'autres faits semblables déférés à un autre juge. (Cass., 22 janv. 1870, Levasseur.)

Il n'est pas nécessaire pour qu'il y ait contre-façon que l'on ait reproduit entier l'appareil breveté, il suffit qu'on ait imité l'une des parties (Cass., 6 février 1844, Godart-Desmarest).

Celui qui n'a fait que modifier les organes essentiels d'un mécanisme pour ariver à un résultat analogue au système primitif, commet le délit de contrefaçon (Cass., 7 avril 1869, Gault), et pour qu'un procédé soit considéré comme différent d'un autre procédé breveté, il faut que les dissemblances aient une importance caractéristique. (Rouen, 28 mai 1872, et Cass., 11 juin 1873, Delamare.)

A l'expiration du brevet, le nom donné par l'inventeur à son procédé tombe, comme le brevet, dans le domaine public ; par exemple le terme d'harmonium pour les orgues portatifs (Paris, 3 décembre 1859, Debain), mais le nom même du fabricant ne peut être employé qu'en évitant toute confusion et en le faisant précéder des mots : d'après le système de... ou autres semblables. (Cass., 31 janvier 1860, Charpentier, — Seine. Tr. civ., 24 novembre 1865 Fondet.)

Saisie. — « Les propriétaires d'un brevet peuvent, en vertu d'une ordonnance du président du tribunal de première instance, faire procéder par tous huissiers, à la désignation et description détaillées, avec ou sans saisie, des objets prétendus contrefaits. — L'ordonnance est rendue sur simple requête et sur la représentation du brevet ; elle contient, s'il y a lieu, nomination d'un expert pour aider l'huissier dans sa description. — Lorsqu'il y a lieu à la saisie, ladite ordonnance peut imposer au requérant un cautionnement qu'il est tenu de consigner avant d'y faire procéder. — Le cautionnement est toujours imposé à l'étranger breveté qui requiert la saisie. — Il est laissé copie au détenteur des objets décrits ou saisis, tant de l'ordonnance que de l'acte constatant le dépôt du cautionnement, le cas échéant ; le tout à peine de nullité et de dommages-intérêts contre l'huissier. » (*Art.* 47.)

« A défaut par le requérant de s'être pourvu, soit par la voie civile, soit par la voie correctionnelle, dans le délai de huitaine, outre un jour pour trois myriamètres de distance entre le lieu où se trouvent les objets saisis ou décrits et le domicile du contrefacteur, recéleur, introducteur ou débitant, la saisie ou description est nulle de plein droit, sans préjudice des dommages-intérêts qui peuvent être réclamés, s'il y a lieu, dans la forme des matières sommaires. » (*Art.* 48.)

L'huissier chargé de la saisie ne peut pénétrer

chez le saisi lorsque celui-ci lui refuse l'entrée de
son domicile, qu'avec l'assistance d'un magistrat,
juge de paix ou commissaire de police. (Paris, 12
déc. 1856, Laming.)

La nullité de la saisie n'empêche pas l'action
principale de suivre son cours, la saisie n'étant pas
exigée comme préliminaire de l'action. (Paris, 15
déc 1865, Bouquié.)

Une saisie préalable n'est pas nécessaire pour
que la confiscation soit prononcée, mais il faut au
moins qu'il y ait un procès-verbal de description. Si quelques-uns des objets seulement ont
été saisis, la confiscation n'a lieu pour le tout que
si la décision le statue formellement. (Paris, 19 fév.
1853, Chaudun.)

Si les objets n'ont pu ni être saisis, ni faire l'objet d'une description, il n'y a lieu qu'à l'allocation
de |dommages-intérêts. (Bourges, 28 déc. 1869,
Champonnois.)

La saisie peut être opérée au cours de l'instance,
et en ce cas il n'est pas besoin d'une nouvelle assi-
gnation à huitaine pour que la confiscation prononcée en fin d'instance soit valable. (Cass., 4 juin 1877,
Bruère.)

La saisie faite chez un fabricant de divers appareils, qui tombés séparément dans le domaine
public peuvent être agencés pour imiter une machine brevetée, doit être maintenue si le fabricant
ne peut prouver que l'emploi de ces appareils avait
un tout autre objet. (Cass., 26 juin 1861, Lotz.)

Le président du tribunal civil a un pouvoir discrétionnaire en ce qui concerne les ordonnances
relatives à la saisie, et peut indiquer les lieux
où seront faites les perquisitions, prescrire l'examen
des livres, correspondances et papiers ou ne rien
spécifier. (Cass., 15 juin 1866, Nachury ; — Cass ,
15 juin 1866, Ramser.)

Les ordonnances rendues en cette matière ne sont
pas susceptibles d'appel, même lorsqu'elles ont été
rendues après opposition et référé. (Cass., 13 août
1862, Masse.)

Pénalités. — « Le délit de contrefaçon est puni
d'une amende de 100 à 2,000 fr. » (*Art.* 40.)

« Les peines établies par la loi ne peuvent être
cumulées. La peine la plus forte est seule prononcée pour tous faits antérieurs au premier acte
de poursuite. » (*Art.* 42.)

« Dans le cas de récidive, il est prononcé, outre
l'amende, un emprisonnement de un à six mois. Il
y a récidive lorsqu'il a été rendu contre le prévenu, dans les cinq années antérieures, une première condamnation pour un des délits prévus par
la présente loi.

« Un emprisonnement d'un mois à six mois peut
aussi être prononcé si le contrefacteur est un
ouvrier ou un employé ayant travaillé dans les
ateliers ou dans l'établissement du breveté, ou si
le contrefacteur, s'étant associé avec un ouvrier ou
un employé du breveté, a eu connaissance par ce
dernier des procédés décrits au brevet. Dans ce

dernier cas, l'ouvrier ou l'employé peut être poursuivi comme complice. » (*Art.* 43.)

« L'article 463 du Code pénal peut être apppli-
qué aux délits prévus par les dispositions qui précèdent. » (*Art.* 44.)

« L'action correctionnelle, pour l'application des
peines ci-dessus, ne peut être exorcée par le ministère public que sur la plainte de la partie lésée. »
(*Art.* 45.)

« La confiscation des objets reconnus contrefaits,
et, le cas échéant, celle des instruments ou ustensiles destinés spécialement à leur fabrication, sont,
même en cas d'acquittement, prononcées contre
le contrefacteur, le recéleur, l'introducteur ou le
débitant. — Les objets confisqués sont remis au
propriétaire du brevet, sans préjudice de plus
amples dommages-intérêts et de l'affiche du juge-
gement, s'il y a lieu. » (*Art.* 49.)

Quoique l'action en contrefaçon ne puisse être
intentée par le ministère public et que la plainte
de la partie lésée soit nécessaire, le désistement
du plaignant n'éteint pas l'action publique une fois
mise en mouvement, et une condamnation peut
être prononcée par les tribunaux correctionnels.
(Cass , 2 juillet 1853, Morel. — Paris, 3 avril 1875,
de Trassy.)

Les dommages-intérêts doivent être proportionnés non au gain fait par le contrefacteur, mais
à la perte éprouvée par le breveté et au bénéfice

dont il a été privé. (Bourges, 28 déc. 1869, Champonnois.)

La prescription de l'action en dommages-intérêts est de trois ans, aux termes des articles 637 et 638 du Code d'Instruction criminelle ; elle ne commence que du jour où l'usage a cessé (Metz, 11 fév. 1869, Gougy), et, s'il s'agit de fabrication se reproduisant par périodes annuelles, à partir de la fin de la dernière campagne. (Cass., 14 août 1871, Champonnois.)

La suppression des parties contrefaites, opérée pas le contrefacteur postérieurement à la saisie, ne l'exonère pas des condamnations encourues pour la contrefaçon accomplie. (Douai, 4 mai 1863, Dumont.)

La provocation du breveté à confectionner des objets semblables à ceux qu'il fabrique, peut être considérée comme une excuse si le prétendu contrefacteur n'avait pas auparavant pratiqué la contrefaçon sur ces matières. (Paris, 17 juillet 1857 et Cass., 3 avril 1858, Popard ; — Paris, 4 déc. 1862, Vernier.)

L'acheteur d'un objet contrefait peut être déclaré complice de celui qui l'a fabriqué, si l'achat a été fait dans un but commercial. (Cass., ch. cr., 5 fév. 1876, Belin.)

La fabrication frauduleuse et la vente des objets contrefaits sont deux délits distincts, quoique punis des mêmes peines ; celui qui n'a participé qu'à la vente des objets fabriqués n'est pas complice du fabricant et ne peut être condamné solidairement

aux dommages-intérêts et aux frais par application
de l'article 55 du code pénal. (Cass., 16 août 1861,
Bigot.)

Les différents vendeurs ne sont pas complices entre
eux lorsqu'il n'y a eu de leur part aucune entente ;
mais s'ils ont agi de concert ou si le vendeur a
reçu les marchandises d'un pays étranger par
l'intermédiaire d'un entremetteur, celui-ci peut
être condamné comme complice. (Cass., 15 juin
1866, Ramser.)

La confiscation des produits ne doit pas nécessairement être prononcée en même temps que la
confiscation des appareils, si ces produits ont
été obtenus par des procédés différents au moyen
de machines tombées dans le domaine public.
(Cass., 5 janv. 1876, et Amiens, 14 août 1877,
Godin.)

La confiscation des objets contrefaits ne peut
être prononcée si, n'ayant été ni saisis, ni décrits,
ils n'existent même plus en nature. (Cass., 14 août
1871, Champonnois.)

La confiscation a le caractère de réparation civile ;
par conséquent, les frais de remise des objets confisqués sont à la charge des contrefacteurs. (Cass.,
5 janv. 1876, et Amiens, 14 août 1877, Godin.)

Le caractère civil de la confiscation permet aux
tribunaux civils de la prononcer (mêmes arrêts).

« Quiconque, dans ses enseignes, annonces,
prospectus, affiches, marques ou estampilles, prend
la qualité de breveté, sans posséder un brevet déli-

vré conformément aux lois, ou après l'expiration
d'un brevet antérieur ; ou qui, étant breveté, mentionne sa qualité de breveté ou son brevet, sans y
ajouter ces mots : *sans garantie du Gouvernement,*
est puni d'une amende de 50 fr. à 1,000 fr. — En
cas de récidive, l'amende peut être portée au double
Art. 33.)

Le prévenu peut prouver sa bonne foi et échapper par ce moyen à la condamnation. (Paris, 4 déc.
1869, Jouvin.)

Après l'expiration de son brevet, l'inventeur
peut encore prendre sur ses prospectus la qualité
de premier fabricant breveté, à la condition de le
faire de façon à ne pas induire le public en erreur
sur l'extinction du brevet. (Cass., 19 fév. 1870,
Jouvin.)

II. — DESSINS OU MODÈLES DE FABRIQUE.

Législation. — La protection donnée aux dessins
de fabrique résulte de textes fort incomplets ; quant
aux modèles de fabrique, qui sont ordinairement
des objets de sculpture, aucune loi ne les protège,
mais la jurisprudence, après quelques hésitations,
les a par analogie assimilés aux dessins de fabrique.

C'est à l'occasion des fabriques de Lyon qu'un
règlement de police avait été rendu le 1er octobre
1737, et un arrêt du Conseil le 19 juin 1844, et les
dispositions en avaient été rendues générales

pour toutes les manufactures de France par un arrêt du Conseil du 14 juillet 1787.

La loi du 19 juillet 1793 vint ensuite protéger toutes les œuvres d'art, et son article premier, encore en vigueur, portait :

« Les auteurs d'écrits en tous genres, les compositeurs de musique, les peintres et dessinateurs, qui feront graver des tableaux ou dessins, jouiront durant leur vie entière du droit exclusif de vendre, faire vendre, distribuer leurs ouvrages dans le territoire de la République, et d'en céder la propriété en tout ou en partie. »

Mais cette loi trop générale ne protégeait pas suffisamment les fabricants. Une loi du 18 mars 1806, qui établit à Lyon un Conseil de prud'hommes, formula des règles spéciales quant à la durée du droit et au dépôt. Les dispositions de cette loi sont encore en vigueur; elles furent étendues aux villes où furent institués des Conseils semblables dont les fonctions sont restées gratuites; l'établissement de ces nouveaux Conseils avait été prévu par les articles suivants :

« Il peut être établi par un règlement d'administration publique, délibéré en Conseil d'État, un Conseil de prud'hommes dans les villes de fabrique où le gouvernement le juge convenable. » (*Art.* 34.)

« Sa composition peut être différente selon les lieux, mais ses attributions sont les mêmes. » (*Art.* 35.)

« Toutes les fonctions des prud'hommes et de

leur bureau sont entièrement gratuites vis-à-vis
des parties ; ils ne peuvent réclamer, pour les formalités remplies par eux, d'autres frais que le
remboursement du papier et du timbre. » (*Art.* 32.)

Cette extension des dispositions de la loi fut
indirectement confirmée par une ordonnance du
29 août 1825 portant règlement du dépôt des dessins de fabrique dans les lieux où il n'existait pas
de Conseil de prud'hommes.

La loi du 11 mai 1868 a garanti de la publicité
résultant des expositions et concours publics les
dessins de fabrique, comme les brevets d'invention, au moyen d'un certificat délivré par le préfet
ou le sous-préfet.

Nature du dessin de fabrique. — Pour savoir si un
dessin a un caractère industriel, c'est à sa nature
et à sa destination qu'il faut s'attacher et non à
son mode d'exécution ; et des dessins contenus
dans une publication industrielle ne sont pas
protégés par le dépôt au Ministère de l'Intérieur
fait en vertu de la loi de 1793; il faut, en outre,
le dépôt au Conseil des prud'hommes. (Paris,
22 avril 1875).

Quoique le dessin industriel soit reproduit
par l'impression, il ne peut être assimilé
aux planches imprimées dont le dépôt est réglé
par la loi du 19 juillet 1793, et le dépôt doit être
fait au conseil des prud'hommes, conformément à
la loi de 1806. (Seine, Tr. corr., 15 janv. 1862,
Desfossé.)

Une œuvre d'art ne devient industrielle que si

elle sert directement à la confection industrielle ;
mais un tableau n'a pas besoin d'être déposé, s'il
a été copié pour servir d'ornement à un objet industriel. (Seine, Tr. corr., 11 déc. 1876, Labrousse.)

Une œuvre qui, à l'origine, n'avait point été
composée pour devenir un dessin de fabrique, mais
une œuvre d'art, peut postérieurement être appliquée à l'industrie et changer de nature moyennant
l'accomplissement du dépôt légal (Cass., 30 déc.
1865, Romain).

La disposition des fils dans un tissu dans le but
de donner à une étoffe un reflet particulier, doit être
assimilée au dessin et peut être protégée par le
dépôt sans qu'il soit besoin de prendre un brevet
d'invention (Lyon, 17 janv. 1862, Chanas). Mais les
effets particuliers produits au moyen de l'apprêt des
étoffes ne peuvent être assimilés au dessin et
doivent faire l'objet d'un brevet (Lyon, 9 mars 1875,
Graissot) Il en est de même d'un mode de pliage et
de pelotonnage de la soie qui a le caractère d'invention et ne peut être protégé que par un brevet.
(Lyon, 25 mars 1863, Jaricot.)

Un dessin est nouveau quoique les éléments en
soient puisés dans le domaine public, lorsque, par
une combinaison nouvelle, il diffère essentielle-
ment de tous les autres (Cass., 24 avril 1858, Aubry ;
— Cass., 29 avril 1862, Denis ; — Douai, 29 juin
1867, Dubar-Delespaul ; — (Lyon, 17 mars 1870,
Mantoux). Il en est de même d'un dessin ancien
modifié par différentes additions et corrections,

quoique le dessin original n'en demeure pas moins dans le domaine public. (Douai, 25 janv. 1862, Gaillard.)

Mais ne peut être considérée comme combinaison nouvelle l'application d'un dessin connu à un tissu différent de celui auquel il s'appliquait (Cass. ch. civ , 16 nov. 1846, Rouvière; — Paris, 23 juin 1852, Brichard) ; à moins que, par un arrangement différent des lignes et des couleurs, l'œuvre nouvelle n'ait un cachet tout particulier. (Lyon, 16 mai, 1853, Serre ; — Lyon 13 mars 1861, Godemard ; — Seine, Tr. corr., 15 janv. 1862, Desfossé.)

Nature des modèles. — Une œuvre de sculpture destinée uniquement à une exploitation commerciale doit être assimilée à des dessins de fabrique et n'est pas régie par les dispositions de la loi du 19 juillet 1793. (Cass., 28 juillet 1856, Ricroch)

Des modèles de pendules étant des objets destinés à une exploitation industrielle, peuvent être imités si le dépôt n'en a pas été effectué au Conseil des Prud'hommes. (Paris, 13 juillet 1865, Bouchot.)

Des pièces de bijouterie, telles que chaînes en spirales, présentant une configuration particulière et une forme nouvelle, sont des modèles protégés par la loi du 18 mars 1806 et le dépôt doit en être fait au Conseil des Prud'hommes. (Paris, 18 août 1868, Lion.)

Les juges ont un pouvoir discrétionnaire pour décider de la nature de l'objet et s'il doit être considéré comme modèle. (Cass., ch. crim , 15 mars

1845, Joyeux ; — Cass., 8 juin 1860, Thonus-Lejay.)

Un simple changement dans la forme d'un objet
ne peut constituer un droit privatif ; il en est ainsi
des articles de mode, broches, chapeaux (Seine,
Tr. corr., 16 mai 1860 ; — Ehrard, 15 juin 1860,
Félix ; — 4 déc. 1862, Champeval), et même de la
forme d'un flacon n'ayant ni dessins ni reliefs. (Paris,19 nov. 1863, Laverdet)

Mais un objet sculpté, comme un encrier et ses
accessoires peuvent à raison des ornements qui les
distinguent, être considérés comme modèles de fabrique. (Paris, 12 mars 1870, Latry.)

Le dépôt au Conseil des Prud'hommes ne garantit que l'ornementation ; ainsi un système nouveau
de ceintures doit faire l'objet d'un brevet d'invention. (Paris, 11 fév. 1875, Charles.)

Durée du droit. — « En déposant son échantillon,
le fabricant déclare s'il entend se réserver la propriété exclusive pendant une, trois ou cinq années,
ou à perpétuité ; il est tenu note de cette déclaration. A l'expiration du délai fixé par ladite déclaration, si la réserve est temporaire, tout paquet
d'échantillon déposé sous cachet dans les archives
du Conseil doit être transmis au Conservatoire des
arts de la ville de Lyon, actuellement au Conservatoire des arts et métiers à Paris, et les échantillons y contenus être joints à la collection du Conservatoire. » (*Art.* 18.)

Taxe. « — En déposant son échantillon, le fabricant acquitte entre les mains du receveur de la

commune une indemnité qui est réglée par le Conseil des Prud'hommes et ne peut excéder un franc pour chacune des années pendant lesquelles il veut conserver la propriété exclusive de son dessin; elle est de dix francs pour la propriété perpétuelle. » (*Art.* 19.)

Aucune nullité n'est attachée par la loi au non-paiement de la taxe; il n'y a pas, à plus forte raison, nullité du dépôt si le Conseil des Prud'hommes n'a indiqué aucune taxe à payer. (Calais, 1er mai 1860, Maxton.)

Cession. — La cession est soumise aux règles du droit commun.

Les créanciers peuvent saisir un dessin, mais à la condition qu'il soit terminé et qu'on puisse prouver que l'auteur avait manifesté l'intention de le mettre dans le commerce.

Dépôt. — « Le Conseil des Prud'hommes est chargé des mesures conservatrices de la propriété des dessins. » (*Art.* 14.)

« Tout fabricant qui veut pouvoir revendiquer par la suite, devant le tribunal de commerce, la propriété d'un dessin de son invention, est tenu d'en déposer aux archives du Conseil des Prud'hommes un échantillon plié sous enveloppe revêtue de ses cachet et signature. sur laquelle est également apposé le cachet du Conseil des Prud'hommes. » (*Art.* 15.)

« Les dépôts de dessins sont inscrits sur un registre tenu *ad hoc* par le Conseil des Prud'hommes,

lequel délivre aux fabricants un certificat rappelant
le numéro d'ordre du paquet déposé et constatant
la date du dépôt. » (*Art.* 16.)

« En cas de contestation, entre deux ou plusieurs
fabricants, sur la propriété d'un dessin, le Conseil
des Prud'hommes procède à l'ouverture des paquets
qui lui ont été déposés par les parties ; il fournit
un certificat indiquant le nom du fabricant qui a la
priorité de date. » (*Art.* 17.)

D'après l'ordonnance du 17 août 1825 (*Art.* 1.)
portant règlement sur les dessins de fabrique,
« le dépôt des échantillons de dessins qui doit
être fait, conformément à l'art. 15 de la loi du 18
mars 1806, aux archives des Conseils de Pru-
d'hommes, pour les fabriques situées dans le ressort de ces Conseils, est reçu, pour toutes les fabriques situées hors du ressort d'un Conseil de Pru-
d'hommes, au greffe du tribunal de commerce, ou
au greffe du tribunal de première instance, dans les
arrondissements où les tribunaux civils exercent
la juridiction des tribunaux de commerce. »

Le dépôt doit être fait au lieu où le fabricant a
son principal établissement (Riom, 18 mai 1853,
Séguin). Il doit être reçu, quel que soit le peu
d'importance des objets. (Cass., 30 déc. 1865,
Romain.)

Le dépôt des objets de grande dimension peut
être opéré en dessin au lieu de l'être en nature.
(Colmar, 7 août 1855, Katz.)

Un dessin peut être déposé valablement avant

l'exécution de l'objet industriel auquel il doit s'appliquer. (Paris, 27 juillet 1876, Deneubourg.)

Le dépôt doit avoir eu lieu antérieurement à la mise en vente (Paris, 23 déc. 1863, Chancel ; — Lyon, 3 juin 1870, Pramondon). — Celui qui a eu connaissance du dessin avant qu'il ne soit déposé et l'a exécuté, ne peut être poursuivi. (Paris, 10 mars 1875, Durantin.)

Quoique le dépôt soit indispensable pour pouvoir intenter une action en contrefaçon, il peut être accordé des dommages-intérêts au fabricant si son ouvrier a frauduleusement communiqué à des tiers un modèle en voie d'exécution. (Paris, 15 mai 1865, Guichot ; — Seine, Tr. civ., 10 juil. 1875, Héricé.)

Nullités et déchéances. — La loi n'a établi aucune nullité ni déchéance ; il y a cependant déchéance si, conformément à l'article 15, le dessin n'est pas de l'invention du déposant, c'est-à-dire nouveau, et si le dépôt n'est pas fait dans les conditions voulues par la loi.

Saisie. — « Le Conseil des Prud'hommes est spécialement chargé de constater, d'après les plaintes qui peuvent lui être adressées, les contraventions aux lois et règlements nouveaux ou remis en vigueur. » (*Art.* 10.)

« Les procès-verbaux dressés par les Prud'hommes pour constater ces contraventions sont renvoyés aux tribunaux compétents, ainsi que les objets saisis. » (*Art.* 11.)

« Les Prud'hommes dans les cas ci-dessus, et sur

la réquisition verbale ou écrite des parties, peuvent, au nombre de deux au moins, dont un fabricant et un chef d'atelier, assistés d'un officier public,
faire des visites chez les fabricants, chefs d'atelier,
ouvriers ou compagnons. » (*Art* 12)

La saisie ne peut être opérée dans les formes
spécifiées par les lois de 1844 et de 1857, mais dans
la forme tracée par la loi de 1806. (Lyon, 14 juin
1851, Valansot ; — Lyon, 25 mars 1863, Janicot.)

Peut-elle l'être également, par application du décret du 30 mars 1808 relatif aux brevets d'invention, sur autorisation du président du Tribunal civil?
un arrêt le décide en ce sens sans autres motifs que
l'application du droit commun (Paris, 27 juillet 1876,
Deneubourg) ; le droit commun en cette matière
serait la loi du 19 juillet 1793 (*Art*. 3), complétée
par celle du 25 prairial an III (*Art*. 1), qui donne
compétence au commissaire de police et, à son défaut, au juge de paix.

Aucun délai n'est indiqué pour l'action à intenter
après la saisie. (Orléans, 1er avril 1857, Fontana.)

Contrefaçon. — Il faut, pour qu'il y ait contrefaçon, que l'imitation du dessin soit telle que l'on
puisse sérieusement confondre les deux œuvres.
(Douai, 25 janv. 1862 ; — Cass., 30 juin 1865.)

Il n'y a pas en tous cas contrefaçon si le dessin
était connu antérieurement au dépôt. (Rouen,
17 mars 1859.)

La mauvaise foi est nécessaire pour qu'il y ait
un délit punissable. (Cass., 13 janvier 1866, Plon.

mais la réparation du préjudice causé de bonne foi n'en donne pas moins lieu à des dommages-intérêts. (Cass., 30 juin 1865.)

Le tribunal de commerce est compétent ainsi que le tribunal correctionnel, à la seule différence qu'il ne peut prononcer de peine. Le ministère public peut agir d'office et l'action publique n'est pas arrêtée par le désistement de la partie civile.

Pénalités. — Le code pénal de 1810 contient des dispositions relatives à la répression de la contrefaçon en général; elles ont été considérées comme applicables non-seulement aux œuvres littéraires et artistiques, mais encore aux dessins ou modèles de fabrique. (Paris, 19 fév. 1835 ; — Riom, 18 mai 1853, Seguin.)

Art. 425. — « Toute édition d'écrits, de composition musicale, de dessin, de peinture ou de toute autre production imprimée ou gravée en entier ou en partie, au mépris des lois et règlements relatifs à la propriété des auteurs, est une contrefaçon, et toute contrefacon est un délit. »

Art. 426. — « Le débit d'ouvrages contrefaits, l'introduction sur le territoire français d'ouvrages qui, après avoir été imprimés en France, ont été contrefaits à l'Étranger, sont un délit de la même espèce. »

Art. 427. — « La peine contre le contrefacteur ou contre l'introducteur sera une amende de 100 fr. au moins et de 2,000 fr. au plus ; et contre le débitant une amende de 25 fr. au moins et de 500 fr. au plus.

La confiscation de l'édition contrefaite sera prononcée tant contre le contrefacteur que contre l'introducteur et le débitant. Les planches, moules ou
matrices des objets contrefaits seront aussi confisqués. »

Art. 429. — « Dans les cas prévus par les quatre
articles précédents, le produit des confiscations, ou
les recettes confisquées, seront remis au propriétaire pour l'indemniser d'autant du préjudice qu'il
aura souffert ; le surplus de son indemnité, ou l'entière indemnité, s'il n'y a eu ni vente d'objets confisqués, ni saisie de recettes, sera réglé par les
voies ordinaires. »

Art. 463, révisé en 1863. — « Dans tous les cas où
la peine de l'emprisonnement et celle de l'amende
sont prononcées par le code pénal, si les circonstances paraissent atténuantes, les tribunaux correctionnels sont autorisés, même en cas de récidive, à
réduire ces deux peines comme il suit : — Si la
peine prononcée par la loi, soit à raison de la nature du délit, soit à raison de l'état de récidive du
prévenu, est un emprisonnement dont le minimum
ne soit pas inférieur à un an, ou une amende dont
le minimum ne soit pas inférieur à 500 fr., les tribunaux pourront réduire l'emprisonnement jusqu'à
six jours et l'amende jusqu'à 16 fr. — Dans tous les
autres cas ils pourront réduire l'emprisonnement
même au-dessous de six jours et l'amende même
au-dessous de 16 fr. ; ils pourront aussi prononcer
séparément l'une ou l'autre de ces peines et même

substituer l'amende à l'emprisonnement, sans qu'en aucun cas, elle puisse être au-dessous des peines de simple police. »

Aux termes de la loi du 27 juin 1866, il importe peu que le délit ait été commis à l'Étranger ; il peut être poursuivi en France du moment qu'il a été commis par un français et qu'il est puni par la loi étrangère.

La confiscation du dessin entraîne celle de l'objet sur lequel il est appliqué. (Cass., |19 mars 1858, Pepin, Lehalleur.)

III. — MARQUES DE FABRIQUE OU DE COMMERCE.

Législation. — Depuis 1791, on s'était tout d'abord appliqué à rendre les marques obligatoires pour certains produits, puis la loi du 22 germinal an XI, le code pénal de 1810 (art. 143,423) avaient établi des peines fort sévères contre les contrefacteurs.

Une loi du 28 juillet 1824 s'occupait plus spécialement du nom commercial et, à ce titre, elle n'est pas abrogée par la loi suivante qui ne considère le nom qu'au point de vue de la marque.

Enfin, une loi plus complète du 23 juin 1857 est actuellement la loi fondamentale. Il faut y ajouter une loi du 26 novembre 1873 et le décret du 25 juin 1874 qui sont relatifs à l'adjonction non-obligatoire du timbre de l'État à la marque du fabricant.

Nature de la marque. — « La marque de fabrique

ou de commerce est facultative. Toutefois, les décrets rendus en la forme des règlements d'administration publique peuvent, exceptionnellement, la déclarer obligatoire pour les produits qu'ils déterminent. » (*Art.* 1er.)

Ainsi les imprimeurs, lithographes, graveurs en taille-douce doivent mettre leurs noms sur tout ce qui sort de leurs presses (lois du 28 germ. an IV et du 21 octobre 1814); — les joailliers, orfèvres et autres fabricants d'or, d'argent, de plaqué, doublé, ruolz sont obligés de poinçonner leur produits (loi du 19 brum. an VI); — les armes de guerre ou de commerce doivent recevoir un poinçon indiquant qu'elles ont été éprouvées (décr. du 25 juillet, 1810, ord. 28 mars 1815, 24 juillet 1816, et 2 déc. 1835); — les cartes à jouer sont renfermées dans des enveloppes portant le nom, la marque et la signature du fabricant (décr. 9 février, 1860) ; — les fabricants d'eaux minérales artificielles doivent indiquer leur nom sur leurs produits (ord. 18 juin 1823); — les pharmaciens sont obligés d'apposer une étiquette avec leur nom et leur adresse sur les substances vénéneuses qu'ils délivrent (ord. 29 oct. 1846); — les savons de Marseille (décr. 22 déc. 1812), les savons divers (11 avril et 18 déc. 1811), les étoffes d'or et d'argent, les velours (décr. 20 flor. an XIII), les fils et tissus de coton (loi 28 av. 1816) ont des marques ou signes conventionnels.

« Sont considérés comme marques de fabrique et de commerce les noms sous une forme distinctive, les dénominations, emblèmes, empreintes, timbres, cachets, vignettes, reliefs, lettres, chiffres, enveloppes, et tous les autres signes servant à distinguer les produits d'une fabrique ou les objets d'un commerce. » (*Art.* 1.)

« Toutes les dispositions de la présente loi sont applicables aux vins, eaux-de-vie et autres boissons, aux bestiaux, grains, farines, et généralement à tous les produits de l'agriculture. » (*Art.* 20.)

La marque peut consister dans une lettre d'une forme spéciale, un nom, une enveloppe, une figurine, une vignette. (Seine, 6 avril 1866, Sargent; — Cass. , 27 juillet 1866, Abadie ; — Paris, 22 janvier 1870, Hérold; — Cass., 15 juin 1870, Prudon; — Cass., 28 mai 1872, Bobot ; — Cass., 1 juin 1874; Brossier.)

La vignette peut conférer un droit exclusif, alors même qu'elle renfermerait les armoiries, d'une ville ou un monument public. (Seine, Tr. civ., 30 juin 1869, Christy; — Riom, 23 nov. 1852.)

On peut prendre pour marque un mot de fantaisie comme racahout (Paris, 29 mars 1833); bleu de France (Seine, Tr. comm., 25 avril 1842, Merle); gazogène (Paris, 19 janvier 1852, Briet); eau écarlate (Seine Tr. comm., 30 mai 1862, Burdel) ; perles d'éther (Cass. , 22 mars 1864, Carpentier); bougie de l'Étoile (Épernay. Tr. corr., 30 avril 1872, de Milly); mais un mot usuel et vulgaire ne pourrait constituer un droit privatif comme : cartes opaques (Paris, 1 juillet 1854 Grimault); toiles-

ménage (Colmar, 16 juin 1857, Rian); papier de riz
(Paris, 8 juill. 1852, Abadie); vernis anglais
(Lyon, 7 juin 1871).

Plusieurs dénominations tombées dans le domaine
public peuvent par leur réunion constituer une
marque originale constituant une propriété. (Cass.,
6 février 1875, Meurgey.)

La forme d'un produit ne peut être considérée
comme une marque, c'est l'invention elle-même, le
produit et non le signe qui a pour but de le carac-
tériser (Paris, 23 mars 1870, Wilcox); il en est de
même de la couleur du produit. (Seine, Tr. corr.,
18 avril 1873, Cazaux.)

Si l'usage d'une étiquette est devenu général
sans qu'aucune poursuite n'ait été exercée, elle
peut être considérée comme tombée dans le domaine
public. (Cass., 10 mars 1864, Calmel.)

Noms et enseignes. — La loi du 28 juillet 1824,
protége les noms des fabricants et la raison sociale
des sociétés commerciales qui ne servent pas de
marque, mais qui sont la spécification de la maison;
les enseignes jouissent également de la même
protection; mais cette protection, indépendante de
celle qui est accordée par la loi de 1837, n'est pas
soumise au préliminaire du dépôt.

La loi de 1824, est ainsi conçue :

« Quiconque a, soit apposé, soit fait apparaître,
par addition, retranchement ou par une altération
quelconque, sur des objets fabriqués, le nom d'un
fabricant autre que celui qui en est l'auteur, ou la

raison commerciale d'une fabrique autre que celle
où lesdits objets auraient été fabriqués, ou, enfin, le
le nom d'un lieu autre que celui de fabrication, est
puni des peines portées en l'art. 423 du Code pénal,
sans préjudice des dommages-intérêts, s'il y a lieu.
Tout marchand, commissionnaire ou débitant quelconque, est passible des effets de la poursuite,
lorsqu'il a sciemment exposé en vente ou mis en
circulation les objets marqués de noms supposés
ou altérés. (*Art.* 1.)

« L'infraction ci-dessus mentionnée cesse en conséquence, et nonobstant l'art. 17 de la loi du 12
avril 1803 (2 germinal an XI), d'être assimilée à la
contrefaçon des marques particulières, prévue par
les art. 142 et 143 du Code Pénal. » (*Art.* 2.)

Un pseudonyme constitue également un droit
pour celui qui l'a créé (Cass., 6 juin 1859, Nadar ; —
Paris, 30 déc. 1868, Arnault). Le nom reste la propriété du commerçant, quand bien même son produit n'aurait pas d'autre désignation (Paris, 9 nov.
1863, Raspail) ; et le produit imité ne peut être
désigné par ce nom même en le faisant précéder des
mots, façon de… système de… (Paris, 12 janv. 1874,
Liebig). Ceux qui fondent une maison rivale dont
le propriétaire porte un nom semblable, doivent
prendre une désignation distincte afin d'éviter la
confusion. (Paris, 26 avril 1866, Farina.)

Les mêmes règles s'appliquent aux noms de lieux
pris comme signes de distinction du produit, comme
Grande-Chartreuse. (Paris, 5 fév. 1870, Garnier.)

L'enseigne est, comme le nom, le signe de ralliement de la clientèle ; elle constitue à ce titre un droit de propriété. (Reims, Tr. com., 31 août 1869, Godwin.)

Durée du droit. — Le dépôt de la marque de fabrique ou de commerce n'a d'effet que pour quinze années.

« La propriété de la marque peut toujours être conservée pour un nouveau terme de quinze années, au moyen d'un nouveau dépôt. » (*Art.* 3.)

Si le dépôt des marques n'a pas été renouvelé en temps utile, le droit n'est pas éteint, seulement les imitateurs ne peuvent être poursuivis au tribunal correctionnel pour les usurpations commises dans cet intervalle, par la raison que le droit de propriété existe sans dépôt. (*Voir : Dépôt.*)

Quant aux noms qui ne sont pas employés comme marques, ils appartiennent au commerçant sans qu'il ait besoin d'en faire le dépôt; il en est de même des enseignes.

Taxe. — « Il est perçu un droit fixe d'un franc pour la rédaction du procès-verbal de dépôt de chaque marque et pour le coût de l'expédition, non compris les frais de timbre et d'enregistrement » (*Art.* 4.)

Dépôt. — « Nul ne peut revendiquer la propriété exclusive d'une marque s'il n'a déposé deux exemplaires du modèle de cette marque au greffe du tribunal de commerce de son domicile. » (*Art.* 2.)

Le dépôt n'est qu'une formalité préalable à la

poursuite et ne constitue pas le droit de propriété à la marque (Cass., 10 mars 1864, Calmel; — Cass., ch. crim., 20 juin 1874, Derossy); ce droit s'acquiert par le premier usage qui a été fait de la marque. (Paris, 20 juillet 1872, Neuss.)

Le dépôt n'est exigé que pour la marque ; le nom d'un commerçant qui ne constitue pas une marque, est protégé par la loi de 1824, sans que le dépôt en soit nécessaire. (Cass. 19 mars 1869, Wickers.)

Le dépôt ne peut être refusé ni annulé par le ministre du commerce. (Cons. d'État, 22 juin 1863, Raspail.)

Saisie. — « Le propriétaire d'une marque peut faire procéder par tous huissiers à la description détaillée, avec ou sans saisie, des produits qu'il prétend marqués à son préjudice en contravention aux dispositions de la présente loi, en vertu d'une ordonnance du président du tribunal civil de première instance, ou du juge de paix du canton dans le lieu où se trouvent les produits à décrire ou à saisir. — L'ordonnance est rendue sur simple requête et sur la présentation du procès-verbal constatant le dépôt de la marque. Elle contient, s'il y a lieu, la nomination d'un expert, pour aider l'huissier dans sa description. — Lorsque la saisie est requise, le juge peut exiger du requérant un cautionnement qu'il est tenu de consigner avant de faire procéder à la saisie. — Il est laissé copie, aux détenteurs des objets décrits ou saisis, de l'ordonnance et de l'acte constatant le dépôt du cautionnement, le cas échéant : le tout à peine de nullité et de dommages-intérêts contre l'huissier. » (*Art.* 17.)

« A défaut par le requérant de s'être pourvu, soit par la voie civile, soit par la voie correctionnelle, dans le délai de quinzaine, outre un jour par cinq myriamètres de distance entre le lieu où se trouvent les objets décrits ou saisis et le domicile de la partie contre laquelle l'action doit être dirigée, la description ou saisie est nulle de plein droit, sans préjudice des dommages-intérêts qui peuvent être réclamés, s'il y a lieu. » (*Art.* 18.)

L'ordonnance rendue par le Président du tribunal civil ne peut servir que contre les personnes désignées et pour une seule fois. (Cass., 15 juin 1866, Raffard ; — Paris, 21 déc. 1871, Garnier.)

Le saisi peut valablement assigner en main levée de la saisie devant le tribunal du lieu où elle a été effectuée, le saisissant y ayant dû faire une élection de domicile. (Bordeaux, 7 mars 1867, Abadie.)

« Tous les produits étrangers portant, soit la marque, soit le nom d'un fabricant résidant en France, soit l'indication du nom ou du lieu d'une fabrique française, sont prohibés à l'entrée et exclus du transit et de l'entrepôt, et peuvent être saisis, en quelque lieu que ce soit, soit à la diligence de l'administration des douanes, soit à la requête du ministère public ou de la partie lésée.

Dans le cas où la saisie est faite à la diligence de l'administration des douanes, le procès-verbal de saisie est immédiatement adressé au ministère public. — Le délai dans lequel l'action prévue par l'article 18 doit être intentée sous peine de nullité de la saisie, soit par la partie lésée, soit par le ministère public, est porté à deux mois — Les dispositions de l'article 14 sont applicables aux produits saisis en vertu du présent article. » (*Art.* 19.)

La saisie peut avoir lieu en douane alors que, sans porter le nom d'un fabricant français, les marchandises sont frauduleusement indiquées comme étant fabriquées en France (Rouen, 23 oct. 1863, Froman) ; mais il n'en est pas ainsi lorsque le nom d'un fabricant français est indiqué avec son consentement.

Contrefaçon. — « Les actions civiles relatives aux marques sont portées devant les tribunaux civils et jugées comme matières sommaires. — En cas d'action intentée par la voie correctionnelle, si le prévenu soulève pour sa défense des questions relatives à la propriété de la marque, le tribunal de police correctionnelle statue sur l'exception. » (*Art.* 16.)

Les tribunaux civils, et non ceux de commerce, sont seuls compétents pour juger de la propriété d'une dénomination commerciale et de la réparation du préjudice causé par l'usurpation. (Cass., 22 mars 1864, Charpentier.)

Les juges ont un pouvoir discrétionnaire pour

décider si l'imitation d'une marque est frauduleuse et constitue le délit de contrefaçon. (Cass., ch. crim., 29 juin 1876, Brunet.)

La contrefaçon existe lorsque la marque a été contrefaite, quand bien même on n'en aurait pas encore fait usage. (Paris, 15 mai 1868, Martelle.)

La contrefaçon n'en doit pas moins être reconnue quand il n'existe entre les désignations qu'une faible différence comme : Eau de la Fluoride pour Eau de la Floride (Paris, 15 nov. 1862, Guislain) ; Jean Albrety pour John Alberty (Bordeaux, 9 fév. 1852, Cahusac) ; Scarlet Water pour Eau écarlate (Seine, Tr. com. 30 mai 1862, Burdel) ; Serpents de Pharaon pour Serpents magiques, avec encadrement donnant le même aspect à la vignette (Paris, 21 mars 1866, Bernett) ; et il en est ainsi alors même que le nom du contrefacteur serait ajouté à la marque. (Rouen, Trib. civ., 19 mars 1872, Menier.)

La substitution d'un produit à un autre dans un sac revêtu de la marque véritable, doit être considérée comme une apposition frauduleuse de la marque. (Cass., 1er août 1867, Savignac.)

Celui qui indique sur ses produits ou ses prospectus des médailles d'exposition qu'il n'a pas obtenues, commet le délit de concurrence déloyale, puni par a loi de 1857 ; et le droit de poursuite appartient non-seulement au ministère public, mais encore au concurrent qui a obtenu des médailles semblables à celles qui sont usurpées. (Bordeaux, 9 janv. 1865, Durand.)

Pénalités. — « Sont punis d'une amende de 50 francs à 3,000 francs et d'un emprisonnement de trois mois à trois ans, ou de l'une de ces peines seulement : 1° Ceux qui ont contrefait une marque ou fait usage d'une marque contrefaite ; 2° Ceux qui ont frauduleusement apposé sur leurs produits ou les objets de leur commerce une marque appartenant à autrui ; 3° Ceux qui ont sciemment vendu ou mis en vente un ou plusieurs produits revêtus d'une marque contrefaite ou frauduleusement apposée. » (*Art.* 7.)

« Sont punis d'une amende de 50 francs à 2,000 francs et d'un emprisonnement d'un mois à un an, ou de l'une de ces peines seulement : 1° Ceux qui, sans contrefaire une marque, en ont fait une imitation frauduleuse de nature à tromper l'acheteur, ou ont fait usage d'une marque frauduleusement imitée ; 2° Ceux qui ont fait usage d'une marque portant des indications propres à tromper l'acheteur sur la nature du produit ; 3° Ceux qui ont sciemment vendu ou mis en vente un ou plusieurs produits revêtus d'une marque frauduleusement imitée ou portant des indications propres à tromper l'acheteur sur la nature du produit. » (*Art.* 8.)

« Sont punis d'une amende de 50 francs à 1,000 francs et d'un emprisonnement de quinze jours à six mois, ou de l'une de ces peines seulement : 1° Ceux qui n'ont pas apposé sur leurs produits une marque déclarée obligatoire ; 2° Ceux qui ont vendu ou mis en vente un ou plusieurs produits ne portant pas la marque déclarée obligatoire pour cette espèce de produits ; 3° Ceux qui ont contrevenu aux dispositions des décrets rendus en exécution de l'article 1er de la présente loi. » (*Art.* 9.)

« Les peines établies par la présente loi ne peuvent être cumulées.

« La peine la plus forte est seule prononcée pour tous les faits antérieurs au premier acte de poursuite. » (*Art.* 10.)

« Les peines portées aux articles 7, 8 et 9 peuvent être élevées au double en cas de récidive. Il y a récidive lorsqu'il a été prononcé contre le prévenu, dans les cinq années antérieures, une condamnation pour un des délits prévus par la présente loi. » (*Art.* 11.)

« L'article 463 du code pénal (relatif aux circonstances atténuantes) peut être appliqué aux délits prévus par la loi. » (*Art.* 12.)

« Les délinquants peuvent en outre être privés du droit de participer aux élections des Tribunaux et des Chambres de commerce, des Chambres consultatives des arts et manufactures et des Conseils de prud'hommes, pendant un temps qui n'excède pas dix ans.

« Le tribunal peut ordonner l'affiche du jugement dans les lieux qu'il détermine, et son insertion intégrale ou par extrait dans les journaux qu'il désigne, le tout aux frais du condamné. » (*Art.* 13.)

« La confiscation des produits dont la marque est reconnue contraire aux dispositions des articles 7 et 8 peut, même en cas d'acquittement, être prononcée par le tribunal, ainsi que celle des instruments et ustensiles ayant spécialement servi à commettre le délit. Le tribunal peut ordonner que les produits confisqués soient remis au propriétaire de la marque contrefaite ou frauduleusement apposée ou imitée, indépendamment de plus amples dommages-intérêts, s'il y a lieu. — Il prescrit, dans tous les cas, la destruction des marques reconnues contraires aux dispositions des articles 7 et 8. » (*Art.* 14.)

« Dans le cas prévu par les deux premiers paragraphes de l'article 9, le tribunal prescrit toujours que les marques déclarées obligatoires soient apposées sur les produits qui y sont assujettis. — Le tribunal peut prononcer la confiscation des produits, si le prévenu a encouru, dans les cinq années antérieures, une condamnation pour un des délits prévus par les deux premiers paragraphes de l'article 9. » (*Art.* 15.)

Le ministère public peut intenter l'action correctionnelle aussi bien que la partie lésée; le désistement de la partie civile ne fait pas, par conséquent, tomber l'action publique. (Cass., 27 mai 1870, Wickers.)

La bonne foi n'est pas admise comme excuse pour les contrefacteurs par reproduction comme elle l'est pour les vendeurs, le mot *sciemment* ne se trouvant que dans le 3° paragraphe de l'art. 7 (Paris, 15 mai 1868, Martell); en tous cas, pour les répara-

tions civiles en dommages-intérêts la simple né-
gligence de la part du complice, tel que l'imprimeur, suffit pour justifier la condamnation (Seine, Tr.
civ., 1860, Jourdan); — Paris, 19 mars 1875 et Cass.,
15 janv. 1876, Wolf). Le vendeur, au contraire,
peut arguer de sa bonne foi. (Paris, 26 mars 1873,
Peter Lawson.)

La condamnation à des dommages-intérêts devant être en rapport avec le préjudice causé, ils ne
peuvent être fixés à l'avance pour les infractions
qui seraient commises ultérieurement. (Paris, 14
mars 1874, Versepuy.)

Les faits délictueux se prescrivant par trois
années, les dommages-intérêts ne doivent pas comprendre une période plus longue. (Paris, 12 août
1864, Blaise.)

La poursuite correctionnelle peut avoir lieu,
même s'il n'y pas de préjudice causé. (Cass., 15 janv.
1876, Wolf.)

Les questions de propriété appréciées par le tribunal correctionnel au point de vue de la répression, n'ont pas l'autorité de la chose jugée, et
peuvent être soulevées à propos d'un délit subsé-
quent. (Cass., 26 av. 1872, Garnier.)

Garantie de la marque ou du poinçon de l'État. —
Le fabricant ou commerçant qui veut donner à sa
marque plus de sécurité peut, aux termes de la loi
du 26 novembre 1873, y faire ajouter par l'État un
timbre spécial.

« Tout propriétaire d'une marque de fabrique ou

de commerce, déposée conformément à la loi du 23 juin 1857, peut être admis, sur sa réquisition écrite, à faire apposer par l'État, soit sur les étiquettes, bandes ou enveloppes en papier, soit sur les étiquettes ou estampilles en métal sur lesquelles figure sa marque, un timbre ou poinçon spécial destiné à affirmer l'authenticité de cette marque

« Le poinçon peut être apposé sur la marque faisant corps avec les objets eux-mêmes si l'administration les en juge susceptibles. » (*Art.* 1er.)

Aux termes d'un décret du 25 juin 1874, il faut joindre à la réquisition écrite une expédition du procès-verbal de dépôt de la marque un exemplaire de la marque certifiée par le greffier et l'original de la signature du requérant.

Le même décret fixe le taux de la taxe pour l'apposition du timbre de l'État; elle est de 1 0/0 de la valeur de l'objet jusqu'à 100 fr., et de 1 fr. au dessus ; elle est un peu différente pour l'apposition du poinçon.

La valeur déclarée empêche le fabricant ou commerçant d'augmenter le prix de l'objet, sous peine, dit l'article 4 de la loi de 1873, d'une amende de 100 fr. à 5,000 fr. pour la contravention.

La peine est des plus sévères pour ceux qui ont contrefait les timbres ou poinçons de l'État; elle est, aux termes de l'article 140 du code pénal, du maximum des travaux forcés à temps; c'est un crime déféré à la cour d'assises. Quant à l'usage frauduleux, il est, de même que la tentative, puni de 2 à 5 ans de prison, aux termes de l'article 142 du même code.

A défaut de poursuite intentée par l'État, elle peut être être intentée par le propriétaire de la marque.

IV. — DROIT INTERNATIONAL CONCERNANT LES DESSINS ET LES MARQUES DE FABRIQUE.

L'article 9 de la loi du 26 novembre 1873 relative à l'établissement d'un timbre de l'État destiné à être apposé sur les marques de fabrique, contient à l'égard des étrangers une déclaration de réciprocité relative aux dessins ou modèles aussi bien qu'aux marques de fabrique :

« Les dispositions des autres lois en vigueur, touchant le nom commercial, les marques, dessins ou modèles de fabrique, sont appliquées au profit des étrangers, si dans leur pays la législation ou des traités internationaux assurent aux français les mêmes garanties. » (*Art. 9.*)

La loi du 23 juin 1857 contenait déjà pour les marques de fabrique une disposition analogue.

« Les étrangers qui possèdent en France des établissements d'industrie ou de commerce jouissent, pour les produits de leurs établissements, du bénéfice de la présente loi en remplissant les formalités qu'elle prescrit. » (*Art. 5.*)

« Les étrangers et les Français dont les établissements sont situés hors de France, jouissent également du bénéfice de la présente loi pour les produits de ces établissements, si, dans les pays où ils sont situés, des conventions diplomatiques ont établi la réciprocité pour les marques françaises. — Dans ce cas, le dépôt des marques étrangères a lieu au greffe du tribunal de commerce du département de la Seine. » (*Art.* 6.)

Les étrangers dont les établissements sont hors de France ne peuvent poursuivre en France les contrefacteurs français s'il n'y a pas de traité de réciprocité avec leur pays (Paris, 5 juin 1867, Kemp) ; il en est de même si la marque était appliquée en France avant la conclusion du traité (Cass., 4 fév. 1865, Stubs); s'il y a un traité de réciprocité, la propriété de la marque ne peut être revendiquée en France par l'étranger, alors que dans son pays elle est tombée dans le domaine public (Cass., 23 mai 1874, Peter Lawson); mais la décision d'un tribunal étranger constatant cette déchéance n'a l'autorité de la force jugée que si elle est rendue exécutoire en France. (Cass., 6 janv 1875, Liebig.)

Les tribunaux français sont incompétents pour juger les questions relatives à la contrefaçon des dessins, opérée par un étranger à l'étranger ; mais l'introduction et la vente en France de marchandises arguées de contrefaçon sont de leur compétence. (Paris, 27 juillet 1876, Deneubourg.) Il en est de même pour les marques de fabrique. (Le Hâvre, 14 janv. 1860, Mumm.)

PROPRIÉTÉ LITTÉRAIRE ET ARTISTIQUE.

I. ŒUVRES LITTÉRAIRES.

Législation. — La loi du 19 juillet 1793 est encore la loi fondamentale en cette matière, quoique la plupart de ses articles aient été successivement modifiés. Le droit de 10 ans qu'elle reconnaissait à tous héritiers de l'auteur a été, d'après le décret du 5 février 1810, de 20 ans pour les descendants et de 10 ans pour les autres héritiers à partir de l'extinction des droits de la veuve ; puis, d'après la loi du 8 avril 1854, il a été porté à 30 ans pour les descendants ; enfin la loi du 14 juillet 1866 a accordé 50 ans à tous les héritiers à partir du décès de l'auteur.

Ces lois incomplètes ne s'occupent guère que de la durée du droit, il faut donc chercher dans la jurisprudence les solutions qui, pour la plupart, devraient se trouver dans une loi.

Les peines sont déterminées par les articles 425 à 429 du code pénal de 1810.

Le droit des étrangers est réglé par le décret du 28 mars 1852.

Durée du droit. — La loi du 14 juillet 1866 est ainsi conçue :

« La durée des droits accordés par les lois antérieures aux héritiers, successeurs irréguliers, donataires ou légataires des auteurs, compositeurs ou artistes, est portée à cinquante ans à partir du décès de l'auteur.

« Pendant cette période de cinquante ans, le conjoint survivant, quel que soit le régime matrimonial, et indépendamment des droits qui peuvent résulter en faveur de ce conjoint du régime de la communauté, a la simple jouissance des droits dont l'auteur prédécédé n'a pas disposé par acte entre vifs ou par testament.

« Toutefois, si l'auteur laisse des héritiers à réserve, cette jouissance est réduite, au profit de ces héritiers, suivant les proportions et distinctions établies par les art. 913 et 915 du code civil.

« Cette jouissance n'a pas lieu lorsqu'il existe, au moment du décès, une séparation de corps prononcée contre le conjoint ; elle cesse au cas où le conjoint contracte un nouveau mariage.

« Les droits des héritiers à réserve et des autres héritiers ou successeurs, pendant cette période de cinquante ans, restent d'ailleurs réglés conformément aux prescriptions du code civil.

« Lorsque la succession est dévolue à l'État, le droit exclusif s'éteint, sans préjudice des droits des créanciers et de l'exécution des traités de cession qui ont pu être consentis par l'auteur ou par ses représentants. »

En vertu de cette loi, le conjoint survivant a un droit de survie sur les œuvres laissées par l'auteur, alors que, en matière de contrat de mariage et de succession, on ne lui en accorde pas sur les autres biens ; si l'auteur a cédé ses droits, il n'y a pas pour le conjoint de droit de survie sur le prix.

Ce droit tout à fait anormal, en ce sens qu'il n'affecte qu'une nature de biens déterminés, appartient au mari d'une femme auteur comme à la femme d'un auteur ; c'est par une erreur de droit qu'il a été déclaré réductible conformément aux articles 913 et 915 du Code civil ; c'est l'article 1094 du même code relatif au droit du conjoint qu'il aurait fallu viser.

Par cette loi, les héritiers de l'auteur sont parfois complétement sacrifiés ; car si le conjoint survivant ne meurt que 50 ans après l'auteur, ils n'ont absolument rien.

Aux termes d'un décret du 1er germinal an XIII, les propriétaires d'œuvres posthumes qui les publient, ont les mêmes droits que l'auteur, à la condition de ne pas les publier en collection avec les autres œuvres.

L'État est propriétaire à perpétuité des œuvres publiées par son ordre au moyen de ses agents. (Cass., 27 mai 1842, Gros ; — Paris, 5 mai 1877, Peigné.)

Nature du droit. — Une compilation de documents n'exigeant point de connaissances spéciales ne donne point à l'auteur le droit d'empêcher des compilations analogues (Aix, 10 fév. 1866, Jacquetty ; — Rouen, 5 août 1873, Hérissey). Mais il en est autrement, si l'auteur a, par un travail d'analyse et de classification, composé des ouvrages, tels qu'un catalogue avec notices, un almanach maritime, un dictionnaire, qui ont un caractère scientifique ou littéraire. (Bordeaux, 24 août 1863, Delpit ; — Seine, 16 août 1864, Consolin ; — Cass., 27 nov. 1869, Prudhomme.)

Un journal peut reproduire les nouvelles reçues et publiées par un autre journal, encore bien que ces dépêches aient été reçues par voie télégraphique (Cass., 8 août 1861, Havas). Mais les articles de littérature et les romans restent la propriété de l'auteur, si le dépôt du journal est fait conformément à la loi. (Cass., 29 oct. 1830, Le Pirate.)

Les discours prononcés en public, les leçons des professeurs ne peuvent être publiés sans le consentement de l'auteur. (Paris, 18 juin 1840, hér[t]. Cuvier ; — Lyon, 17 juillet 1845, Marie.)

La publication des lettres missives n'est point permise sans le consentement de celui qui les a écrites ou de ses héritiers après sa mort. (Paris, 11 juin 1875, Gentil.)

Tout manuscrit a un caractère intime et ne peut être publié que par les héritiers ou cessionnaires et non par des créanciers. (Dijon, 18 fév. 1870, de Chapuys.)

La publication des livres d'églises ne doit pas avoir lieu, aux termes d'un décret du 7 germinal an XIII, sans l'autorisation de l'évêque diocésain. (Cass., 9 juin 1843, Dufaure.)

La forme qu'a revêtue l'œuvre par la traduction reste la propriété de son auteur, et une traduction ne peut être copiée (Cass., 25 juill. 1824, Ladvocat). Mais la traduction d'un livre n'est point permise sans le consentement de l'auteur ou de ses ayants-cause pendant la durée de leurs droits. (Paris, 17 juill. 1847, Leclère.)

Cession. — La cession est régie par le droit commun ; le décret du 5 février 1810, aujourd'hui abrogé, permettait expressément « aux auteurs soit nationaux, soit étrangers, de tout ouvrage imprimé ou gravé, de céder leur droit à un imprimeur ou libraire ou à toute autre personne, qui est alors substituée en leur lieu et place pour eux et leurs ayants-cause. »

Les héritiers peuvent céder leurs droits comme l'auteur, et la cession peut être complète ou partielle, à titre onéreux ou à titre gratuit.

L'auteur, qui a cédé le droit de publier une édition d'un de ses ouvrages, est tenu de ne pas publier une nouvelle avant que la première ne soit épuisée (Cass., 22 février 1847, Laurent). Mais celui qui a cédé une édition populaire à bon marché, n'en conserve pas moins le droit de publier ses œuvres complètes en édition deluxe. (Lyon, 5 mars 1879, Josserand.)

Lorsque la cession d'un ouvrage ne s'applique qu'à une édition, il faut que cette restriction soit formellement exprimée, sinon la cession doit être considérée comme illimitée. (Paris, 9 août 1871, Michel Lévy.)

La cession, même sans réserve, d'un ouvrage sur lequel l'auteur a apposé son nom, ne donne pas au cessionnaire le droit d'en disposer de la manière la plus absolue, par exemple d'y faire des changements, additions ou suppressions susceptibles d'en altérer la forme et la valeur. (Paris, 14 août 1860, Peigné ; — Seine, Tr. civ., 12 janv. 1875, V^{re} Michelet.)

Dans le cas où une loi augmente le délai accordé aux héritiers de l'auteur, elle est censée préférer la famille au cessionnaire, et la durée du droit du cessionnaire est réglée par la législation existant au moment de la cession, conformément à la règle que les actes doivent être interprétés eu égard aux lois en vigueur au moment où ils ont été passés (Code civ., art. 1153) ; la prolongation de délai n'étant pas comprise dans le contrat, c'est aux héritiers de l'auteur, et non à l'éditeur cessionnaire, que les lois des 8 avril 1854 et 14 juillet 1866 ont entendu accorder le profit des prolongations de jouissance qui y sont édictées. (Paris, 12 juillet 1852; — Cass , ch. crim., 29 avril 1876, Pradier ; — Cass., ch req., 20 novembre 1877, Degorce-Cadot.)

Dépôt. — L'auteur, pour avoir le droit de poursuivre les contrefacteurs, doit opérer le dépôt de
deux exemplaires de son ouvrage, et de trois s'il
contient des estampes, au ministère de l'intérieur
à Paris et à la préfecture dans les départements,
conformément à la loi du 19 juillet 1793 (*Art.* 6),
au décret du 3 février 1810 (*Art.* 48) et aux ordonnances du 24 octobre 1814 (*Art.* 4 et 8) et du 9 janvier 1828. (*Art.* 1.)

Le dépôt peut être prouvé autrement que par le
récépissé, si l'auteur, pour une cause quelconque,
ne peut le représenter. (Cass., 6 novembre 1872,
Lévy.)

Saisie. — Aux termes de la loi du 19 juillet 1793,
tous les exemplaires des éditions contrefaites
peuvent être saisis à la réquisition des auteurs ou
ayants-droit. C'étaient, d'après cette loi, les officiers de paix qui étaient compétents pour cette
saisie ; les fonctions attribuées aux officiers de
paix ont été conférées par la loi du 25 prairial
an III (*Art.* 1) aux commissaires de police, et dans
les lieux où il n'y en a pas, aux juges de paix.
Cass., 4 décembre 1875). Pour les ouvrages venant
de l'étranger, la saisie doit être opérée par les préposés de douane aux termes du décret du 5 février
1810. (*Art.* 45.)

La saisie n'est pas nécessaire pour établir le
délit de contrefaçon ; il peut être prouvé par toute
autre voie, par l'aveu du prévenu, l'audition de témoins, l'examen des papiers, registres et correspondances. (Paris, 20 mars 1872, Bulla.)

Contrefaçon. — La contrefaçon est un délit, et la poursuite doit être effectuée devant le tribunal correctionnel.

Le ministère public peut poursuivre d'office sans plainte de la partie lésée, contrairement à ce qui a lieu en matière de brevet d'invention ; il peut également poursuivre la condamnation après que le plaignant s'est désisté. (Seine, 18 nov. 1851.)

La prescription de l'action correctionnelle est de 3 ans (Code d'Instr. crim., art. 638) et elle commence à courir de la publication ou du dépôt de l'ouvrage contrefait (Cass., 12 mars 1858, Viellot; — Cass., 11 août 1862, Rosa). — Lorsque des poursuites ont été commencées, le point de départ du délai est le dernier acte d'instruction ou de poursuite (Code Inst. crim., art. 637) même à l'égard des complices qui n'auraient pas été impliqués dans cet acte d'instruction ou de poursuite; il en est ainsi également dans le cas où le prévenu est décédé pendant le cours du procès. (Cass., 4 décembre 1877, Paradis.) Quoique l'action civile ne se prescrive ordinairement que par trente ans, il n'en est plus ainsi lorsqu'elle est basée uniquement sur des faits constituant des délits ; elle est éteinte par trois ans alors même qu'il n'a pas eté intenté de poursuite correctionnelle. (Cass., 7 mars 1877.)

La vente d'ouvrages contrefaits constitue un délit distinct de celui de la publication et dès lors la prescription ne commence à courir que du dernier acte de vente. (Mortagne, Tr. corr., 24 juin 1873.)

Pour la même raison la prescription de l'action correctionnelle n'empêche pas la poursuite de l'action civile relative au débit des exemplaires s'il en a été vendu depuis moins de trois ans. (Cass., 11 août 1862, Rosa.)

Le délit d'introduction en France de marchandises arguées de contrefaçon ne peut résulter que du fait matériel du prévenu ou d'un de ses représentants, et l'existence en douane de marchandises qui lui sont adressées et y ont été saisies, ne suffit pas pour constituer l'introduction en France, contrairement à ce qui a lieu pour les marques de fabrique d'après la loi du 13 juin 1857. (Seine, Tr. corr., 18 mars 1876. Testu.)

La contrefaçon étant un délit, et non une contravention, l'amende ne peut être appliquée que si l'intention de nuire existe; le délinquant peut arguer de sa bonne foi (Colmar, 26 février 1840, — 13 janvier 1866), mais c'est à lui à la prouver, le fait matériel de la contrefaçon dûment constatée renfermant en lui-même une présomption de mauvaise foi. (Cass., 24 mai 1855 ; — Paris, 20 mars 1872, Bulla.)

Pénalités. — Les peines sont pécuniaires et réglées par les articles 425, 426, 427, 428 et 429 du Code pénal de 1810; elles peuvent être réduites conformément à l'article 463 du même code. Le texte de ces articles a été donné en entier au chapitre des *dessins de fabrique.*

Toute concurrence illicite peut motiver l'allocation de dommages-intérêts. (Cass., 6 novembre 1872, Garnier.)

La violation des conventions passées entre l'auteur et son éditeur ne peut donner naissance à une action en contrefaçon basée sur l'article 425 du Code pénal, mais seulement à une action civile en dommages-intérêts pour inexécution du contrat. (Paris, 23 mai 1874.)

Lorsqu'un éditeur fait sans le consentement de l'auteur une seconde édition de son ouvrage, il n'y a pas contrefaçon si le nouvel ouvrage n'est pas entièrement conforme au premier ; l'usurpation du nom de l'auteur donne seulement ouverture à une action en dommages-intérêts (Paris, 27 février 1866 , — Seine, 26 décembre 1876, Lenègre) ; il en est de même si un éditeur qui a le droit de publier les œuvres complètes d'un auteur, en détache une des productions pour en faire un volume séparé. (Seine, Tr. corr. , 30 nov. 1877, Vᵉ Tresse.)

II. ŒUVRES DRAMATIQUES ET MUSICALES.

PUBLICATION. — *Législation*. — La publication des œuvres dramatiques est complétement assimilée à celle des autres œuvres littéraires et régie par les mêmes lois.

Durée du droit. — L'œuvre, qui se compose de paroles et de musique (opéras, romances) d'auteurs différents, constitue une seule propriété indivisible.

Pour qu'elle tombe dans le domaine public, il faut que les héritiers des deux auteurs n'aient plus aucun droit ; l'existence du droit des uns conserve celui des autres. (Paris, 27 juin 1866, Gérard.)

Nature de l'œuvre. — On peut s'approprier l'intrigue d'un roman pour en faire le sujet d'une œuvre dramatique, mais à la condition de changer les personnages, les situations et les épisodes. (Paris, 20 février 1872, Delagrave.)

L'auteur d'un livret d'opéra, qui a emprunté l'intrigue générale et les personnages à une comédie tombée dans le domaine public, n'en est pas moins propriétaire de son œuvre parce qu'elle a revêtu une forme nouvelle. (Paris, 27 juin 1866, Gérard.)

S'il est permis d'imiter une chanson, il faut que l'imitation ne porte point préjudice à l'auteur, et il y a contrefaçon lorsque le sens de la nouvelle production, la position des rimes dans des situations semblables, la parodie du rhythme, l'arrangement du titre et l'imitation du pseudonyme de l'auteur, indiquent qu'on a voulu mettre le public en erreur et établir une confusion (Seine, Tr. corr., 20 mars 1877, Dalloz), lors même que le sujet et le titre seraient depuis longtemps dans le domaine public. (Paris, 30 mai 1872.)

Un pas de ballet composé de diverses danses nationales de différents pays, mais combinées de manière à faire une composition particulière et distincte, constitue une propriété artistique, car les lois du 19 juillet 1791 et du 19 janvier 1793 protégent les droits d'auteur pour toute production artistique, littéraire, musicale ou autre. (Seine, Tr. civ., 11 juillet 1862.)

Dépôt. — Les œuvres dramatiques publiées sont soumises au dépôt comme les œuvres littéraires ; il en est de même des œuvres musicales avec texte (Seine, 10 mars 1840). Quant à la musique sans paroles, le dépôt en est effectué dans la pratique, quoiqu'aucun texte de loi n'oblige formellement à le faire.

REPRÉSENTATION. — *Législation.* — Un décret de l'assemblée constituante des 13-19 janvier 1791 relatif aux spectacles, déclara que les représentations seraient autorisées par les auteurs sous peine de confiscation à leur profit du produit total de ces représentations (art. 3) ; le droit des héritiers ne durait que 5 années à partir de la mort de l'auteur. Une loi du 3 août 1844 accorda un droit viager à la veuve et 20 ans aux descendants, et ce délai fut porté à 30 ans par la loi du 8 avril 1855, les autres héritiers n'ayant toujours que 5 ans.

La loi actuelle du 14 juillet 1866, dont le texte a été donné dans le chapitre précédent, a porté à 50 ans le droit de tous les héritiers, assimilant sous ce rapport le droit de représentation à celui de publication.

Durée du droit. — Les propriétaires d'œuvres posthumes ayant été substitués aux auteurs par le décret du 1er germinal an XIII, leur droit de représentation sur les ouvrages, qui n'ont encore été ni

publiés ni représentés, dure pendant leur vie, et il
est pour leurs héritiers de 50 années à partir de
leur décès.

Nature du droit. — Avant d'être représentées,
les œuvres dramatiques sont examinées par la
Censure, conformément à la loi des 30 juillet et
2 août 1850 et aux décrets du 30 décembre 1852 et
du 6 janvier 1864.

Le droit de l'auteur sur la représentation s'applique à toutes les œuvres composées pour être
entendues : pièces de théâtre, opéras, compositions musicales de chant ou d'instrument. Les auteurs peuvent exiger le prix qu'ils jugent convenable. Le décret du 8 juin 1806 (art. 20) déclare que
« les auteurs et les entrepreneurs seront libres de
déterminer entre eux, par des conventions mutuel-
les, les rétributions dues aux premiers par somme
fixe ou autrement. »

Pour le théâtre français le montant des droits
d'auteur est réglé par un décret daté de Moscou
du 15 octobre 1812 (art. 72).

L'offre de payer les droits d'auteur ne suffit pas
pour donner le droit d'exécuter les œuvres d'un
auteur vivant : il faut le consentement par écrit de
celui-ci, sans quoi il y a délit de contrefaçon puni
par les articles 3 de la loi des 13-19 janvier 1791
et 423 du Code pénal. (Toulouse, 17 novembre 1862 ;
— Cass., 11 mai 1860 ; — Paris, 2 janvier 1865.)

Un concert est public, quoiqu'il soit donné par
une société chorale ou philharmonique d'amateurs,

si les auditeurs paient une cotisation, quand bien
même la cotisation serait annuelle. (Cass., 16 décembre 1854, — 11 mai 1860. — Seine, Trib. corr.,
23 mars 1872.) Mais il en serait autrement si le
concert était gratuit et donné en présence de personnes nominativement invitées. (Cass., 7 août
1863, Société des comp. mus.)

Des musiciens ambulants qui n'ont pas indiqué
à l'avance leur répertoire, ne donnent pas un concert
organisé. (Cass., Ch. crim., 17 janvier 1863, Société des comp. mus.)

Cession. — Le cessionnaire d'une œuvre musicale
n'a pas le droit de la modifier sans le consentement
du compositeur. (Cass., 11 avril 1856.)

Dépôt. — Le dépôt n'est exigé que pour la publication et non pour la représentation ; aussi les
auteurs ou compositeurs d'œuvres musicales peuvent empêcher la représentation ou l'exécution de
leurs ouvrages, sans en avoir préalablement opéré
le dépôt prescrit par l'article 6 de la loi du 19 janvier 1793 ; ce dépôt n'est nécessaire qu'en cas de
poursuite en contrefaçon pour l'impression. (Cass.,
24 juin 1852, Gonnevat.)

Saisie. — Le droit de saisie des recettes appartient
aux auteurs dramatiques et compositeurs de musique en vertu de la loi du 19 janvier 1791 (art. 3)
et de l'article 428 du Code pénal. La loi du 1er
septembre 1793 (art. 2) ayant déclaré applicable
aux représentations dramatiques la loi du 19 juillet
1793 sur la publication, ce sont les commissaires

de police qui sont compétents pour opérer cette saisie en vertu de la loi du 25 prairial an III (art. 1), et dans les lieux où il n'existe pas de commissaires de police, ils sont remplacés par les juges de paix. (Seine, Trib. corr., 6 décembre 1876.)

Pénalités. — Aux termes de l'article 428 du Code pénal, « tout directeur, tout entrepreneur de spectacle, toute association d'artistes, qui a fait représenter sur son théâtre des ouvrages dramatiques au mépris des lois et règlements relatifs à la propriété des auteurs, est puni d'une amende de 50 fr. au moins, de 500 fr. au plus et de la confiscation des recettes. »

C'est à l'organisateur de la représentation à se munir de l'autorisation de l'auteur, mais on ne peut condamner à des dommages-intérêts l'artiste qui n'est qu'exécutant lorsqu'il n'a agi que pour le compte de l'entrepreneur, et le tribunal peut relever cette exception d'office. (Cass., Ch. crim., 25 avril 1873, Boudot.)

III. — ŒUVRES D'ART.

Législation. — La loi du 19 juillet 1793 avait assimilé purement et simplement aux auteurs d'écrits en tous genres « les peintres et dessinateurs qui font graver des tableaux ou dessins » ; la même assimilation n'a été reproduite par les lois suivantes que pour la gravure ; il n'y est pas question de la sculpture et des autres œuvres d'art, mais la jurisprudence leur a appliqué par analogie les dispositions incomplètes qui régissent la matière.

Durée du droit. — La loi du 14 juillet 1866 s'applique aux artistes comme aux auteurs ; le conjoint a donc un droit de survie et les héritiers 50 ans à partir de la mort de l'artiste.

Nature de l'œuvre. — Les artistes ont une latitude qui n'existe pas dans les productions purement industrielles ; ils peuvent, de la manière la plus licite, utiliser une idée déjà exploitée, exécuter un sujet traité par d'autres et même reproduire en partie un tableau constituant une propriété privée ; mais c'est à condition que leur œuvre ne soit point une imitation servile, qu'elle porte le cachet particulier qui constitue la création ; que l'emprunt fait à autrui n'ait, détaché de l'ensemble, ni une importance équivalente ni un caractère identique. (Seine, Trib. corr., 13 décembre 1876 ; — Paris, (27 juillet 1870.)

Il n'est point permis de reproduire soit par la sculpture, soit par le dessin, soit par la peinture sur porcelaine, soit par la broderie à l'aiguille, un tableau, une gravure ou un dessin appartenant à autrui avec intention de le vendre (Paris, 20 avril 1843, — 2 mars 1843; — Cass., 21 juillet 1865), alors même qu'on ne reproduirait que le dessin du tableau sans les couleurs (Paris, 3 mars 1865), ou que l'on aurait négligé certains accessoires de l'œuvre primitive pour dissimuler la ressemblance. (Seine, Tr. corr., 12 juillet 1875, Kees.)

La photographie ne constitue pas absolument une œuvre d'art; cependant un dessin photographique peut avoir ce caractère et constituer ainsi une propriété artistique protégée contre la contrefaçon, lorsqu'on y voit un produit de la pensée, de l'esprit, du goût et de l'intelligence de l'opérateur; c'est aux juges à apprécier. (Cass., 15 janvier 1864, Ledot; — Paris, 29 novembre 1869, Placet.)

On peut reproduire par la photographie les œuvres tombées dans le domaine public. (Seine, 4 décembre 1863, Bernard.) Mais si l'on reproduit par ce moyen des objets d'art dont on n'est pas propriétaire, tels que des œuvres de sculpture, tableaux, gravures, dans le but de vendre ces épreuves photographiques, on commet le délit de contrefaçon. (Paris, 16 février 1854, — 21 mars 1865; — Cass., ch. crim., 4 déc. 1875, Bouasse-Lebel.)

Cession. — Une œuvre d'art ayant d'autant plus de valeur qu'elle est unique, on a pensé que cette valeur ne pouvait être amoindrie que par la volonté de l'acquéreur; l'acquéreur d'un tableau a donc seul le droit de le faire reproduire par la gravure. (Cass., Ch. réun., 27 mai 1842, Gros; — Paris, 5 juin 1855, Lesourd et Cie du Pal. de l'Indust.)

Quoique l'acquéreur d'une œuvre d'art ait le droit exclusif de reproduction, l'auteur peut empê-

cher les reproductions faites par un tiers, si
l'acquéreur ne se prévaut pas de son droit. (Cass.,
Ch. crim., 12 juin 1868, Mathias.)

L'artiste, en cédant son œuvre, conserve le droit
de reproduire les types dont elle se compose, mais
à la condition de modifier les attitudes des personnages de façon qu'on ne puisse confondre l'œuvre
primitive et la nouvelle. Il peut y avoir analogie
dans l'aspect général des deux œuvres, mais il faut
que l'idée même de la composition soit différente.
(Trib. civ., Seine, 17 août 1877, Clésinger.)

Dépôt. — Aux termes de la loi du 19 juillet 1793
(art. 6), complétée par celle du 9 janvier 1828, la
gravure, la lithographie et autres produits résultant de l'impression, doivent être déposés à la
bibliothèque nationale, et les artistes qui n'auraient
pas rempli cette formalité pour ces sortes d'œuvres,
ne pourraient poursuivre les contrefacteurs. (Paris,
6 juin 1861, Gilles.) Il ne faut au contraire aucune
formalité préalable pour pouvoir poursuivre les
contrefacteurs des œuvres d'art exécutées sur bois,
marbre, métaux, ivoire (Paris, 26 février 1868,
et Cass., 12 juin 1868, Mathias.)

Saisie. — Les agents chargés par la loi de la
saisie des objets contrefaits n'ont pas à se préoccu-
per, soit du peu de valeur de l'œuvre, soit de sa
destination ; toute la responsabilité de la saisie
incombe au saisissant. (Trib. corr., Seine, 13 nov.
1867, Dusacq.)

La preuve de la contrefaçon est à la charge du

plaignant; par conséquent, le procès-verbal de
constat doit contenir la description de l'objet saisi;
la confusion qui peut se produire par la représentation de différentes œuvres, dont l'une seulement
serait arguée de contrefaçon et ferait l'objet de la
saisie, doit tourner à l'avantage du prévenu et en-
traîner son acquittement. (Angers, 23 nov. 1874,
Fontana.)

Pénalités. — Les peines de la contrefaçon sont
les mêmes que pour les œuvres littéraires.

Un bijoutier qui a livré des bijoux de sa fabrication, contenant en outre des photographies mi-
croscopiques commandées par lui à un tiers et
reconnues contrefaites, peut être condamné comme
débitant d'ouvrages contrefaits; mais il ne pourrait
être condamné comme contrefacteur puisqu'il n'est
pas l'auteur de la contrefaçon. (Paris, 24 avril 1875
et Cass., 4 déc. 1875, Bouasse-Lebel.)

Il y a lieu de prononcer la confiscation des objets
sur lesquels se trouvent reproduits des dessins
contrefaits, bien que ces dessins n'en constituent
qu'un des ornements accessoires, et il en est ainsi
d'un vase, de quelque dimension qu'il puisse être.
(Trib. corr., Seine, 11 déc. 1877, Félix Ledot.)

IV. — DROIT INTERNATIONAL.

Un décret du 28 mars 1852 protége en France
les ouvrages étrangers de tous les pays sans exiger
qu'il y ait réciprocité, mais à la condition que le

dépôt ait été fait en France. Ce décret est ainsi conçu :

ART. 1. — La contrefaçon sur le territoire français d'ouvrages publiés à l'étranger et mentionnés en l'article 425 du code pénal, constitue un délit.

ART. 2. — Il en est de même du débit, de l'exportation et de l'expédition des ouvrages contrefaits. L'exportation et l'expédition de ces ouvrages sont un délit de la même espèce que l'introduction sur le territoire français d'ouvrages qui, après avoir été imprimés en France, ont été contrefaits à l'étranger.

ART. 3. — Les délits prévus par les articles précédents sont réprimés conformément aux articles 427 et 429 du code pénal; l'art. 463 du même code pourra être appliqué.

ART. 4. — Néanmoins, la poursuite n'est admise que sous l'accomplissement des conditions exigées relativement aux ouvrages publiés en France, notamment par l'art. 6 de la loi du 19 juillet 1793 (c'est-à-dire du dépôt).

Avant ce décret, il n'existait avec la France que quatre conventions internationales, celles de Sardaigne, de Portugal, de Hanovre et d'Angleterre, et la plus ancienne n'était que de 1843; depuis lors, toutes les nations de l'Europe en ont conclu successivement, sauf le Danemark, la Grèce, la Suède, la Norwége et la Turquie, où toutefois les droits des étrangers sont sauvegardés, excepté en Turquie, par des lois qui ont établi le système de réciprocité.

Quant aux différents États d'Amérique, ils n'ont point encore conclu de traité avec la France, et le Mexique a seul une loi de réciprocité qui accorde Protection aux ouvrages étrangers.

BELGIQUE

PROPRIÉTÉ INDUSTRIELLE

I. — BREVETS D'INVENTION.

Législation. — Les lois sur les brevets d'invention sont celles du 24 *mai* 1854 dont l'exécution est réglée par un arrêté royal portant la même date, et du 27 *mars* 1857 modifiant seulement les articles 7 et 22 de la loi précédente.

Forme des brevets. — Le brevet consiste dans un arrêté du Ministre de l'Intérieur constatant l'accomplissement des formalités prescrites et inséré par extrait au *Moniteur officiel.*

Leur nature. — On distingue deux sortes de brevets : le brevet d'invention ou de perfectionnement et le brevet d'importation.

Le premier peut être accordé « pour toute découverte ou tout perfectionnement susceptible d'être exploité comme objet d'industrie ou de commerce. »

Le second est conféré à celui qui importe le premier en Belgique une invention déjà brevetée à l'étranger.

Garantie. — La concession des brevets se fait
« sans examen préalable, aux risques et périls des
demandeurs, sans garantie soit de la réalité, soit
de la nouveauté ou du mérite de l'invention, soit
de l'exactitude de la description, et sans préjudice
des droits des tiers. »

Durée. — La durée des brevets d'invention
et de perfectionnement est de 20 ans à partir du
procès-verbal d'inscription.

La durée du brevet d'importation ne peut excéder celle du brevet antérieurement concédé à
l'étranger pour le terme le plus long, et, dans
aucun cas, 20 années.

Taxe. — La taxe est annuelle et progressive;
pour la première année 10 fr., pour la deuxième
20 fr., pour la troisième 30 fr., en augmentant de
10 fr. chaque année, soit 200 fr. pour la dernière
année.

Les brevets de perfectionnement ne paient aucune taxe lorsqu'ils sont concédés au titulaire
principal.

Formalités. — La demande, rédigée sur papier
timbré, doit indiquer les nom, prénoms, profession
et domicile réel ou élu de l'inventeur dans le
royaume, et la désignation sommaire et précise de
l'objet de l'invention. — S'il s'agit d'un brevet
d'importation, la demande doit indiquer la date et
la durée du brevet original et le pays où il a été
concédé.

Il faut joindre sous enveloppe cachetée : 1° la

description de l'invention en langue française,
allemande ou flamande, et si l'auteur est étranger,
en langue française ; 2° les dessins, modèles ou
échantillons, le tout en duplicata certifié, avec bordereau des pièces déposées.

La première annuité de 10 fr. doit être payée,
avant le dépôt des pièces, au greffe de l'un des gouvernements provinciaux du royaume, ou au bureau
de l'un des commissariats d'arrondissement situés
hors du chef-lieu de la province.

Publicité. — Trois mois après l'obtention du
brevet, le public est admis à prendre connaissance
des descriptions ; ces descriptions sont publiées
textuellement ou en substance dans un recueil
spécial.

Cession. — Les brevets peuvent être cédés par
actes entre vifs ou testamentaires. La cession est
passible d'un droit de 10 fr. ; elle doit être notifiée
au département de l'intérieur avec extrait authentique de l'acte de cession.

Nullité. — Le brevet doit être déclaré nul par les
tribunaux : 1° lorsque l'inventeur a déjà pris un
brevet identique en Belgique ; si le brevet identique
a été pris à l'étranger, le brevet pris en Belgique
peut être maintenu comme brevet d'importation
ou de perfectionnement ; 2° lorsque l'objet breveté
a déjà été mis en œuvre ou exploité par un tiers
dans le royaume avant la date légale de l'invention, du perfectionnement et de l'importation ;
3° lorsque l'inventeur a omis avec intention la men_

tion d'une partie de son brevet, ou fait des indications inexactes; 4° lorsque les dessins de l'objet
breveté ont été publiés, à moins que, pour les brevets d'importation, cette publication n'ait été ordonnée par la loi étrangère.

Déchéance. — Il y a déchéance : 1° à l'expiration du
délai de vingt années; 2° si le possesseur du brevet
n'a pas exploité ou fait exploiter en Belgique
l'objet breveté dans l'année à partir de la mise en
exploitation à l'étranger, ou s'il a cessé l'exploitation pendant une année, à moins de prolongation
de délai accordé par arrêté motivé, inséré au
Moniteur; 3° lorsque la taxe annuelle n'a pas été
payée dans le mois de l'échéance, ou dans les six
mois suivants, avec amende de dix francs.

Contrefaçon. — Les possesseurs de brevets ou
leurs ayants droit peuvent poursuivre devant les
tribunaux ceux qui portent atteinte à leurs droits,
soit en fabricant, soit en détenant, vendant,
exposant en vente, soit en introduisant sur le territoire belge des objets contrefaits.

Ils ont le droit, après autorisation du président
du tribunal, de faire procéder à la description par
experts des appareils, machines et objets prétendus
contrefaits; sur ordonnance on constitue gardien ou
l'on met sous scellé. L'affaire doit être poursuivie
dans la huitaine de la description. Elle est jugée
comme affaire sommaire et urgente.

Pénalités. — Des dommages et intérêts peuvent
être accordés au breveté; dans le cas où les per-

sonnes poursuivies sont de mauvaise foi, on prononce la confiscation des objets contrefaits et
ustensiles ayant servi à les confectionner, ou l'on
accorde une indemnité égale à leur valeur s'ils ont
été vendus.

II. — DESSINS ET MODÈLES DE FABRIQUE.

Législation. — Les dessins et modèles de fabrique sont régis par la loi française du 18 mars 1806
portant établissement d'un conseil de prud'hommes
à Lyon. La loi belge du 9 avril 1842, en a rendu les
dispositions applicables à la Belgique.

Il existe entre la France et la Belgique, une
convention internationale. (*Voir* § IV ci-après.)

Durée. — La propriété peut ne durer que 3 ou 5
années, ou bien être concédée à perpétuité ; le
fabricant fixe lui-même le terme qu'il requiert.

Lorsque le dessin ou modèle est déjà garanti à
l'étranger, la durée ne peut dépasser celle qui est
fixée par la loi dans le pays d'origine.

Taxe. — Le droit à payer ne peut excéder 1 fr.
par dessin ou modèle, et pour chaque année de la
durée ; il est de 10 fr. pour la propriété perpétuelle.

Formalités. — Un échantillon doit être déposé
aux archives du Conseil des prud'hommes, sous
enveloppe revêtue du cachet et de la signature du
déposant; les étrangers doivent déposer deux
échantillons. Sur l'enveloppe est ensuite apposé le

cachet du Conseil des prud'hommes, et elle ne doit être ouverte qu'en cas de contestations entre deux fabricants ; un certificat de dépôt est remis au déposant.

Nullité. — Il n'y a point de privilége pour le dessin ou modèle qui n'est pas nouveau en Belgique ou qui appartient au domaine public dans le pays d'origine.

Contrefaçon. — Lorsque la propriété d'un dessin ou modèle est contestée, le Conseil des prud'hommes procède à l'ouverture des paquets déposés et délivre un certificat au fabricant qui a la priorité de date.

III. — MARQUES DE FABRIQUE.

Législation. — La Belgique est régie par la législation française telle qu'elle existait antérieurement à la loi du 23 juin 1857, savoir : l'arrêté des consuls du 23 nivose an IX (13 janvier 1801) et le décret du 5 septembre 1810, relatifs à la marque des ouvrages de quincaillerie et de coutellerie ; la loi du 22 germinal an XI (12 avril 1803) (titre IV), relative aux manufactures, fabriques et ateliers ; le décret du 16 juin 1809 (tit. II, sect. I, art. 4 à 9) portant règlement sur le conseil des prud'hommes. Il faut y joindre un arrêté royal du 25 décembre 1818 concernant les marques de fabriques de pipes, et un autre du 1er juin 1820 relatif à celles des draps.

Enfin l'article 197 du code pénal reproduit à peu près les termes de l'ancienne loi française du 28 juillet 1824.

Une convention internationale a été conclue le 1er mai 1861 entre la France et la Belgique et complétée par un article additionnel du 7 février 1874 (*Voir* § IV ci-après.)

Nature de la marque. — La marque peut consister en toute espèce de signes ou emblèmes, et l'industriel est propriétaire de la marque qu'il a adoptée.

Elle est en général facultative, mais les arrêtés précités du 25 décembre 1818 et du 1er juin 1820 obligent le fabricant, sous peine de réclusion et d'amende, de mettre une étiquette sur les pipes, papiers de marques, paniers, caisses, futailles, sur les draps, casimirs, cortaies, baïettes, serges, coatines, couvertures et étoffes quelconques fabriquées avec la laine en totalité ou en partie.

Durée. — La propriété peut avoir une durée temporaire ou illimitée à la volonté du fabricant, qui fixe lui-même le terme au moment du dépôt.

Lorsque la marque est déjà garantie à l'étranger, la durée ne peut excéder celle qui est fixée par la loi du pays d'origine.

Taxe. — Les frais sont au minimum de 50 fr.

Formalités. — Deux dépôts doivent être faits, l'un, au greffe du tribunal de commerce, l'autre, au Conseil des prud'hommes ; ils consistent en deux exemplaires de la marque, avec description sur timbre et enregistrée.

Si le dépôt est fait par mandataire, une procuration sur papier libre suffit.

Les étrangers peuvent déposer leur marque quand bien même ils n'auraient fait aucun dépôt antérieur dans le pays d'origine.

Cessions. — Les cessions doivent être enregistrées et signifiées à l'administration locale qui a reçu le dépôt.

Déchéance. — Il n'y a point privilége si la marque déposée par un étranger appartient au domaine public dans le pays d'origine.

Contrefaçon. — Les tribunaux civils sont compétents pour juger les questions de contrefaçon de marques.

IV. — CONVENTIONS INTERNATIONALES FRANCO-BELGES RELATIVES AUX DESSINS OU MODÈLES, ET AUX MARQUES DE FABRIQUE.

Une convention internationale a été conclue le 1er mai 1861 entre la France et la Belgique pour la garantie réciproque de la propriété littéraire, artistique et industrielle ; cette convention, dénoncée le 28 mars 1872, a été remise en vigueur le 23 juillet 1873.

Les articles 15 et 16 de la convention de 1861 sont relatifs aux dessins, aux modèles et aux marques de fabrique et sont ainsi conçus :

Contrefaçon. — Les sujets de l'une des hautes parties contractantes jouissent dans les États de l'autre, de la même protection que les nationaux, pour tout ce qui concerne la propriété des marques de fabrique ou de commerce, ainsi que des dessins ou modèles industriels et de fabriques de toute espèce.

Le droit exclusif d'exploiter un dessin ou modèle industriel ou de fabrique ne peut avoir, au profit des Français en Belgique, et réciproquement au profit des Belges en France, une durée plus longue que celle fixée par la loi du pays à l'égard des nationaux.

Si le dessin ou modèle industriel ou de fabrique appartient au domaine public dans le pays d'origine, il ne peut être l'objet d'une jouissance exclusive dans l'autre pays.

Les dispositions des deux paragraphes qui précèdent sont applicables aux marques de fabrique ou de commerce.

Les droits des sujets de l'une des hautes parties contractantes dans les États de l'autre ne sont pas subordonnés à l'obligation d'y exploiter les modèles ou dessins industriels ou de fabrique. (*Art.* 15.)

Dépôt. — « Les Français ne peuvent revendiquer, en Belgique, la propriété exclusive d'une marque, d'un modèle ou d'un dessin, s'ils n'en ont déposé deux exemplaires au greffe du tribunal de commerce à Bruxelles.

« Réciproquement, les Belges ne peuvent revendiquer, en France, la propriété exclusive d'une
marque, d'un modèle ou d'un dessin, s'ils n'en ont
déposé deux exemplaires à Paris, au greffe du
tribunal de commerce de la Seine. » (*Art.* 16.)

Il faut remarquer que cette expression de la
convention « au greffe du tribunal de commerce »
n'est exacte que pour les marques de fabrique ; les
dessins et modèles de fabrique doivent être déposés
au secrétariat du Conseil des prud'hommes, et
c'est en ce sens qu'il faut interpréter la convention.

Nature du droit. — Une convention du 7 février
1874, dans un article complémentaire, porte que « les
marques de fabrique auxquelles s'appliquent ces
deux articles sont celles qui, dans les deux pays,
sont légitimement acquises aux industriels ou négociants qui en usent, c'est-à-dire que le caractère
d'une marque de fabrique française doit être apprécié d'après la loi française, de même que celui
d'une marque belge doit être apprécié d'après la loi
belge. »

PROPRIÉTÉ LITTÉRAIRE ET ARTISTIQUE.

I. — ŒUVRES LITTÉRAIRES.

Législation. — Les lois qui règlent la propriété
littéraire en Belgique sont celles du 23 septembre

1814 et 25 janvier 1817, complétées par l'arrêté du
21 octobre 1830.

Durée du droit. — L'auteur a la jouissance exclusive de ses ouvrages pendant sa vie, et ses héritiers ou ayants cause pendant vingt ans après sa
mort.

S'il s'agit d'ouvrages posthumes, les héritiers,
ou autres propriétaires du manuscrit, ont le même
droit que l'auteur lui-même, à la condition de ne
pas joindre la nouvelle publication à d'autres ouvrages de l'auteur tombés dans le domaine public.

Nature de l'œuvre. — La protection s'étend aux
traductions d'ouvrages étrangers, aux notes ou
augmentations ajoutées aux ouvrages tombés dans
le domaine public.

Les héritiers jouissent des œuvres posthumes, à
la condition de ne pas les joindre à d'autres ouvrages de l'auteur tombés dans le domaine public.

L'ouvrage n'est protégé que s'il a été imprimé et
édité en Belgique.

Cession. — La propriété peut être aliénée en
totalité ou en partie par l'auteur ou ses successeurs.

Dépôt. — Trois exemplaires de chaque édition
doivent être déposés à l'administration communale
du domicile de l'auteur avec signature de l'imprimeur et de l'éditeur ; le tout est envoyé au ministre de l'intérieur.

Contrefaçon. — L'auteur peut poursuivre les
contrefacteurs devant la juridiction pénale.

Pénalités. — Les peines sont la confiscation, au profit de la partie lésée, des exemplaires saisis, des dommages intérêts, calculés sur 2,000 exemplaires, une amende au profit de la caisse des pauvres du domicile du contrefacteur, et, en cas de récidive, la défense d'exercer l'état d'imprimeur ou de libraire.

II. — ŒUVRES DRAMATIQUES ET MUSICALES.

Publication. — Les règles sont les mêmes que pour les œuvres littéraires.

Représentation. — L'auteur reste pendant toute sa vie maître de la représentation comme de la publication ; mais les héritiers, autres que descendants, n'ont aucun droit pour la représentation, quoiqu'ils conservent la propriété de l'œuvre pendant vingt ans ; les descendants, et, à leur défaut, la veuve de l'auteur jouissent, pendant dix ans, des bénéfices que peut procurer la représentation.

III. — ŒUVRES D'ART.

Législation. — La propriété artistique est réglée par la loi du 25 juin 1817 et par la loi française du 19 juillet 1793.

Reproduction. — Si la reproduction des œuvres d'art est effectuée par un procédé autre que la sculpture, la durée du droit des héritiers ou cessionnaires est de vingt ans ; s'il s'agit de la sculpture, en vertu de la loi française du 19 juillet 1793, cette durée n'est en ce cas que de dix ans.

Les reproductions pour la gravure ou un procédé analogue, sont assujetties au dépôt de trois exemplaires. Les œuvres de sculpture ne sont pas soumises au dépôt.

IV. — CONVENTIONS INTERNATIONALES FRANCO-BELGES CONCERNANT LA PROPRIÉTÉ LITTÉRAIRE ET ARTISTIQUE.

Les conventions internationales applicables sont : celle du 1er mai 1861 qui a été remise en vigueur le 23 juillet 1873, et celle du 20 février 1869, qui n'est qu'une addition à la convention principale.

En voici l'analyse complète :

Droits des auteurs. — Les auteurs d'œuvres d'esprit et d'art jouissent dans les deux États, réciproquement, des avantages qui y sont attribués par la loi à la propriété de ces productions, et ils ont la même protection et le même recours légal que les auteurs nationaux.

Ces avantages ne leur sont réciproquement assurés que pendant l'existence de leurs droits dans le pays où la publication originale a été faite, et la durée de leur jouissance dans l'autre pays ne peut excéder celle qui est fixée par la loi pour les auteurs nationaux (*Art.* 1).

Les mandataires légaux ou ayants cause des auteurs, traducteurs, compositeurs, dessinateurs, peintres, sculpteurs, graveurs, lithographes ou photographes, etc., jouissent des mêmes droits que ceux que la convention accorde aux auteurs, traducteurs, compositeurs, dessinateurs, peintres, sculpteurs, graveurs, lithographes ou photographes eux-mêmes (*Art.* 7).

Formalités. — Pour que les auteurs ou éditeurs soient admis devant les tribunaux des deux pays à exercer des poursuites contre les contrefaçons, il suffit qu'ils justifient de leurs droits de propriété en établissant par un certificat, émanant de l'autorité publique compétente en chaque pays, que l'ouvrage en question est une œuvre originale qui, dans le pays où elle a été publiée, jouit de la protection légale contre la contrefaçon ou la reproduction illicite (*Conv. de* 1869, *art.* 1).

Pour les ouvrages publiés en France, ce certificat est délivré par le bureau de la librairie au ministère de l'intérieur et légalisé par la légation de Belgique à Paris ; pour les ouvrages publiés en Belgique, il est délivré par le ministère de l'intérieur à Bruxelles, et légalisé par la légation en France (*Conv. de* 1869, *art.* 2).

Nature de l'œuvre. — Les ouvrages d'esprit ou d'art sont en général les livres, les brochures ou autres écrits, les compositions musicales, les œuvres de dessin, de peinture, de sculpture, de gravure, de lithographie et toutes autres productions analogues (*Art.* 1).

Chrestomathies. — La publication en Belgique de

chrestomathies composées de fragments d'ouvrages français tombés ou non dans le domaine public, est autorisée, quand bien même ces recueils ne contiendraient ni notes explicatives ni traductions (*Art. 2, et Déclarat. du 27 mai* 1861).

Articles de journaux. — Les articles extraits des journaux ou recueils périodiques publiés dans l'un des deux pays peuvent être reproduits ou traduits dans les journaux ou recueils périodiques de l'autre pays, pourvu qu'on y indique la source à laquelle on les a puisés.

Toutefois, cette permission ne s'étend pas à la reproduction, dans l'un des deux pays, des articles de journaux ou de recueils périodiques publiés dans l'autre, lorsque les auteurs ont formellement déclaré, dans le journal ou le recueil même où ils les ont fait paraître, qu'ils en interdisent la reproduction.

En aucun cas cette interdiction ne peut atteindre les articles de discussion politique (*Art.* 8).

Traductions. — Sont expressément assimilées aux ouvrages originaux, les traductions faites dans l'un des deux États, d'ouvrages nationaux ou étrangers. Ces traductions jouissent à ce titre de la protection internationale en ce qui concerne leur reproduction non autorisée dans l'autre État. Mais cette protection n'est donnée au traducteur que par rapport à la version qu'il a faite de l'ouvrage original; le premier traducteur d'un ouvrage quelconque, écrit en langue morte ou vivante, n'a pas le droit exclusif de le traduire s'il n'est pas l'auteur de l'ouvrage original (*Art.* 5).

L'auteur de tout ouvrage, publié dans l'un des deux pays, jouit seul du droit de traduction pendant cinq années à partir du jour de la première traduction de son ouvrage autorisée par lui, mais sous les conditions suivantes :

1° Il faut qu'il ait indiqué, en tête de son ouvrage, l'intention de se réserver le droit de traduction ;

2° La traduction autorisée doit paraître au moins en partie dans le délai d'un an, et, en totalité, dans le délai de trois ans à compter de la date du dépôt de l'ouvrage original.

3° La traduction doit être publiée dans l'un des deux pays, et être elle-même déposée conformément aux lois des deux pays.

4° Pour les ouvrages publiés par livraisons, il suffit que la déclaration par laquelle l'auteur se réserve le droit de traduction, soit faite dans la première livraison. Toutefois, en ce qui concerne le terme de cinq ans, assigné pour l'exercice du droit privilégié de traduction, chaque livraison est considérée comme un ouvrage séparé. Chacune d'elles doit être enregistrée et déposée dans l'un des deux pays, dans les trois mois à partir de sa première publication dans l'autre.

5° Relativement à la traduction des ouvrages dramatiques, l'auteur qui veut se réserver le droit exclusif dont il s'agit, doit faire paraître sa traduction trois mois après le dépôt de l'ouvrage original.

Dans le cas où les législations de la France ou de la Belgique sur le droit de traduction viendraient à être modifiées pendant la durée de la convention, les avantages nouveaux qui seraient consacrés en faveur des auteurs nationaux seraient de plein droit étendus aux auteurs de l'autre pays (*Art.* 6).

Œuvres dramatiques ou musicales. — La convention s'applique également à la représentation ou exécution des œuvres dramatiques ou musicales publiées ou représentées pour la première fois dans l'un des deux pays, après le 12 mai 1854.

Le droit des auteurs dramatiques ou compositeurs est perçu d'après les bases qui sont arrêtées entre les parties intéressées; à défaut d'un semblable accord, le taux exigible de ce droit ne peut respectivement dépasser les chiffres suivants :

Pour les pièces :	En 4 ou 5 actes.	En 3 actes.	En 2 actes.	En 1 acte.
	Fr.	Fr.	Fr.	Fr.
A Paris et à Bruxelles	18 »»	14 »»	10 »»	6 »»
Dans les villes de 80,000 âmes et au-dessus	14 »»	10 »»	8 »»	5 »»
Dans les villes de moins de 80,000 âmes	9 »»	8 »»	6 »»	4 »»

(*Art.* 4.)

La propriété des œuvres musicales s'étend aux morceaux dits *arrangements*, composés sur des motifs extraits de ces mêmes œuvres. Les contes-

ment belge à prendre les mesures nécessaires pour interdire l'entrée, sur leurs territoires respectifs, des ouvrages que des éditeurs français ou belges auraient acquis le droit de réimprimer, avec la réserve que ces réimpressions ne seraient auto- risées que pour la vente en France ou en Belgique et sur des marchés tiers.

Les ouvrages auxquels cette disposition est appli- cable doivent porter sur leurs titres et couvertures les mots : *Édition interdite en France (en Belgique) et autorisée pour la (Belgique) la France et l'étran- ger. (Art. 14.)*

Douane et transit. — L'introduction, l'exportation, la circulation, la vente et l'exposition, dans chacun des deux États, d'ouvrages ou objets de reproduc- tion non autorisée, sont prohibées, soit que ces re- productions non autorisées proviennent de l'un des deux pays, soit qu'elles proviennent d'un pays étranger quelconque. (*Art.* 9.)

Les objets suivants, savoir : livres en toutes langues, estampes, gravures, lithographies et pho- tographies , cartes géographiques ou marines , musique, planches gravées en cuivre, acier ou bois, et pierres lithographiques couvertes de dessins, gravures ou écritures, destinées à l'imprimerie sur papier, tableaux et dessins, sont réciproquement admis en franchise de droits, sans certificats d'ori- gine. (*Décret du 24 juin 1865, appliquant à la Bel- gique l'art. 13 de la Convention conclue avec la Prusse le 2 août 1862.*)

tations qui peuvent s'élever sur l'application de cette clause, demeurent réservées à l'appréciation des tribunaux respectifs. (*Art.* 1.)

Contrefaçon. En cas de contravention à ces dispositions, la saisie des objets de contrefaçon est opérée, et les tribunaux appliquent les pénalités déterminées par les législations respectives, de la même manière que si l'infraction avait été commise au préjudice d'un ouvrage ou d'une production d'origine nationale.

Les caractères constituant la contrefaçon sont déterminés par les tribunaux de l'un et de l'autre pays, d'après la législation en vigueur dans chacun des deux États. (*Art.* 10.)

Accroissement de privilége. — Tout privilége ou avantage qui serait accordé ultérieurement par l'un des deux pays à un autre pays, en matière de propriété d'œuvres de littérature ou d'art, est acquis de plein droit au citoyen de l'autre pays. (*Art.* 1.)

Surveillance de l'État. — Chacun des États conserve le droit de permettre, de surveiller ou d'interdire, par des mesures de législation ou de police intérieure, la circulation, la représentation ou l'exposition de tous ouvrages ou productions, et aussi le droit de prohiber l'importation des livres qui, d'après ses lois intérieures ou des stipulations souscrites avec d'autres puissances, sont ou seraient déclarés être des contrefaçons. (*Art.* 12.)

C'est au gouvernement français et au gouverne-

Les livres d'importation licite et les autres productions mentionnées dans la convention, venant
de Belgique, sont admis en France, tant à l'entrée
qu'au transit direct ou par entrepôt, par des
bureaux désignés.

Si les intéressés le désirent, les livres déclarés
à l'entrée sont expédiés directement en France,
au ministère de l'intérieur (direction de l'imprimerie, de la librairie et de la presse), et, en Belgique, à l'entrepôt de Bruxelles, pour y subir les
vérifications nécessaires, qui ont lieu au plus tard
dans le délai de quinze jours. (*Art.* **11.**)

ANGLETERRE

PROPRIÉTÉ INDUSTRIELLE

I. — BREVETS D'INVENTION.

Législation. — L'acte du 1er juillet 1852 forme avec le statut de Guillaume IV de 1835 et le statut 21 de Jacques 1er (ch. 3), qui est la loi primitive, l'ensemble de la législation anglaise, en cette matière.

Nature du brevet. — Le brevet peut être obtenu par un étranger aussi bien que par un national.

Il s'étend à l'Angleterre, l'Ecosse, l'Irlande et aux îles voisines.

Il y a deux sortes de brevets différents, le brevet d'invention ou de perfectionnement et le brevet d'importation.

Le brevet d'invention est accordé pour toute innovation à l'inventeur lui-même ; le brevet d'importation est accordé à celui qui a introduit en Angleterre une invention qui n'y était pas connue quoiqu'elle le fût à l'étranger.

Garantie. — La patente peut être refusée si, après examen par une commission spéciale, l'invention n'est pas considérée comme nouvelle; mais le gouvernement ne garantit pas cette priorité.

Durée. — Les patentes ont une durée de 14 ans, qui peut être prolongée de 7 et même de 14 ans, si l'inventeur prouve que le profit qu'il a tiré de son invention a été insuffisant.

Taxe. — La somme à payer pour les 14 années se monte au minimum à 175 livres sterling (4,375 fr.) soit dans les premiers 6 mois pour le premier terme de 3 ans, 625 francs; avant la fin de la troisième année 1,250 francs; avant la fin de la septième 2,500 francs.

Les examinateurs de la demande ont droit en outre à des honoraires.

Formalités. — La demande doit être déposée à l'office des patentes et la garantie date du jour du dépôt.

Elle est rédigée sous forme de pétition à la Reine et doit contenir les noms, adresse et profession du demandeur et sur feuille séparée, en double exemplaire, la spécification ou description de l'invention, avec dessins et pièces à l'appui; cette description peut n'être que sommaire au moment du dépôt, à la condition d'être complétée dans les six mois moyennant une taxe supplémentaire. Le tout doit être rédigé sur papier spécial dit « foolscap », avec marge d'un pouce anglais sur tous les côtés de la feuille; la copie de la spécification doit être écrite à mi-marge.

A la demande est jointe la constatation du serment prêté par le demandeur sur la vérité des faits énoncés dans la demande. Le serment, ou *affidavit*, peut être reçu: dans le Royaume-Uni par un maître en chancellerie, un commissaire ou tout autre officier de la loi ayant qualité pour déférer le serment dans une question légale quelconque; dans les possessions anglaises, par un magistrat du tribunal ayant le pouvoir de déférer le serment légal; à l'étranger par un consul, vice-consul, chancelier ou autre officier d consulat anglais.

L'invention est protégée provisoirement pendant les six mois qui suivent la demande.

Publicité et opposition. — Le demandeur doit, huit semaines avant le sixième mois à partir de la date du dépôt, donner au bureau des patentes avis de son intention de procéder au complément de la patente ou demande du grand sceau. Cet avis est annoncé dans la *Gazette de Londres*. Toute personne ayant intérêt à s'opposer à la délivrance de la patente a le droit de former opposition à cette délivrance, en déposant, entre les mains de l'attorney général, dans le délai de vingt et un jours à partir de la publication, une note contenant les motifs de cette opposition.

L'opposant et l'opposé, ou leurs agents, se présentent ensuite à l'audience fixée par l'attorney général et ont à payer chacun 87 fr. 50 c. Après examen des motifs de l'opposition, l'attorney général arrête là demande ou en réclame la modification, s'il autorise le demandeur à continuer sa patente.

Dans le cas où il n'y a pas eu d'opposition, après les vingt et un jours de la publication, ou bien si, après opposition, le demandeur a eu gain de cause, la demande suit son cours.

La demande du grand sceau peut être formée, ou immédiatement après l'expiration du délai de vingt et un jours, ou au plus tard quatorze jours pleins avant l'expiration du sixième mois, à peine de déchéance; mais il est préférable de la former plus tôt, parce que si un concurrent obtenait le grand sceau le premier, il primerait le demandeur primitif.

Cession. — Les cessions ou les licences que l'inventeur peut concéder à certains industriels pour une portion de territoire déterminée doivent être déclarées par l'inventeur et inscrites sur un registre spécial mis à la disposition du public.

Nullité. — La patente est nulle s'il est prononcé judiciairement que l'invention n'est pas nouvelle et qu'elle était publiée ou exploitée antérieurement.

Déchéance. — Le breveté est déchu s'il n'acquitte pas les taxes en temps utile ou s'il n'a pas accompli les autres formalités nécessaires.

L'exploitation du brevet n'est pas exigée pour le maintien du privilége.

Contrefaçon. — Le breveté peut faire cesser la contrefaçon en s'adressant à la Cour de chancellerie, ou demander des dommages-intérêts à l'une des cours de droit commun.

Pénalités. — Le contrefacteur peut être condamné à l'emprisonnement s'il continue à fabriquer après défense de la Cour de chancellerie.

Le breveté peut obtenir des dommages-intérêts pour réparation du préjudice causé.

La contrefaçon des estampilles apposées sur les objets brevetés est punie d'une amende de 50 livres sterling (1,250 francs) pour chaque objet.

II. — DESSINS ET MODÈLES DE FABRIQUE.

Législation. — Les modèles de fabrique ont été assimilés aux dessins et protégés par les actes de George III de 1798 et 1814, relatifs surtout à la sculpture.

L'impression sur les tissus de lin, coton, calicot et mousseline était déja garantie pour un certain temps par un acte de George III, de 1787, confirmé en 1789 et complété en 1794.

La législation actuelle repose surtout sur deux actes du règne de Victoria de 1839 complétés par les statuts du 1er septembre 1843 et de 1850.

Le traité de commerce du 23 juillet 1873, qui a

confirmé celui du 23 janvier 1865, règle les relations entre l'Angleterre et la France (*voir* § IV).

Nature des dessins et modèles. — On distingue deux catégories de dessins ou modèles susceptibles de garantie ; on peut en ajouter une troisième, d'une nature spéciale et relative à la sculpture.

La première comprend les dessins de fabrique proprement dits ou dessins d'utilité ; ce sont les objets relatifs à la fabrication industrielle qui n'ont pas une importance suffisante pour motiver une demande de brevet d'invention, tels que machines, broches de filatures, chaudières, ustensiles de ménage, plumes métalliques. Cette protection s'applique uniquement à la forme ou configuration des objets et non à l'invention résultant de l'action mécanique, à moins que l'application ne soit inséparable de la configuration.

La seconde s'applique aux dessins d'ornement de toute nature, qu'ils soient produits par l'impression, la peinture, la sculpture, le tissage ou de toute autre manière, sur un objet quelconque : étoffes de soie, de laine, de mousseline, toiles et papiers peints, verres, poterie, quincaillerie.

Une troisième catégorie concerne la protection accordée en vertu d'un acte de 1850, aux sculptures, modèles, copies ou moulages représentant des figures humaines ou des animaux.

Les dessins pour pouvoir être enregistrés doivent être nouveaux et n'avoir pas encore été rendus publics.

Durée. — Pour les dessins d'utilité, la durée du privilége est de 3 années.

Pour les dessins d'ornement, elle varie suivant la nature de l'objet. Elle est de 3 ans pour les articles, en métaux, bois, verre, céramique, ivoire et autres substances solides (1re, 2e, 3e et 4e classes), pour les papiers de tenture (5e classe), pour les toiles cirées, tapis et châles brochés (6e et 8e classes), pour les tissus d'ameublement en lin, coton, laine, soie ou poils (10e et 11e classes) et pour les autres tissus (12e classe), mais avec faculté de ne demander qu'une durée d'un ou deux ans. — Elle est de 18 mois pour les châles avec dessins imprimés (7e classe), avec faculté de ne demander qu'une durée de 9 mois; elle est de 9 mois au maximum pour les fils, chaînes ou tissus si le dessin est imprimé (9e classe). — Elle est d'un an pour les dentelles et autres articles non spécifiés (13e classe).

Pour les œuvres de sculpture, la durée de la protection est égale à la durée ou à la partie restant à courir de la durée accordée par les lois sur les droits d'auteur.

Un enregistrement provisoire peut avoir lieu dans le but de permettre au propriétaire d'un dessin de l'exposer publiquement sans être déchu du droit de demander l'enregistrement. Cet enregistrement provisoire est accordé pour un an, moyennant une taxe de 1 fr. 25 c. par dessin pour toutes les classes.

Taxe. — Pour les dessins d'utilité, la taxe est de 10 livres sterling (250 francs).

Pour les dessins d'ornement la taxe varie suivant la classe ; elle est d'une livre sterling (25 francs) pour les articles en métaux, bois, verre, céramique, ivoire et autres substances solides, pour les toiles cirées, les tapis, châles et autres tissus dont le dessin n'est pas imprimé ; ou qui ont un dessin imprimé dépassant 12 pouces sur 8 (304 millim. sur 203) ; elle varie pour les autres dans une proportion inférieure. La taxe pour les 13 classes ensemble est de 175 francs ; pour les 4 premières classes ensemble de 125 francs, et pour les 9 autres ensemble de 75 francs.

Pour les œuvres de sculpture la taxe est de 125 francs.

Formalités. — Une demande d'enregistrement, contenant le nom et l'adresse du demandeur et l'indication de la classe pour laquelle l'enregistrement est demandé, doit être présentée à l'office des patentes avec deux exemplaires du dessin et une description indiquant son objet et son usage. Pour les articles manufacturés (à l'exception des tapis, toiles cirées, châles de laine), les exemplaires des dessins peuvent être remplacés par des échantillons en nature dont les dimensions ne doivent pas dépasser 42 pouces sur 23 (1^m,066 sur 0^m,584).

Le dépôt peut être fait par mandataire. Les étrangers peuvent obtenir la garantie comme les nationaux, même s'il n'y a pas de traité internaţional.

Tout article protégé doit porter d'une façon apparente une marque ou une indication faisant connaître que l'objet a été enregistré ; mais cette mention doit être retirée après l'expiration du privilége sous peine d'une amende de 5 livres sterling (125 francs).

Publicité. — L'office des patentes donne au public communication des certificats d'enregistrement, moyennant un droit de recherche de 5 schellings (6 fr. 25 c.) pour les dessins dont la propriété n'est pas expirée et de 1 schelling pour les autres.

Cession. — L'auteur d'un dessin peut céder son droit en entier ou accorder une licence de l'employer ou faire employer. La cession peut être enregistrée moyennant une taxe de 6 livres sterling (150 francs).

Pénalités. — Celui qui a porté atteinte aux droits de l'auteur ou du propriétaire du dessin est puni d'une amende de 5 à 30 livres (125 à 750 francs).

Les dommages-intérêts sont en outre accordés en réparation du préjudice causé.

III. — MARQUE DE FABRIQUES.

Législation. — Les marques de fabrique sont réglementées par un acte du 7 août 1862 et n'étaient auparavant protégées qu'en vertu du droit commun et des décisions des cours. Une loi du 13 août 1875 (acte 38 et 39 Victoria, ch. 91) a ordonné l'établissement d'un registre pour l'enregistrement des marques.

Le traité de commerce du 23 juillet 1873, règle les relations internationales avec la France. (*Voir* § IV.)

Nature de la marque. — Elle consiste dans les signes, emblèmes ou caractères distinctifs suivants :

Le nom d'un individu ou d'une raison sociale, peint, imprimé, tissé ou produit de toute façon particulière et distincte ; la signature manuscrite ou une copie de la signature manuscrite d'un individu ou d'une raison sociale ; un dessin ou devise, une marque, vignette ou cachet, signes particuliers, auxquels on peut ajouter toutes lettres, mots ou figures, ou combinaisons de lettres mots ou figures ;

Les mots, chiffres, lettres, combinaisons de mots, ou figures, employés comme marques avant la promulgation de la loi, peuvent être enregistrés comme tels conformément à cette loi.

Aucun dessin scandaleux ne peut être enregistré.

Durée. — La durée du privilége est illimitée à la condition de payer une taxe à chaque période de 14 ans. Deux avis de l'expiration du délai sont successivement envoyés au commerçant ; si le versement n'est pas effectué avant le terme, il peut l'être encore dans les trois mois avec un supplément de 25 francs, si les trois mois sont écoulés ; les commissaires des patentes peuvent accorder la continuation du privilége sous les conditions qu'ils jugent convenables et moyennant le paiement d'une taxe supplémentaire de 50 francs.

Taxe. — La demande d'enregistrement est cotée 25 francs, et l'enregistrement 25 francs ; le renouvellement après 14 ans est de 50 francs ; le certificat d'enregistrement de 25 francs.

Si la marque est enregistrée pour plusieurs articles, chaque article supplémentaire est passible d'une taxe de 12 fr. 50c., et en outre d'une taxe de 2 fr. 50 c., si les articles sont de classes différentes.

Formalités. — La marque doit être enregistrée à la surintendance des commissaires de patentes ; après cinq années l'enregistrement est considéré comme preuve concluante du droit de la personne à la propriété de la marque.

La demande adressée au greffier sur papier dit « Foolscap » de 33 centimètres sur 26, avec marge de 37 millimètres doit être rédigée en anglais en deux exemplaires ; elle doit contenir les noms, adresse et profession du demandeur, les descriptions et les dessins, spécimens ou exemplaires de la marque d'une grandeur de 0^m,5778 au moins, l'indication de celle des 50 classes énumérées par la loi à laquelle elle appartient, la description, s'il y a lieu, des produits auxquels elle aurait été appliquée avant la demande, avec indication du temps pendant lequel aurait eu lieu cet usage. La demande peut être envoyée par la poste à l'adresse du greffier ou directeur de l'enregistrement des marques de fabrique.

Une déclaration doit en outre constater la presta-
tion de serment faite par le demandeur que, dans sa
croyance sincère, il a droit d'employer la marque
qu'il présente à l'enregistrement.

Le greffier délivre un reçu de la demande.

Publicité et opposition. — Des annonces sont
faites dans le journal officiel spécial aux marques
de fabrique aussi longtemps que l'exige le greffier,
avec mention si la marque a été employée avant le
13 août 1875; le demandeur peut être tenu de
fournir un cliché typographique pour l'impression
de la marque.

Il peut être formé dans les trois mois à partir
de la première publication opposition à l'enregistrement de la marque par notification en duplicata, avec
pièces à l'appui et moyennant paiement d'une taxe
de 50 francs.

Le demandeur, après avis, devra faire un contre-
exposé de sa demande, s'il en est requis ; après quoi
l'opposant est tenu de fournir, dans les 14 jours, la
caution exigée par le greffier pour pourvoir aux frais
devant résulter des suites de l'opposition.

S'il n'y a point d'opposition, la demande est accordée par le greffier, après vérification que la marque
ne ressemble pas à une autre déjà délivrée ; il en est
donné avis au demandeur contre le paiement de la
taxe.

Le public est admis à consulter les registres
moyennant 1 fr. 75 c. par chaque quart d'heure.

Cessions et mutations. — Toute transmission des droits est soumise à un nouvel enregistrement, avec dépôt de l'acte authentique constatant la transmission et une déclaration sous serment certifiant véritable le transfert.

Déchéance. — Après cinq ans à partir de la date de l'enregistrement, toute personne lésée peut demander au tribunal la radiation d'une marque, si le propriétaire ne l'exploite pas, c'est-à-dire s'il n'est engagé dans aucune affaire ayant rapport aux produits pour lesquels sa marque a été enregistrée.

Lorsqu'une marque a été rayée du registre, faute de paiement de la taxe, une marque semblable ne peut être enregistrée avant cinq années à partir de la date de la radiation.

Compétence. — Le tribunal compétent en fait de marques est la Cour des comptes du tribunal supérieur de justice de Sa Majesté.

Les requêtes ou instances auprès dudit tribunal peuvent être faites soit par motions ou par demandes déposées dans les Bureaux des Archives, ou de toute autre manière.

Quand le greffier refuse de donner suite à la demande jusqu'à ce que les droits du demandeur aient été établis par les tribunaux, l'affaire est soumise au tribunal par le greffier ou, s'il l'exige, par le demandeur lui-même, et fait l'objet d'un exposé spécial (à moins que le tribunal n'en décide autrement) ; dans ce cas, le jugement doit attendre son tour sur la liste ; il est procédé de même pour toutes les contestations, ou de toute autre manière ordonnée par le tribunal.

Pénalités. — La sanction pénale est régie par les règles du droit commun. Elle consiste en amendes, en confiscation des objets frauduleusement marqués, des instruments et ustensiles ayant servi à la contrefaçon, le tout au profit de l'État. Des dommages-intérêts peuvent être également prononcés au profit de la partie lésée.

Les poursuites en contrefaçon ne peuvent être exercées que si la marque a été enregistrée conformément à la loi.

IV. — CONVENTION INTERNATIONALE FRANCO-BRITANNIQUE, RELATIVE AUX DESSINS ET MODÈLES ET AUX MARQUES DE FABRIQUE.

Le traité de commerce du 23 juillet 1873 a confirmé celui du 23 janvier 1860, qui s'occupe dans l'article 12 des marques de fabrique :

Les inventeurs jouissent dans les deux pays de la même protection que les nationaux pour ce qui concerne la propriété des marques de commerce et des dessins de fabrique de toute espèce (art. 12).

PROPRIÉTÉ LITTÉRAIRE ET ARTISTIQUE.

I. — ŒUVRES LITTÉRAIRES.

Législation. — Les lois qui régissent en Angleterre le droit de reproduction d'œuvres littéraires (*copyright*) remontent aux règnes de George III et de George IV ; les plus récents, qui datent du règne de Victoria, sont du 1er juillet 1842 et 29 juillet 1862.

Durée du droit. — L'auteur a un droit exclusif pendant sa vie.

Le droit des héritiers est de 7 années après la mort de l'auteur ; mais si cette période de 7 ans expire avant un délai de 42 ans depuis la première édition, le droit des héritiers se continue jusqu'à ce que ce délai soit écoulé ; ils ont donc suivant les circonstances 7 ans au moins et 42 ans au plus.

Pour les livres posthumes la durée est de 42 ans à partir de la publication au profit des propriétaires du manuscrit, de leurs successeurs ou cessionnaires.

Dans tous les cas, un privilége plus étendu peut être accordé par le Conseil privé.

La durée du droit est perpétuelle si l'ouvrage appartient à la Couronne, ou aux Universités d'Oxford et de Cambridge, aux colléges qui en dépendent, aux quatre Universités d'Écosse ou aux colléges d'Eton, Westminster et Winchester.

Nature de l'œuvre. — Parmi les œuvres littéraires

sont compris les discours et les leçons orales, à moins
que ces cours ne soient faits par des professeurs
d'universités et de colléges publics ou rétribués par
le produit d'une donation ou d'un legs.

Cession. — L'œuvre littéraire est un bien mobi-
lier qui se transmet aux héritiers suivant l'ordre
ordinaire des successions.

La cession peut être faite, lorsque l'œuvre a été
enregistrée, par une déclaration nouvelle à l'hôtel
de la Corporation des libraires et l'expédition de
l'acte de déclaration peut servir de titre.

Expropriation.—Lorsque après la mort de l'auteur,
les héritiers ou cessionnaires refusent de faire une
édition nouvelle, le conseil judiciaire du Conseil
privé peut, sur la demande d'un tiers, l'autoriser à
publier.

Dépôt. — Le dépôt d'un exemplaire du meilleur
tirage doit être fait à l'hôtel de la Corporation des
libraires (*Stationer's hall*) à Londres, et la déclaration est enregistrée avec indication des noms,
domicile et qualité du déposant; un certificat d'enregistrement est délivré et fait foi en justice, sans
garantie toutefois de la propriété du déposant.

Un manuscrit peut être enregistré sans dépôt, et
cet enregistrement établit la propriété jusqu'à preuve
contraire en justice.

La taxe de dépôt est de 1 schelling (1 fr. 25 c.) ;
celle du certificat d'enregistrement de 5 schellings
(6 fr. 25 c.).

Le registre peut être consulté, moyennant une taxe de 1 schelling.

Contrefaçon. — Pour faire cesser la publication avant l'action judiciaire, il faut suivre la procédure d'injonction (*injunction*) et s'adresser à une Cour de chancellerie.

Le plaignant peut ensuite agir en revendication des exemplaires contrefaits et obtenir ainsi réparation du préjudice par cette voie indirecte.

L'action directe en dommages–intérêts contre l'éditeur, l'importateur ou le débitant ne peut être portée que devant l'une des cours de justice de droit commun (*Courts of common law*), qui, s'il y a lieu, renvoie l'affaire aux assises civiles de l'endroit où la contrefaçon a eu lieu et l'affaire est jugée par le jury.

Pénalités. — La contrefaçon n'est réprimée en général que par la condamnation à des dommages-intérêts.

Cependant lorsqu'il s'agit d'importations illégales, la destruction des ouvrages importés est ordonnée; en outre, deux amendes sont prononcées, l'une au profit de l'État s'élevant au double de la valeur des exemplaires saisis, l'autre de 10 livres sterling (250 francs), dont moitié pour l'employé de la douane qui a fait la saisie et moitié pour le propriétaire de l'ouvrage contrefait; le tout sans préjudice de dommages-intérêts.

II. — ŒUVRES DRAMATIQUES

Législation. — Les lois sont les mêmes que pour les œuvres littéraires proprement dites ; mais il faut y ajouter un acte du 13 mai 1875.

PUBLICATION. — Les règles sont celles des autres œuvres littéraires.

REPRÉSENTATION. — *Durée*. — La durée du droit est la même que pour la publication, mais le délai de 42 ans commence à courir du jour de la représentation.

Nature du droit. — Aux termes de l'article 6 de l'acte de 1862, il est permis aux auteurs anglais d'imiter et d'adapter au théâtre anglais les ouvrages dramatiques et les compositions musicales publiés dans les autres pays ; mais la Reine peut donner aux auteurs anglais le privilége d'interdire la représentation de leurs œuvres en Angleterre pendant cinq années ; en vertu d'un acte du 13 mai 1875, la Reine peut accorder le même privilége aux auteurs étrangers relativement à l'imitation et à l'adaptation de leurs œuvres. La convention du 11 août 1875 avec la France a appliqué cette disposition aux auteurs français.

Pénalités. — Lorsqu'une œuvre dramatique et musicale a été représentée dans une représentation publique sans l'autorisation de l'auteur, les directeurs de spectacles et de concerts peuvent être poursuivis dans le délai d'un an devant les cours de droit commun et condamnés à une amende de 40 schellings au moins, à des·dommages-intérêts de la valeur du préjudice et à la perte du montant de la recette entière.

III. — ŒUVRES D'ART.

Législation. — Les œuvres d'art sont régies pa. deux actes du règne de George III et par deux actes des quinzième et seizième années, et des vingt-cinquième et vingt-sixième années du règne de Victoria (loi du 29 juillet 1862).

Durée du droit. — Il faut distinguer entre la gravure et la sculpture.

La gravure ou tout autre procédé de reproduction de peinture, dessin ou photographie, ne peut être mis en œuvre que par l'auteur pendant sa vie et pendant sept ans à partir de sa mort par les héritiers.

La sculpture peut être reproduite par l'auteur ou ses successeurs pendant quatorze ans à partir de la production, et si l'auteur survit à cette période, il en est accordé une seconde de quatorze ans.

Dépôt. — Au lieu du dépôt, l'enregistrement de l'œuvre doit être fait à l'hôtel de la Corporation des libraires sur un registre spécial avec description de l'objet; il peut être joint un fac–simile, un dessin ou une photographie de cet objet. Chaque objet doit en outre porter le nom du propriétaire et la date de la publication.

Contrefaçon. — L'affaire peut être présentée à une cour supérieure de record, s'il y a lieu de faire injonction, vérification et compte. Les autres condamnations sont prononcées par les cours de droit commun.

Pénalités. — Pour la contrefaçon par gravures ou procédés semblables, la condamnation ne doit pas excéder 10 livres sterling; la confiscation est prononcée au profit du propriétaire; des dommages-intérêts peuvent être en outre accordés par une action spéciale.

Pour les œuvres de sculpture, l'amende peut être de 5 à 30 livres sterling en outre des dommages-intérêts.

IV. — CONVENTIONS INTERNATIONALES FRANCO ANGLAISE RELATIVES A LA PROPRIÉTÉ LITTÉRAIRE ET ARTISTIQUE.

Une convention du 3 novembre 1851 a réglé pour dix années les rapports entre la France et l'Angleterre; mais la convention continue à rester en vigueur jusqu'à ce qu'elle ait été dénoncée un an à l'avance. Elle a été modifiée quant aux contrefaçons d'ouvrages dramatiques par une convention du 11 août 1875.

La convention franco-prussienne du 2 août 1862, concernant le dégrèvement des droits d'importation en France, a été rendue applicable à l'Angleterre par décret du 14 juin 1865.

Voici l'analyse méthodique de ces conventions :

Droits des auteurs. — Les auteurs d'œuvres de littérature ou d'art auxquels les lois de l'un des deux pays garantissent actuellement et garantiront à l'avenir le droit de propriété ou d'auteur, ont la faculté d'exercer ledit droit sur les territoires de l'autre pays, pendant le même espace de temps et dans les mêmes limites que s'exercerait, dans cet autre pays lui-même, le droit attribué aux auteurs d'ouvrages de même nature qui y seraient publiés, de telle sorte que la reproduction ou la contrefaçon, dans l'un des deux États, de toute œuvre de littérature ou d'art publiée dans l'autre est traitée de la même manière que le serait la reproduction ou la contrefaçon d'ouvrages de même nature originairement publiés dans cet autre État, et que les auteurs de l'un des deux pays ont, devant les tribunaux de l'autre, la même action et jouissent des mêmes garanties contre la contrefaçon ou la reproduction non autorisée, que celles que la loi accorde ou pourrait accorder à l'avenir aux auteurs de ce dernier pays (*art. 1*).

Les mandataires ou ayants cause des auteurs, traducteurs, compositeurs, peintres, sculpteurs ou graveurs, jouissent à tous égards des mêmes droits que ceux que la présente convention accorde aux auteurs, traducteurs, compositeurs, peintres, sculpteurs ou graveurs eux-mêmes (*art. 1*).

L'importation et la vente, dans l'un ou l'autre

des deux pays, de toute contrefaçon d'ouvrages
jouissant du privilége de protection contre la contrefaçon, sont interdites, que ces contrefaçons soient
originaires du pays où l'ouvrage a été publié, ou
bien de toute autre contrée étrangère (*art. 6*).

Formalités. — Les auteurs, traducteurs, de même
que leurs représentants ou ayants cause, légalement
désignés, n'ont droit, dans l'un et l'autre pays, à
la protection stipulée par les articles précédents,
et le droit d'auteur ne peut être réclamé dans l'un
des deux pays qu'après que l'ouvrage a été enregistré de la manière suivante, savoir :

1° Si l'ouvrage a paru pour la première fois en
France, il faut qu'il ait été enregistré à l'hôtel de
la Corporation des libraires (*Stationers hall*), à Londres ;

2° Si l'ouvrage a paru pour la première fois dans
les États de Sa Majesté britannique, il faut qu'il ait
été enregistré au bureau de la Librairie du ministère de l'intérieur, à Paris.

La protection n'est acquise qu'à celui qui a fidèlement observé les lois et règlements en vigueur
dans les pays respectifs, par rapport à l'ouvrage
pour lequel cette protection serait réclamée. Pour
les livres, cartes, estampes ou publications musicales,
il faut remettre gratuitement dans l'un ou l'autre
des dépôts mentionnés, suivant les cas respectifs,
un exemplaire dans le meilleur état, destiné à être
déposé au lieu indiqué à cet effet dans chacun des

deux pays, c'est-à-dire en France, à la Bibliothèque nationale de Paris, et dans la Grande-Bretagne au Musée britannique, à Londres.

Dans tous les cas, les formalités du dépôt et de l'enregistrement doivent être remplies dans les trois mois qui suivent la première publication de l'ouvrage dans l'autre pays. A l'égard des ouvrages publiés par livraisons, ce délai de trois mois ne commence à courir qu'à dater de la publication de la dernière livraison, à moins que l'auteur n'ait indiqué son intention de se réserver le droit de traduction, auquel cas chaque livraison est considérée comme un ouvrage séparé.

Une copie authentique de l'inscription sur le registre de la corporation des libraires à Londres confère dans les États Britanniques le droit exclusif de reproduction jusqu'à ce que quelque autre personne ait fait admettre devant un tribunal un droit mieux établi.

Le certificat délivré conformément aux lois françaises, et constatant l'enregistrement d'un ouvrage dans ce pays, a la même force et valeur dans toute l'étendue du territoire français.

Au moment de l'enregistrement d'un ouvrage dans l'un des deux pays, il en est délivré, si on le demande, un certificat ou copie certifiée ; et ce certificat relate la date précise à laquelle l'enregistrement a eu lieu.

Le coût d'enregistrement d'un seul ouvrage ne peut pas dépasser la somme d'un franc vingt-

cinq centimes en France, et d'un shilling en Angleterre ; et les frais additionnels pour le certificat
d'enregistrement ne doivent pas excéder la somme
de six francs vingt-cinq centimes en France, ou de
cinq shillings en Angleterre.

Ces dispositions ne s'étendent pas aux articles
de journaux ou de recueils périodiques, pour lesquels le simple avertissement de l'auteur suffit
pour garantir son droit contre la reproduction ou
la traduction. Mais si un article ou un ouvrage
qui a paru pour la première fois dans un journal ou
dans un recueil périodique est ensuite reproduit à
part, il reste alors soumis aux formalités de dépôt
(*art. 8*).

En ce qui concerne tout objet autre que les
livres, estampes, cartes et publications musicales,
pour lesquels on pourrait réclamer la protection
de la convention, tout mode d'enregistrement autre
que le mode prescrit et qui est ou qui pourrait être
appliqué par la loi dans un des deux pays, à l'effet de
garantir le droit de propriété à toute œuvre quelconque ou article mis pour la première fois au
jour dans ce pays, ledit mode d'enregistrement
sera étendu, sous des conditions égales, à toute œuvre
ou objet similaire mis au jour pour la première
fois dans l'autre pays (*art. 9*).

Nature de l'œuvre. — Les œuvres de littérature
ou d'art, comprennent les publications de livres,
d'ouvrages dramatiques, de composition musicale,

de dessin, de peinture, de sculpture, de gravure, de lithographie et de toute autre production quelconque de littérature et de beaux-arts (*art. 1*).

Articles de journaux. — Les articles extraits de journaux ou de recueils périodiques publiés dans l'un des deux pays peuvent être reproduits ou traduits dans les journaux ou recueils périodiques de l'autre pays, pourvu qu'on y indique la source à laquelle on les a puisés.

Toutefois cette permission ne s'étend pas à la reproduction, dans l'un des deux pays, des articles de journaux ou de recueils périodiques publiés dans l'autre, dont les auteurs auraient déclaré d'une manière évidente, dans le journal ou le recueil même où ils les ont fait paraître, qu'ils en interdisent la reproduction (*art. 5*).

Cette faculté d'interdiction n'est pas applicable aux articles de discussion politique (*Procès-verbal d'échange de la Convention* § 2).

Traductions. — La protection accordée aux ouvrages originaux est étendue aux traductions. Il est bien entendu, toutefois, que l'objet de cette disposition est simplement de protéger le traducteur par rapport à sa propre traduction, et non pas de conférer le droit exclusif de traduction au premier traducteur d'un ouvrage quelconque, hormis dans le cas suivant *(art. 2)*.

L'auteur de tout ouvrage publié dans l'un des deux pays, qui entend réserver son droit de traduc-

tion, est pendant cinq années, à partir du jour de
la première publication de la traduction de son
ouvrage autorisée par lui, protégé contre la publication, dans l'autre pays, de toute traduction du
même ouvrage non autorisée par lui, et ce, sous les
conditions suivantes :

1° L'ouvrage original doit être enregistré et déposé
dans l'un des deux pays, dans un délai de trois
mois à partir du jour de la première publication
dans l'autre pays;

2° Il faut que l'auteur ait indiqué en tête de son
ouvrage l'intention de se réserver le droit de traduction;

3° Ladite traduction autorisée doit avoir paru, au
moins en partie, dans le délai d'un an, à compter
de la date de l'enregistrement et du dépôt de l'original, et en totalité dans le délai de trois ans, à
partir dudit dépôt;

4° La traduction doit être publiée dans l'un des
deux pays, et être enregistrée et déposée conformément aux dispositions de la convention.

Pour les ouvrages publiés par livraisons, il suffit
que la déclaration de l'auteur, qu'il entend se réserver
le droit de traduction, soit exprimée dans la première
livraison. Toutefois, en ce qui concerne le terme de
cinq ans assigné par cet article pour l'exercice du
droit privilégié de traduction, chaque livraison est
considérée comme un ouvrage séparé ; chacune
d'elles doit être enregistrée et déposée dans l'un des

deux pays, dans les trois mois à partir de sa première publication dans l'autre *(art. 3)*.

Œuvres dramatiques et musicales. — La convention
s'applique également à la représentation des ouvrages
dramatiques et à l'exécution des compositions musicales, en tant que les lois de chacun des deux pays
sont ou seront applicables, sous ce rapport, aux
ouvrages dramatiques et de musique représentés ou
exécutés publiquement dans ces pays pour la première fois.

Toutefois, pour avoir droit à la protection légale,
en ce qui concerne la traduction d'un ouvrage dramatique, l'auteur doit faire paraître sa traduction
trois mois après l'enregistrement et le dépôt de
l'ouvrage original *(art. 4)*.

La protection stipulée pour les œuvres dramatiques
a pour objet non-seulement d'empêcher les traductions en contrefaçon, mais encore de prohiber les
imitations faites de bonne foi, ou les appropriations
des ouvrages dramatiques aux scènes respectives de
France et d'Angleterre. *(Convention additionnelle du
4 août 1875. Article unique.)*

La question d'imitation ou de contrefaçon est
déterminée, dans tous les cas, par les tribunaux des
pays respectifs, d'après la législation en vigueur dans
chacun des deux États *(art. 4)*.

Contrefaçon. — En cas de contravention, les ouvrages, ou objets contrefaits sont saisis et détruits,
et les individus qui se sont rendus coupables de ces

contraventions sont passibles, dans chaque pays, de la peine et des poursuites qui sont ou seraient prescrites par les lois de ce pays contre le même délit, commis à l'égard de tout ouvrage ou production d'origine nationale (*art. 7*).

Surveillance de l'État. — Chacune des deux parties contractantes conserve expressément le droit de surveiller et de défendre, au moyen de mesures législatives ou de police intérieure, la vente, la circulation, la représentation et l'exposition de tout ouvrage ou de toute production à l'égard desquels l'un ou l'autre pays jugerait convenable d'exercer ce droit (*art. 12*).

Aucune atteinte n'est également portée au droit de l'une ou de l'autre des parties contractantes, de prohiber l'importation, dans ses propres États des livres qui, d'après ses lois intérieures ou des stipulations souscrites avec d'autres puissances, sont ou seraient déclarés être des contrefaçons ou des violations du droit d'auteur (*art. 13*).

Douane et transit. — Les droits actuellement établis à l'importation licite dans le Royaume-Uni de la Grande-Bretagne et d'Irlande, des livres, gravures, dessins ou ouvrages de musique publiés dans toute l'étendue du territoire de la République française, ont été réduits et fixés aux taux ci-après établis, savoir :

1° Droits sur les livres et œuvres de musique :

A. Ouvrages publiés pour la première fois dans

le Royaume-Uni, et reproduits en
France, par quintal anglais . . . . 2^l 10^{sh} 0

   B. Ouvrages non publiés pour la
première fois dans le Royaume-Uni,
par quintal anglais   0   15   0

   2° Gravures ou dessins :

   A. Coloriés ou non, chaque pièce   0   0   0 $1/2^d$

   B. Reliés ou brochés, la douzaine   0   0   1 1/2

Il est convenu que le taux des droits ci-dessus
spécifiés ne sera pas augmenté pendant la durée
de la convention, et que si, par la suite, pendant
la durée de cette convention, ce taux était réduit en
faveur des livres, gravures, dessins ou ouvrage de
musique publiés dans tout autre pays, cette réduc-
tion s'étendrait en même temps aux objets simi-
laires publiés en France.

Il est en outre bien entendu que tout ouvrage
publié en France, et dont une partie a été mise au
jour pour la première fois dans le Royaume-Uni,
est considéré comme « ouvrage publié pour la
première fois dans le Royaume-Uni, et reproduit
en France », et, à ce titre, soumis aux droits de
cinquante schellings par quintal anglais, alors même
qu'il contiendrait encore des additions originales
publiées ailleurs que dans le Royaume-Uni, à moins
que ces additions originales ne soient d'une étendue pour le moins égale à celle de la partie de
l'ouvrage publiée originairement dans le Royaume-
Uni, auquel cas l'ouvrage ne serait soumis qu'aux

droits de quinze schellings par quintal anglais
(*art. 10*).

Les objets suivants, savoir: livres en toutes langues,
estampes, gravures, lithographies et photographies,
cartes géographiques ou marines, musique, planches
gravées en cuivre, acier ou bois, et pierres lithographiques couvertes de dessins, gravures ou écritures, destinées à l'imprimerie sur papier, tableaux
et dessins, sont réciproquement admis en franchise
de droits sans certificats d'origine. (*Décret du 14
juin 1865, déclarant applicable à l'Angleterre l'article 13 de la Convention franco-prussienne du
2 août 1862.*)

ITALIE

PROPRIÉTÉ INDUSTRIELLE

I. — BREVETS D'INVENTION

Législation. — Les brevets d'invention sont régis par le décret royal du 30 octobre 1860 étendu au royaume d'Italie par la loi du 31 janvier 1864, et le décret du 13 novembre 1870.

Il faut ajouter au décret fondamental un décret du 16 septembre 1869.

Forme du brevet. — Le brevet consiste dans un certificat délivré par l'Administration publique, après inscription sur un registre spécial de l'original du certificat.

Il est livré en même temps un des originaux cotés et paraphés de la description et des dessins.

Sa nature. — Il confère le droit de fabriquer et de vendre exclusivement le produit fabriqué ; il peut être accordé non-seulement aux nationaux, mais encore aux étrangers.

ll y a deux sortes de brevets : le brevet d'invention auquel peut être joint un certificat d'addition, et le brevet d'importation.

Le brevet d'invention peut être donné pour une nouvelle découverte industrielle.

La découverte est dite industrielle quand elle a pour objet un produit ou un résultat industriel, un instrument mécanique, un procédé de fabrication, une force motrice ou l'application d'un principe scientifique à une industrie spécifiée. Elle est réputée nouvelle lorsqu'elle n'était pas connue auparavant ou lorsqu'on n'avait pu encore arriver à la mettre en pratique.

Le certificat d'addition demandé par l'inventeur primitif ou ses ayants cause donne les mêmes droits que le brevet d'invention en ce qui concerne les modifications apportées au brevet principal.

Le brevet d'importation ne peut être accordé qu'à l'inventeur breveté en pays étranger ; il doit être demandé avant l'expiration du brevet étranger et avant que l'invention n'ait été importée et exécutée librement en Italie.

Ne peuvent donner lieu à un brevet les inventions théoriques, celles qui n'ont pas pour but la production d'objets matériels, les médicaments et les découvertes qui concerneraient des industries contraires aux lois, à la morale, et à la sureté publique, la fabrication de boissons ou comestibles nuisibles à la santé.

Garantie. — Le gouvernement ne garantit point que l'invention est réelle ou utile, et qu'elle est susceptible d'être l'objet d'un brevet.

Le brevet peut être refusé si l'invention est exclue par la loi ou si les formalités de la demande n'ont pas été remplies. Les réclamations sont jugées par une commission de quinze membres composée de professeurs de droit et de sciences.

Durée. — La durée d'un brevet est laissée au choix de l'inventeur, mais elle ne peut être de plus de quinze ans ni de moins d'un an ; elle commence toujours du dernier jour de l'un des mois de mars, juin, septembre ou décembre qui suivent le jour de la demande ; cette durée ne comprend jamais de fractions d'années.

Pour une invention déjà brevetée en pays étranger, la durée ne peut dépasser celle du brevet étranger, et dans aucun cas, être de plus de quinze ans.

Lorsqu'un brevet a été concédé pour moins de quinze ans, sa durée peut être prolongée d'une ou plusieurs années, de façon cependant qu'avec la prolongation, elle ne puisse dépasser quinze ans.

La prolongation d'un brevet comprend celle de tous les certificats d'addition.

Taxes. — Pour chaque brevet il est payé deux taxes, l'une au moment de la demande, l'autre annuellement.

La première est proportionnelle, et se compose
d'autant de fois dix francs que la demande du
brevet comprend d'années, plus une fraction de
dix francs pour le temps qui sépare le jour de la
demande du dernier jour du trimestre d'où commence la durée, soit cent cinquante francs pour
un brevet de quinze ans.

La seconde est progressive ; de quarante francs
pour chacune des trois premières années, elle augmente de trois ans en trois ans à 65 francs, 90 francs,
115 francs, 140 francs, chiffre de chacune des trois
dernières.

Les prolongations de brevets payent une taxe
supplémentaire de 40 francs.

Quant aux certificats d'addition ils ne sont soumis
qu'à un droit unique de 20 francs.

Les brevets d'importation payent les mêmes
droits que les brevets d'invention ; et toute fraction
d'année compte pour une année entière.

Formalités. — La demande doit être présentée
par l'inventeur ou son mandataire spécial, elle peut
être rédigée en français ou en italien et doit contenir les noms et domicile du demandeur et de son
mandataire s'il y a lieu, le titre de l'invention et la
durée à donner au brevet.

Il faut y joindre : 1° Trois originaux de la description (en français ou en italien) sur papier timbré
de dimension, signés par l'inventeur ou son mandataire : 2° Trois originaux des dessins faits sur papier

timbré ; le décret du 16 septembre 1869 donne trois dimensions pour les dessins, (15 cent. sur 20, 20 sur 30, 30 sur 40) et il doivent être réunis sur une seule feuille sous peine de rejet de la demande. 3° Le reçu constatant le versement de la taxe dans l'une des caisses publiques ; 4° S'il s'agit d'un brevet d'importation, le titre original ou une copie, légalisée par le consul italien, du brevet étranger ou de l'arrêté ministriel accordant ce brevet. 5° S'il y a un mandataire, une procuration passée devant notaire et dûment légalisée. 6° Un bordereau des pièces déposées.

Une copie du procès-verbal constatant le dépôt est délivrée au demandeur, moyennant les frais de timbre.

Les brevets sont délivrés au bout de trois mois.

Publicité. — La liste des brevets est publiée tous les trois mois dans la gazette officielle.

La liste des descriptions et dessins, par ordre de matière, est envoyée tous les six mois à chaque intendance et à chaque chambre de commerce où le public peut la consulter.

Les registres où sont transcrits les brevets et leurs mutations ainsi que les annulations, nullités et déchéances, sont à la disposition du public ; chacun peut en demander extrait délivré aux frais du requérant.

La description du brevet, les dessins et modèles ne sont communiqués que trois mois après la délivrance du brevet, et l'on peut en retirer copie. Le tout est d'ailleurs publié tous les six mois en entier par les soins du ministère.

Cession. — Les cessions doivent être faites par écrit, présentées au ministère avec deux notes datées du jour du dépôt et indiquant les noms des parties, la date et la nature de l'acte, la date de l'insinuation lorsqu'elle a eu lieu, et la déclaration précise des droits transmis. La mention de cession et d'enregistrement est mise sur le brevet. Les taxes restantes sont payées immédiatement si la cession n'est que partielle.

Les cessions n'ont d'effet à l'égard des tiers que du jour de ce dépôt; elles sont publiées dans la gazette officielle.

Nullité. — Le brevet est nul si l'invention n'est pas nouvelle ou industrielle, si elle a reçu un faux titre qui ne réponde pas à son objet, si la description est insuffisante et ne contient pas toutes les indications nécessaires à la mise en pratique, si le brevet a été accordé par erreur et sans l'accomplissement de toutes les formalités, si l'invention est de celles que la loi défend de breveter.

Le brevet de modification est nul s'il est concédé à un tiers pendant les six mois réservés à l'auteur ou à ses ayants cause.

Tout certificat d'addition est nul s'il ne se rapporte pas à l'invention principale.

Toute prolongation de brevet est nulle si elle a été demandée après l'expiration du brevet.

Déchéance. — Il y a déchéance si la taxe annuelle n'est pas payée chaque fois dans les trois mois qui suivent l'échéance ; il faut en outre, à peine de déchéance, que le brevet soit exploité s'il est de cinq ans, dans l'année de l'obtention, s'il est de plus de cinq ans dans les deux ans ; que l'exploitation n'en soit point suspendue, à moins de force majeure, dans le premier cas pendant un an, dans le second pendant deux ans.

Les demandes de nullité ou déchéance sont jugées sommairement par les tribunaux provinciaux après communication des pièces au ministère public.

Contrefaçon. — Ceux qui, en fraude ou en contravention d'un brevet, fabriquent des produits, emploient des machines ou autres moyens et expédients industriels, ou bien qui achètent pour revendre, expédient en vente ou introduisent dans l'État des objets contrefaits, commettent un délit punissable d'une amende dont le maximum est de 500 francs ; mais cette action correctionnelle ne peut être exercée qu'en cas de plainte de la partie lésée.

Les objets contrefaits peuvent être saisis sur ordonnance du président du tribunal provincial ; ils sont ensuite donnés en propriété au possesseur du brevet qui peut en outre obtenir des dommages-intérêts.

Si le détenteur des objets est exempt de dol ou de faute, il subit seulement la confiscation au profit de la partie lésée.

L'action peut être intentée au civil selon les formes de la procédure sommaire.

II. — DESSINS ET MODÈLES DE FABRIQUE

Législation. La loi italienne du 30 août 1868 est
spéciale à cette matière.

Une convention franco-italienne a été conclue le
29 juin 1862 (*Voir* § IV).

Nature des dessins et modèles. Les œuvres tombées
dans le domaine public ne peuvent faire l'objet d'un
droit de propriété même à l'étranger.

Garantie. — L'inventeur conserve le droit exclusif de reproduire, par un procédé quelconque, les
dessins et modèles de son invention et d'en débiter
les reproductions.

Durée. — Le privilége dure 5 ans, à partir du jour
où la publication en a été faite.

Taxe. — La taxe est de 10 francs payable en
formant la demande.

Formalités. — Les demandes doivent être faites
dans la forme de celles des brevets d'invention, et
le dépôt peut être effectué par un mandataire avec
pouvoir régulier.

Cession. — Une demande de transfert doit être
présentée sur papier timbré par les successeurs
ou cessionnaires ; la taxe de l'enregistrement est de
1 franc.

Déchéance. — L'exploitation doit avoir lieu dans

le délai d'une année à partir de la première publication.

Les inventeurs français sont, d'après la convention internationale, dispensés en Italie de cette condition d'exploitation.

Pénalités. — Les peines sont les mêmes que pour la contrefaçon des brevets d'invention et sont réglées par les dispositions de la loi du 30 octobre 1860.

III. — MARQUES DE FABRIQUE

Législation. — Les marques de fabrique sont réglementées par la loi sarde du 12 mai 1855 et la loi italienne du 30 août 1868.

Il existe entre l'Italie et la France une convention internationale du 29 juin 1862, complétée par un article additionnel du 10 juin 1874 (*Voir* § IV).

Nature de la marque. — Elle peut consister simplement dans la signature sociale apposée sur le produit, mais avec indication plus ou moins générale du lieu d'origine, de la fabrique, du commerce et, s'il s'agit d'animaux, de la race à laquelle ils appartiennent ; dans tous les cas, le nom de la personne, la raison sociale ou le nom de l'établissement doivent être indiqués sur les marques.

Elles doivent être différentes de celles employées par d'autres fabricants.

Sont également reconnues et garanties les mar-

ques et signes distinctifs employés à l'étranger, sur
des produits et des marchandises de fabrique ou de
commerce étranger, par des personnes qui ont des
magasins, des dépôts ou des succursales en Italie,
ou sur des animaux de race étrangère répandus
dans le royaume. Quant aux autres marques ou signes distinctifs employés à l'étranger, ils ne peuvent être protégés que si l'étranger se fait natura-
liser, ou s'il y a, comme avec la France, un traité
international.

On ne peut enlever la marque d'un fabricant pour
y substituer la sienne, mais on peut ajouter sur une
marchandise sa propre marque.

Durée. — La durée du privilége est illimitée.

Taxe. — La taxe est de 40 francs par marque déposée.

Formalités. — La marque italienne ou étrangère
doit être déposée pour qu'elle confère le droit à
l'usage exclusif.

La demande doit être remise au ministère des finances (bureau des affaires privées) en personne ou
par mandataire spécial. Il faut y joindre : 1° deux
exemplaires de la marque ou signe distinctif qu'on
a l'intention d'adopter ; 2° la description de l'un et
de l'autre, dans le cas où une figure ou un emblème
y serait contenu ; 3° l'indication de l'espèce d'objet
sur lequel on l'apposera et de l'usage qu'on veut en
faire, à savoir si on l'apposera sur des objets de son
propre produit ou sur des marchandises de son

commerce ; 4° le récépissé constatant que la taxe a
été versée dans une des caisses publiques ; 5° s'il y
a un mandataire, l'acte de procuration sous forme
authentique, ou même sous seing privé, pourvu que,
dans ce second cas, le consentement du déposant
soit souscrit par-devant notaire, ou par-devant le
syndic du la commune où il réside.

Procès-verbal est dressé du dépôt et copie remise
au déposant.

Dans les cinq jours, les papiers et autres objets
déposés sont expédiés à l'office central, avec une
copie sur papier libre du procès-verbal ; les procès-
verbaux de dépôt, les descriptions de marques ou
signes distinctifs, ainsi que l'indication de leur
usage donnée par le déposant, y sont transcrits sur
des registres publics ; les exemplaires des marques
ou signes déposés y sont conservés.

Le public est admis à retirer copie sans autres
frais que ceux de timbre.

Cession. — Le successeur industriel, pour conserver la marque de son prédécesseur, doit renouveler
le dépôt, quand même il serait son héritier.

Contrefaçon. — La saisie des marques contrefaites est opérée sur autorisation du président du tribunal de la province.

La poursuite peut être intentée au criminel sans
plainte de la partie lésée.

Pénalités. — Sont condamnés aux peines portées

maximum, 4,000 fr. en cas de récidive, ceux, 1° qui ont contrefait une marque ou signe distinctif déposé, ou en ont sciemment fait usage ; 2° qui ont sciemment acheté, vendu ou introduit de l'étranger, des produits avec des marques ou signes contrefaits ; 3° qui ont supprimé ou altéré la marque d'un fabricant.

Les marques ou signes contrefaits sont détruits, et ceux qui ont été supprimés ou altérés sont réintégrés aux frais du délinquant. Enfin la sentence de condamnation est publiée à ses frais dans cinq journaux de l'Etat, au choix de la partie lésée.

Dans le cas où la partie lésée opte pour l'action civile, le tribunal statue sur les dommages et intérêts et peut ordonner la vente des objets séquestrés pour en ajouter la valeur à la réparation des dommages et intérêts. Dans tous les cas, il condamne le contrevenant à la destruction des marques contrefaites, à la réintégration à ses frais des marques supprimées ou altérées, à la perte des instruments ayant servi à la contrefaçon ou altération, et à la publication dans cinq journaux.

La modification ou destruction de toute marque, de tout signe distinctif semblable à une marque déjà déposée, est ordonnée, même si l'emploi a eu lieu sans dol ni fraude.

Les devises commerciales, les noms ou dénominations d'individu, de société, de corps moral même étranger, quoique ne constituant pas une marque de fabrique soumise au dépôt, ne peuvent être usurpés sous peine d'amende de 250 francs, de dommages-intérêts et d'insertion dans cinq journaux.

IV. — CONVENTIONS INTERNATIONALES FRANCO-ITALIENNES RELATIVES AUX DESSINS OU MODÈLES ET AUX MARQUES DE FABRIQUE

La convention du 29 juin 1862 relative principalement à la propriété littéraire et artistique s'occupe dans l'article 13 des dessins et marques de fabrique ; cet article est ainsi conçu :

Nature du droit. — Les sujets de l'un des Etats jouissent, dans l'autre, de la même protection que les nationaux, pour tout ce qui concerne la propriété des marques de fabrique ou de commerce, ainsi que des dessins ou modèles industriels et de fabrique de toute espèce.

Ces droits des sujets d'un des pays dans l'autre État ne sont pas subordonnés à l'obligation d'y exploiter les modèles ou dessins industriels ou de fabrique. (*Art.* 13).

Une convention du 3 juillet 1874 stipule en outre « que le caractère d'une marque française doit être apprécié d'après la loi française, de même que celui d'une marque italienne doit être jugé d'après la loi italienne.

Durée. — Le droit exclusif d'exploiter un dessin ou modèle industriel ou de fabrique ne peut avoir, au profit des Français en Italie, et réciproquement au profit des Italiens en France, une durée plus longue que celle fixée par la loi du pays à l'égard des nationaux.

Si le dessin ou modèle industriel ou de fabrique appartient au domaine public dans le pays d'origine, il ne peut être l'objet d'une jouissance exclusive dans l'autre pays.

Ces dispositions sont applicables aux marques de fabrique ou de commerce (*Art.* 13).

Dépôt. — Les Français ne peuvent revendiquer en Italie la propriété exclusive d'une marque, d'un modèle ou d'un dessin, s'ils n'en ont déposé deux exemplaires au bureau des Privatives industrielles à Turin.

Réciproquement les Italiens ne peuvent revendiquer en France la propriété exclusive d'une marque, d'un modèle ou d'un dessin, « s'ils n'en ont déposé, dit la Convention, deux exemplaires à Paris, au greffe du tribunal de commerce de la Seine. »

Cette dernière disposition n'est exacte que pour les marques de fabrique ; les dessins et modèles de fabrique doivent être déposés au Secrétariat du conseil des prud'hommes.

PROPRIÉTÉ LITTÉRAIRE ET ARTISTIQUE

I. — ŒUVRES LITTÉRAIRES

Législation. — Les lois en vigueur sont celles du 25 juin 1865 et du 10 août 1875.

Durée. — L'auteur a un droit exclusif pendant sa vie.

Ses héritiers ont un droit plus ou moins étendu selon les circonstances et qui peut être réduit à une simple redevance. Ainsi lorsque l'auteur cesse de vivre avant qu'il se soit écoulé quarante ans à partir de la publication de l'œuvre, son droit exclusif passe à ses héritiers ou ayants cause jusqu'à l'accomplissement de ce terme. — Après cette première période, commence une seconde période de quarante années, durant laquelle l'œuvre peut être reproduite et débitée sans consentement spécial de celui auquel le droit d'auteur appartient, sous la condition de lui payer une redevance de 5 0/0 du prix fort indiqué sur chaque exemplaire. Cette redevance est privilégiée sur les exemplaires reproduits et ce privilége passe avant tous autres.

Celui qui veut user de cette faculté doit déposer au préfet de la province une déclaration écrite indiquant son nom et son domicile, le nombre d'exemplaires qu'il va publier et le prix qui sera inscrit sur

chaque volume, sous peine d'amende et de dommages-intérêts comme pour les autres contrefaçons.
Ces déclarations doivent être insérées au moins deux
fois à quinze jours d'intervalle au journal désigné
pour les annonces judiciaires dans le lieu où se fait
la reproduction et dans la gazette officielle du
royaume, sous peine d'une amende de 1000 francs
au plus sans préjudice des dommages-intérêts.

L'Etat, les provinces, les communes et les académies savantes, ont un droit qui dure vingt ans sur
les œuvres qu'ils publient à leurs frais et pour leur
compte ; ce qui ne s'entend pas des actes officiels
lesquels tombent dans le domaine public.

Nature de l'œuvre. — Parmi les œuvres littéraires
sont comprises les improvisations et leçons faites en
public ; l'auteur a également seul le droit de publier
en recueil ses discours d'intérêt politique ou admi-
nistratif, et ceux prononcés aux Chambres législatives ; mais ils peuvent être publiés librement par
les journaux.

La traduction d'une œuvre ne peut pendant dix
ans être faite sans le consentement de l'auteur. Le
traducteur a un droit exclusif sur sa traduction
comme l'auteur d'une œuvre originale.

Les articles publiés dans les journaux ou revues périodiques restent la propriété de l'auteur ; mais ils
peuvent être publiés par d'autres journaux avec indication de la source si l'auteur n'a pas déclaré en tête
de son travail qu'il entend réserver tous ses droits.

Les articles de polémique politique et les nouvel
les peuvent être reproduits librement.

Cession. — L'autorisation de publier n'entraîne
pas l'aliénation complète du droit à moins de stipulation expresse.

Le droit de publier peut être adjugé aux créanciers si l'auteur a déjà mis son œuvre en commun
avec des tiers ; s'il s'agit d'un manuscrit, il faut en
outre qu'il ait manifesté auparavant l'intention formelle de le publier.

Expropriation. — Après la mort de l'auteur l'expropriation pour cause d'utilité publique peut être
prononcée au profit de l'Etat, des provinces ou des
communes ; la déclaration d'utilité publique est faite
sur la proposition du ministre de l'instruction publique, le conseil d'Etat entendu. Si l'indemnité
n'est pas réglée à l'amiable, le tribunal est appelé à
nommer trois experts suivant la règle ordinaire pour
estimer la valeur des droits expropriés.

Dépôt. — L'auteur doit déposer trois exemplaires
au préfet de la province avec déclaration qu'il en
tend se réserver ses droits. Le sommaire des déclarations est publié dans la gazette officielle.

Contrefaçon. — Celui qui publie une œuvre sans
permission de l'auteur ou de ses ayants cause se
rend coupable de publication abusive.

Se rend coupable de contrefaçon celui qui reproduit une œuvre sur laquelle durent encore les droits
de l'auteur, ou en vend des exemplaire ou des sco--

pies sans son autorisation ; celui qui reproduit ou vend un nombre d'exemplaires plus grand qu'il n'en a acquis le droit, celui qui traduit une œuvre pendant les dix années réservées à l'auteur ; celui qui publie après la mort de l'auteur à l'expiration des quarante premières années sans faire la déclaration qu'il payera aux héritiers la redevance du vingtième.

Pénalités. — La publication abusive et la contrefaçon sont punies correctionnellement d'une amende de 5,000 francs au maximum sans préjudice des dommages-intérêts accordés à la partie lésée.

Les exemplaires confisqués et les instruments ayant servi à la contrefaçon doivent être détruits ; mais si le condamné le requiert, ils sont mis sous séquestre jusqu'à l'expiration des droits de l'auteur; ils peuvent aussi être livrés à l'auteur, s'il y consent, en déduction des dommages-intérêts, ou adjugés à un tiers, si l'auteur ne s'y oppose point.

Si la première période de 40 années est près de finir au moment de la contrefaçon la destruction ne peut plus être ordonnée.

Si la période de redevance est ouverte, il n'y a plus ni destruction, ni séquestre ; le droit de redevance est seul exigible.

II. ŒUVRES DRAMATIQUES ET MUSICALES

Législation. — La loi du 25 juin 1865 a été en

partie modifiée, en ce qui concerne les œuvres dramatiques et musicales, par celle du 10 août 1875 qui est spéciale à ses œuvres.

PUBLICATION. — *Durée.* — Le mode de durée relatif au droit de publication n'a pas été modifié.

Mais en ce qui concerne le dépôt, s'il n'a pas été effectué dans les trois mois de la publication ou de première représentation, l'auteur ne peut poursuivre ceux qui, avant le dépôt tardif, ont reproduit l'œuvre ou fait venir de l'étranger des exemplaires pour les revendre.

Le dépôt est exigé même pour les compositions musicales. Il faut indiquer dans tous les cas si l'œuvre a été représentée avant d'être publiée et faire connaître le lieu et la date de la première représentation.

REPRÉSENTATION. — *Durée.* — La loi du 10 août 1875 a introduit une innovation importante, la durée du droit de représentation n'est plus divisée en deux périodes, elle subsiste quatre-vingts ans, tant pour l'auteur que pour les héritiers ou autres ayants cause, à partir du jour de la première publication de l'œuvre.

L'auteur d'une œuvre musicale peut empêcher les extraits, arrangements ou variations.

III. — ŒUVRES D'ART

Durée. — La durée du droit d'auteur réglée par

la loi du 21 juin 1865 est applicable aux œuvres
d'art; elle est par conséquent de quatre-vingts ans.

Reproduction. — L'œuvre d'un artiste ne peut être
copiée ni reproduite sans son autorisation, même
par un procédé autre que celui qu'il a employé,
pendant une durée de dix ans à partir de la publication de l'œuvre ; après cette période un tableau
peut être gravé, une statue dessinée librement. Ce
cas est assimilé à la traduction des œuvres littéraires.

Dépôt. — Le dépôt de trois copies de l'œuvre est
exigé ; ces copies peuvent être faites par la photographie ou tout autre procédé propre à en certifier
l'identité. Le dépôt ne peut plus être effectué dix
ans après la publication de l'œuvre.

IV. — CONVENTIONS INTERNATIONALES FRANCO-ITALIENNES RELATIVES A LA PROPRIÉTÉ LITTÉRAIRE ET ARTISTIQUE

Une convention du 29 juin 1862 a remplacé celle
du 28 août 1843. Elle a été conclue pour douze ans,
mais continue d'année en année jusqu'à ce qu'elle
ait été dénoncée un an à l'avance par l'une des parties contractantes.

En voici l'analyse méthodique et détaillée :

Droits des auteurs. — Les auteurs d'œuvres du domaine littéraire ou artistique jouissent réciproquement dans chacun des deux Etats des avantages qui

y sont ou y seront attribués pas la loi à la propriété des ouvrages de littérature ou d'art ; et ils ont
contre toute atteinte portée à leurs droits la même
protection et le même recours légal que si cette atteinte s'adressait aux auteurs d'ouvrages publiés
pour la première fois dans le pays même.

Ces avantages ne leur sont réciproquement assurés que durant l'existence de leurs droits dans le
pays où la publication originale a été faite, et la
durée de leur jouissance dans l'autre pays ne peut
excéder celle fixée par la loi pour les auteurs nationaux (*Art.* 1).

Les mandataires légaux ou ayants cause des auteurs, traducteurs, compositeurs, dessinateurs,
peintres, sculpteurs, lithographes, photographes,
etc., jouissent des mêmes droits que ceux que la
présente convention accorde aux auteurs, traducteurs, compositeurs, dessinateurs, peintres, sculpteurs, graveurs, lithographes ou photographes eux-
mêmes (*Art.* 7).

La convention ne fait pas obstacle à la libre continuation de la vente, publication ou introduction
dans les Etats respectifs des ouvrages qui auraient
été déjà publiés en totalité ou en partie dans l'un
d'eux, avant la mise en vigueur de la convention antérieure du 28 août 1843, pourvu qu'on ne puisse
postérieurement faire aucune autre publication des
mêmes ouvrages, ni introduire de l'étranger des
exemplaires autres que ceux destinés à compléter

les expéditions ou souscriptions précédemment
commencées (*Art.* 11).

Formalités. — Pour que les auteurs ou éditeurs
de ces ouvrages soient admis à exercer devant les
tribunaux des deux pays des poursuites contre les
contrefaçons, il suffit que lesdits auteurs ou éditeurs justifient de leurs droits de propriété en établissant, par un certificat de l'autorité publique
compétente en chaque pays, que l'ouvrage en question est une œuvre originale qui, dans le pays où
elle a été publiée, jouit de la protection légale,
contre la contrefaçon ou la reproduction illicite.

Pour les ouvrages publiés en France, ce certificat
est délivré par le bureau du dépôt légal et de la propriété littéraire au ministère de l'intérieur et légalisé par la mission d'Italie à Paris ; pour les ouvrages
publiés dans le royaume d'Italie, il est délivré par
le ministère d'agriculture, industrie et commerce,
et légalisé par la mission de France à Turin (*Art.* 2).

Nature de l'œuvre. — Les ouvrages du domaine
littéraire ou artistique sont en général les livres,
brochures ou autres écrits, les compositions musicales, les œuvres de dessin, de peinture, de sculpture, de gravure, de lithographie et toutes autres
productions analogues (*Art.* 1).

Articles de journaux. — Les articles extraits des
journaux ou recueils périodiques publiés par l'un
des deux pays peuvent être reproduits ou traduits
dans les journaux ou recueils périodiques de l'autre

pays, pourvu qu'on y indique la source à laquelle on les a puisés.

Toutefois, cette faculté ne s'étend pas à la reproduction dans l'un des deux pays des articles de journaux ou de recueils périodiques publiés dans l'autre, lorsque les auteurs ont formellement déclaré, dans le journal ou dans le recueil même où ils les ont fait paraître, qu'ils en interdisent la reproduction. En aucun cas, cette interdiction ne peut atteindre les articles de discussion politique (*Art.* 8).

Traductions. — Sont expressément assimilées aux ouvrages originaux les traductions faites dans l'un des deux Etats d'ouvrages nationaux ou étrangers. Ces traductions jouissent, à ce titre, de la protection internationale en ce qui concerne leur reproduction non autorisée dans l'autre Etat. Il est bien entendu, toutefois, que l'objet de cette disposition est simplement de protéger le traducteur, par rapport à la version qu'il a donnée de l'ouvrage original, et non pas de conférer le droit exclusif de traduction au premier traducteur d'un ouvrage quelconque écrit en langue morte ou vivante (*Art.* 5).

Si l'auteur, en faisant paraître son ouvrage, a notifié au public qu'il entend le traduire lui-même et que sa traduction a été publiée dans le délai d'un an à partir de la publication du texte original, il conserve le droit exclusif de traduction qui est dès lors assimilé à la reproduction (*Art.* 3).

Afin de pouvoir constater d'une manière précise dans les deux Etats le jour de la publication d'un ouvrage, on se règle sur la date du dépôt opéré dans l'établissement public préposé à cet effet. Si l'auteur entend réserver son droit de traduction, il doit en faire la déclaration en tête de son ouvrage et mentionner à la suite de cette déclaration la date du dépôt.

A l'égard des ouvrages qui se publient par livraisons, il suffit que cette déclaration de l'auteur soit faite dans la première livraison. Toutefois, le terme fixé pour l'exercice de ce droit ne commence à courir qu'à dater de la publication de la dernière livraison, pourvu d'ailleurs qu'entre les deux publications il ne s'écoule pas plus de trois ans. L'indication de la date du dépôt doit être apposée sur la dernière livraison, à partir de laquelle commence le délai fixé pour l'exercice du droit de traduction (*Art. 4.*)

Œuvres dramatiques ou musicales. — La convention s'applique également à la représentation et à l'exécution en original ou en traduction des œuvres dramatiques ou musicales, en tant que les lois de chacun des deux États garantissent ou garantiront, par la suite, protection aux œuvres susdites, exécutées ou représentées pour la première fois sur les territoires respectifs. Pour obtenir cette garantie, en ce qui touche la représentation ou exécution et traduction d'une œuvre dramatique ou musicale, il

faut que, dans l'espace de six mois après la publication ou la représentation de l'original dans l'un des
deux pays, l'auteur en ait fait paraître la traduction
dans la langue de l'autre pays (*Art.* 5).

La propriété des œuvres musicales s'étend aux
morceaux dits *arrangements*, composés sur des
motifs extraits de ces mêmes œuvres. Les contestations qui s'élèveraient sur l'application de cette
clause demeurent réservées à l'appréciation des
tribunaux respectifs (*Art.* 1).

Contrefaçon. — En cas de contravention la saisie
des objets de contrefaçon est opérée, et les tribunaux appliquent les pénalités déterminées par les
législations respectives, de la même manière que si
l'infraction avait été commise au préjudice d'un
ouvrage ou d'une production d'origine nationale.

Les caractères constituant la contrefaçon sont
déterminés par les tribunaux de l'un et de l'autre
pays, d'après la législation en vigueur dans chacun
des deux États (*Art.* 10).

Accroissement de privilége. — Tout privilége ou
avantage qui serait accordé ultérieurement à un
autre pays que l'un des deux pays contractants, en
matière de propriété d'œuvres de littérature ou
d'art est acquis de plein droit aux citoyens de
l'autre (*Art.* 1).

Surveillance de l'État. — Chacun des deux États
conserve le droit de permettre, de surveiller ou
d'interdire, par des mesures de législation, de police

intérieure, la circulation, la représentation ou
l'exposition de tout ouvrage ou production, et aussi
de prohiber l'importation des livres qui, d'après
ses lois intérieures ou des stipulations souscrites
avec d'autres puissances, sont ou seraient déclarés
être des contrefaçons (*Art.* 14).

Douane et transit. — L'introduction, l'exportation,
le transit, la vente et l'exposition, dans chacun des
deux États, d'ouvrages ou objets dont la reproduction n'est pas autorisée, sont prohibés, soit que les
reproductions non autorisées proviennent de l'un
des deux pays, soit qu'elles proviennent d'un pays
étranger quelconque (*Art.* 9).

Les objets suivants savoir : Livres en toutes langues, estampes, gravures, lithographies et photographies, cartes géographiques ou marines, musique,
planches gravées en cuivre, acier ou bois, et pierres
lithographiques couvertes de dessins, gravures ou
écritures, destinées à l'imprimerie sur papier, tableaux et dessins, sont réciproquement admis en
franchise de droits, sans certificats d'origine. (*Décret
du 14 juin* 1865 *déclarant applicable à l'Italie, l'ar.* 13
de la conv. franco-prussienne du 2 *août* 1862).

Les livres importés du royaume d'Italie sont admis
en France, tant à l'entrée qu'au transit direct ou
par entrepôt, par des bureaux désignés.

Si les intéressés le désirent, les livres déclarés à
l'entrée sont expédiés directement en France à la
direction de l'imprimerie et de la librairie au minis-

tère de l'intérieur, et en Italie au ministère d'agriculture, industrie et commerce, pour y subir les vérifications nécessaires, qui ont lieu au plus **tard** dans
le délai de quinze jours (*Art.* 12).

EMPIRE D'ALLEMAGNE

PROPRIÉTÉ INDUSTRIELLE.

I. — Brevets d'invention.

Législation. — Le parlement allemand a voté le 3 mai 1877 une loi qui est applicable à tout l'empire.

Nature du brevet. — La loi ne reconnaît que le brevet d'invention ou de perfectionnement, avec faculté de prendre un certificat d'addition au lieu d'un brevet de perfectionnement.

Les étrangers peuvent obtenir des brevets à la condition de désigner un représentant dans le pays.

Le brevet est accordé pour toute invention nouvelle susceptible d'être utilisée dans l'industrie. Les produits alimentaires ou pharmaceutiques et les inventions contraires aux lois et aux bonnes mœurs ne peuvent donner lieu à un brevet.

Garantie. — Une commission des brevets composée de trois membres permanents et d'autres non permanents et divisée en plusieurs sections est juge de l'admissibilité de la demande sauf recours à la Cour supérieure de commerce dont le siége est à Leipsick.

Durée du brevet. — La durée du brevet est de 15 années et le délai commence à courir du lendemain de la demande.

Le certificat d'addition suit la durée du brevet principal pour le terme restant à courir.

Taxe. — Le droit à payer est annuel ; il est d'abord de 30 marcs (36 fr. 90) au moment de la délivrance du brevet ; puis de 50 marcs (61 fr. 50) au commencement de la seconde année, et s'accroît successivement de 50 marcs par an pour les autres suivantes.

Pour les certificats d'addition, il n'est dû que 30 marcs.

Formalités. — La demande doit désigner exactement l'objet du brevet ; une description de l'invention qui y est jointe indique les moyens à employer pour mettre l'invention à exécution ; des dessins, plans, modèles et échantillons complètent au besoin la description.

Publicité. — La Commission des brevets publie au *Journal officiel* l'avis de la délivrance ou du refus de brevet.

Reprise du brevet. — Une demande en reprise du brevet pour cause d'utilité publique peut être déposée, après trois années à partir de la délivrance, à la Commission des brevets qui est juge de la question avec appel à la Cour supérieure de commerce de l'empire.

Nullité. — Le brevet est nul : 1° lorsque l'invention n'est pas brevetable ; 2° lorsque l'invention était empruntée à des procédés employés par un tiers ou à des descriptions antérieures.

Dans ce second cas, la réclamation de l'intéressé est jugée par la Commission des brevets.

Déchéances. — La perte du brevet est encourue lorsqu'on n'a point fait le paiement de la taxe dans les trois mois de l'échéance ; lorsque dans les trois ans l'invention n'a pas été mise à exécution d'une façon suffisante ; lorsque le breveté n'a pas obtempéré à la décision ordonnant la reprise du brevet moyennant une indemnité convenable.

Pénalités. — Le contrefacteur peut être condamné à une amende de 5,000 marcs (6,150 fr.,) au maximum et à un emprisonnement d'un an au plus sans préjudice des dommages-intérêts que la partie lésée peut réclamer devant les tribunaux civils et faire calculer exactement sur la perte éprouvée ; mais, si elle le préfère, le tribunal correctionnel fixe, sur sa requête, le chiffre de l'indemnité qui, en ce cas, ne peut dépasser 10,000 marcs (12,300 fr.).

Celui qui met sur des ballots des indications qui peuvent frauduleusement faire croire qu'il possède un brevet, ou par une publicité quelconque essaie de faire croire à cette erreur peut être condamné à une amende de 150 marcs au maximum (187 fr 50) ou à un emprisonnement.

II. — DESSINS OU MODÈLES DE FABRIQUE.

Législation. — La réglementation du droit sur les dessins ou modèles de fabrique a été faite dans une loi du 11 janvier 1876 qui fait partie d'un ensemble de législation sur la propriété artistique.

Nature des dessins et modèles. — La loi ne définit pas ce qu'il faut entendre par dessins ou modèles de fabrique, laissant à la jurisprudence le soin de décider en fait suivant les circonstances ; elle indique seulement que les productions doivent être nouvelles et originales.

Le dessin ou modèle commandé par un industriel appartient exclusivement à celui-ci.

Parmi les étrangers, ceux qui ont un établissement en Allemagne jouissent seuls du bénéfice de la loi, à moins de traité international.

Durée. — La protection ne dure que de 1 à 3 ans ; au choix du demandeur avec faculté de réclamer une prolongation qui porte le délai à 15 ans au plus ; cette durée de 15 ans, si elle n'est pas demandée de suite, doit l'être avant l'expiration des trois ans ; on peut ne spécifier d'abord qu'un terme de 10 ans et réclamer ensuite une prolongation de 5 ans.

Taxe. — La taxe est de 1 marc par an (1 fr. 10) et par dessin ou paquet de dessins pour les trois premières années, de 2 marcs par an pour les sept années suivantes, et de 3 marcs par an pour les cinq dernières ; au total 32 marcs (39 fr. 50) pour quinze ans, plus les frais de publication.

Formalités. — La déclaration et le dépôt doivent être effectués au tribunal dans la circonscription duquel l'industriel a son principal établissement, à celui de son domicile s'il n'a pas de raison sociale inscrite au registre de commerce, au tribunal de commerce de Leipzig, s'il n'a en Allemagne ni établissement ni domicile.

Les dessins ou modèles peuvent être déposés à découvert ou cachetés, isolément ou en paquets de 50 dessins au plus et ne dépassant pas 10 kilog.

Publicité. — L'enregistrement et les prolongations de délai sont publiés tous les trois mois, aux frais du déposant, dans le *Journal officiel* de l'empire allemand.

L'ouverture des paquets a lieu trois ans après le dépôt, ou avant les trois ans si le délai est moindre, et la publication est faite immédiatement. L'ouverture des paquets peut avoir lieu plus tôt s'il y a contestation et poursuite en contrefaçon.

Les registres sont à la disposition du public et il en est délivré des extraits, ainsi que des copies des dessins ou modèles.

Cession. — Le droit au dessin ou modèle peut être cédé en totalité ou en partie, et il passe aux héritiers.

Contrefaçon. — Les procès civils auxquels donnent lieu les actions en indemnité sont assimilés aux procès commerciaux.

On considère comme contrefaçon : la reproduction du dessin ou modèle opérée par un procédé autre que celui du déposant, même si elle doit servir à une autre sorte d'industrie ; la reproduction sous d'autres proportions ou avec d'autres couleurs ou sans changement appréciable à première vue ; la reproduction qui, sans être faite au moyen de l'original, est l'imitation d'une copie de l'œuvre.

Mais il n'y a pas contrefaçon si la copie que l'on a prise d'un dessin ou modèle n'est pas destinée à l'industrie ; si la reproduction n'est faite que pour des plans ou objets d'art ; si elle est effectuée dans une publication de dessins d'un ouvrage industriel.

Pour la prescription de l'action tendant à la confiscation et à la suppression des exemplaires contrefaits et instruments de la contrefaçon, elle demeure ouverte tant qu'il existe des exemplaires et instruments, conformément aux articles 36 et 38 de la loi du 11 juin 1870 sur les droits d'auteur ; la prescription de l'action pénale est de 3 ans ; l'action pénale n'interrompt pas la prescription de l'action civile, pas plus que l'exercice de l'action civile n'interrompt la prescription de l'action pénale.

Pénalités. — La loi de 1876 renvoie à l'article 18 de celle de 1870 précitée en ce qui concerne l'application de la peine qui est d'une amende de 1000 thalers (3,700 fr.) au maximum ; en cas d'insolvabilité, l'amende est convertie, aux termes des articles 28 et 29 du code pénal, en un emprisonnement qui peut s'élever à 6 mois ; la bonne foi peut être admise comme excuse.

Les tribunaux correctionnels peuvent condamner en outre le contrefacteur, en remplacement des dommages-intérêts à évaluer, à une indemnité de 2,000 thalers (7,400 fr.) au maximum au profit de la partie lésée.

Dans le cas de bonne foi, le contrefacteur ne doit pas plus que le profit qu'il a retiré.

III. — MARQUES DE FABRIQUE ET DE COMMERCE.

Législation. — Une loi du 30 novembre 1874 a réglé la question de propriété des marques.

Nature de la marque. — La marque ne peut être composée de nombres, de lettres, de mots, à moins qu'ils ne soient combinés avec des signes emblématiques ; elle ne peut être formée de blasons officiels, de dessins ayant un caractère scandaleux, ou tombés dans le domaine public.

Les étrangers ne jouissent des bénéfices de la loi que s'ils résident en Allemagne ou s'il y a réciprocité pour les marques allemandes; mais la marque étrangère doit être mentionnée dans les registres de l'Empire ; le propriétaire doit élire domicile auprès du siége du tribunal impérial de commerce; il a à prouver que la marque a été enregistrée dans son propre pays, et son privilége ne peut durer plus longtemps que celui du pays étranger.

Durée. — Le droit est perpétuel à condition de renouveler le dépôt tous les dix ans.

Taxe. — Le premier enregistrement est soumis à une taxe de 50 marcs (61 fr. 70).

Formalités. — Il faut déposer : 1° une déclaration indiquant les noms, profession et domicile du requérant, la nature, la description des marques, l'espèce de marchandises auxquelles elles sont destinées et l'acceptation de la compétence du tribunal de Leipzig pour toutes les actions concernant la marque déposée ; 2° quatre exemplaires du dessin de la marque et un cliché typographique de ce dessin ne dépassant pas un carré de 3 centimètres de côté.

S'il s'agit d'un étranger non domicilié, il doit fournir en outre une copie légalisée du dépôt effectué dans son pays d'origine ou toute autre preuve légale de son droit ; le mandataire doit être muni d'un pouvoir authentique.

Publicité. — L'enregistrement est publié dans le *Moniteur officiel* de l'empire, ainsi que les radiations.

Cession. — La transmission suit les règles de droit commun, mais le nouveau propriétaire est tenu d'opérer en son nom un nouvel enregistrement.

Déchéances. — La radiation de la marque est faite d'office : 1° si la raison commerciale est rayée du registre de commerce ; 2° si la raison commerciale a été modifiée sans que le bureau du dépôt de la marque en ait été averti ; 3° si l'enregistrement n'est par renouvelé avant l'expiration de la dixième année ; 4° s'il est reconnu que les conditions requises pour l'obtention n'existaient pas.

Contrefaçon. — La poursuite ne peut avoir lieu que sur la plainte de la partie lésée.

Pénalités. — L'usage illégal d'une marque garantie est puni d'une amende de 150 à 3,000 marcs 1,184 fr. 50 à 3,690 fr. ; en cas d'insolvabilité, l'amende est convertie en un emprisonnement qui peut s'élever à 6 mois sans préjudice de dommages-intérêts à évaluer ; les dommages-intérêts peuvent être remplacés par une indemnité allouée par le juge criminel et ne pouvant dépasser 5,000 marcs (6,250 fr.)

IV. — CONVENTION INTERNATIONALE FRANCO-PRUSSIENNE CONCERNANT LES DESSINS OU MODÈLES ET LES MARQUES DE FABRIQUE.

Un traité de commerce a été conclu le 2 août 1862, par la Prusse au nom des différents États allemands faisant à cette époque partie du Zollverein ; l'article 28 est relatif aux dessins et aux marques de fabrique.

Nature du droit. — En ce qui concerne les marques ou étiquettes des marchandises ou de leurs emballages, les dessins ou marques de fabrique ou de commerce, les sujets de chacun des États contractants, jouissent respectivement dans l'autre de la même protection que les nationaux.

Dépôt. — Il n'y a lieu a aucune poursuite à raison de l'emploi, dans l'un des deux pays, des marques de fabrique de l'autre, lorsque la création de ces marques dans le pays de provenance du produit, remontera à une époque antérieure à l'appropriation de ces marques par dépôt ou autrement dans le pays d'importation.

PROPRIÉTÉ LITTÉRAIRE ET ARTISTIQUE.

I. — ŒUVRES LITTÉRAIRES.

Législation. — La loi du 11 juin 1870, concernant les droits d'auteur, applicable à la confédération de l'Allemagne du nord, est devenue obligatoire dans l'Empire allemand en vertu de l'article 4 de la constitution du 16 avril 1871.

Durée du droit. — L'auteur a un droit exclusif sur ses œuvres pendant sa vie, et ses héritiers pendant 30 ans après sa mort. Le délai commence à courir à l'expiration de l'année de la mort de l'auteur.

Si l'ouvrage est fait en collaboration par plusieurs auteurs, le délai de 30 ans ne court qu'à partir de la mort du dernier auteur, à moins que les parties de l'œuvre ne soient distinctes.

Les ouvrages anonymes ne sont protégés que

pendant 30 ans à partir de la première édition ; mais l'auteur, ses héritiers ou ayants cause peuvent, avant l'expiration des 30 années, rentrer dans la règle ordinaire en notifiant le nom à l'enregistrement.

Les ouvrages posthumes ne sont protégés que pendant 30 ans à partir de la mort de l'auteur.

Les académies, universités et corps savants ont 30 ans à partir de la publication.

Nature du droit. — On peut réunir pour faire un volume des passages d'auteur dans un but scientifique pour l'usage du culte ou des écoles, mais à la condition d'en indiquer la source.

Est également permise la reproduction des lois, actes publics, discours prononcés dans des réunions politiques ou religieuses, ou devant les tribunaux.

Les extraits de feuilles publiques et de publications périodiques ne sont défendus que s'il s'agit de romans ou travaux scientifiques portant une mention de prohibition.

Les manuscrits ne peuvent être publiés sans le consentement de l'auteur, même lorsqu'ils sont entre les mains d'un tiers.

Les œuvres qui ont paru dans un recueil, peuvent, deux ans après l'année de la publication, être reproduites par l'auteur sans le consentement de l'éditeur.

L'auteur pour conserver le droit de traduction sur son ouvrage, doit publier les traductions en même temps que l'original, ou bien se réserver en

tête de l'ouvrage le droit de le traduire ; il faut
en ce cas que cette traduction paraisse dans le délai
d'un an à partir de l'année qui suit la publication
de l'œuvre originale et que la constatation en soit
faite à l'enregistrement.

Le traducteur d'un ouvrage en langue morte ou
en langue vivante a un droit exclusif sur sa traduction comme si l'œuvre était originale.

Dépôt. — Il n'y a aucun dépôt d'exemplaires.
Un registre d'enregistrement est ouvert pour l'inscription de la date des traductions et des noms
des écrivains anonymes qui se font connaître
avant l'expiration des délais.

Contrefaçon. — La confiscation des exemplaires
peut être poursuivie par la voie criminelle et par
la voie civile.

La prescription de l'action est de trois ans, et
la demande doit être formée avant l'expiration des
trois mois à partir du jour où l'on a eu connaissance du délit ; mais le délai se prolonge néanmoins tant qu'il existe des exemplaires contrefaits.

Les parties peuvent choisir pour arbitre les
Compagnies d'experts.

Il y a contrefaçon non-seulement quand un éditeur publie un ouvrage sur lequel il n'a aucun
droit, mais encore lorsqu'il dépasse le nombre
d'exemplaires convenu.

Pénalités. — La peine est l'amende qui ne peut
excéder 1,000 thalers (3,700 fr.) et qui est remplacée
par un emprisonnement de 6 mois au plus en cas

d'insolvabilité ; la partie lésée peut demander la condamnation à une indemnité ou composition de 2,000 thalers (7,400 fr.), pour tenir lieu de dommages-intérêts, mais elle a, si elle le préfère, le droit de s'adresser aux tribunaux civils pour faire fixer des dommages-intérêts proportionnés au préjudice causé.

La confiscation des exemplaires et des instruments de fabrication est dans tous les cas ordonnée ; la partie lésée peut acquérir les exemplaires ; les instruments sont rendus impropres à une nouvelle fabrication.

La bonne foi est admise comme excuse, mais s'il y a faute, il y a lieu à responsabilité civile ; si la faute n'existe pas, le contrefacteur ne doit que le profit qu'il a tiré de l'œuvre.

II. — ŒUVRES DRAMATIQUES ET MUSICALES.

Législation. — La loi du 11 juin 1870 contient des dispositions relatives aux œuvres dramatiques et musicales.

PUBLICATION. — *Nature de l'œuvre.* — Les règles sont les mêmes que pour les autres œuvres littéraires excepté pour la traduction des œuvres dramatiques, laquelle doit être faite par l'auteur dans les 6 mois de la publication de l'original au lieu de pouvoir être faite dans le délai d'un an à partir de la fin de l'année où a paru l'original.

Il faut remarquer également en ce qui concerne les œuvres musicales, que les extraits, les arrangements pour un ou plusieurs instruments et pour une ou plusieurs voix, la reproduction de motifs ou mélodies avec changement, d'accompagnement sont considérés comme contrefaçon.

Il est permis d'emprunter des paroles à une œuvre littéraire pour y adapter de la musique, à la condition qu'il ne s'agisse pas de livrets d'opéras ou oratorios.

REPRÉSENTATION. — *Durée du droit.* — La durée est la même que pour la publication ; mais s'il s'agit d'un ouvrage anonyme non publié, le délai de 30 ans part de la première représentation.

Nature du droit. — Si la pièce a plusieurs auteurs, il faut pour la représentation le consentement de chaque auteur ; mais s'il s'agit d'une œuvre musicale avec paroles, l'autorisation du compositeur suffit.

Pénalités. — Les dommages-intérêts consistent en cas de faute dans le produit intégral de chaque représentation sans diminution des frais, et si plusieurs œuvres ont été représentées en même temps une proportion est établie entre elles.

S'il n'y a pas faute, il n'est dû que la recette, déduction faite des frais.

III. — Œuvres d'art.

Législation. — La loi du 9 janvier 1876 concerne les droits d'auteurs sur les arts figuratifs, celle du 10 janvier 1876 est spéciale à la photographie.

Durée du droit. — La protection dure pendant la vie de l'artiste et trente ans après sa mort, à la condition que le nom soit inscrit en entier sur l'œuvre.

Si le nom n'est pas inscrit, l'œuvre est réputée anonyme et la protection est de vingt ans à partir de l'année de la publication; mais le nom peut toujours pendant ces vingt années être dénoncé à l'enregistrement pour recouvrer la durée ordinaire.

La durée du droit pour les œuvres posthumes est de trente ans à partir de l'année qui suit la mort de l'auteur.

Si la succession de l'auteur devient vacante, l'œuvre ne passe pas à l'État, mais tombe dans le domaine public.

Pour les œuvres photographiques, la durée du droit n'est en faveur du photographe que de 5 ans à partir de l'expiration de l'année de la production; ce droit passe aux héritiers, s'il y a lieu, jusqu'à l'expiration des cinq années.

Nature de l'œuvre. — On ne peut reproduire une œuvre artistique, fût-ce par un procédé différent, alors même que cette reproduction aurait lieu d'après une copie et non d'après l'original; mais on

peut faire des copies à la main non destinées à la
vente ; on peut également reproduire par l'art plas-
tique des œuvres de dessin et de peinture et réciproquement ; il en est de même des œuvres d'art
figuratifs qui sont à demeure dans les rues ou places
publiques, à la condition de le faire sous une autre
forme artistique.

Celui qui reproduit par un procédé artistique
différent, et particulièrement par la gravure, une
œuvre d'art tombée dans le domaine public, exerce
les droits d'auteur sur l'œuvre ainsi produite.

Les œuvres photographiques sont la propriété
du photographe qui peut empêcher qu'on se serve
de son épreuve pour faire une reproduction du
même genre. On n'a pas le droit de reproduire en
photographie les œuvres qui ne sont pas tombées
dans le domaine public.

Les dessins et figures de géographie, de topogra-
phie de sciences naturelles, d'art technique, d'architecture sont protégés par la loi de 1870 sur les
œuvres littéraires.

Cession. — La vente d'une œuvre d'art n'emporte
pas cession du droit de reproduction, mais l'acheteur n'est pas obligé de laisser copier l'œuvre par
l'auteur malgré son droit de la reproduire.

Dépôt. — Comme pour les œuvres littéraires il
n'y a point de dépôt à effectuer.

Le bureau d'enregistrement institué pour l'inscription des publications anonymes, sert dans le
même cas pour les œuvres d'art.

Pour les œuvres photographiques, l'image sur le carton doit porter les noms, et domicile de l'auteur ainsi que l'année de la publication.

Pénalités. — Les peines indiquées par la loi du 11 juin 1870 pour la contrefaçon des œuvres littéraires s'appliquent à la contrefaçon des œuvres artistiques.

IV. — CONVENTIONS INTERNATIONALES FRANCO-PRUSSIENNES CONCERNANT LA PROPRIÉTÉ LITTÉRAIRE ET ARTISTIQUE.

Une convention a été conclue le 2 août 1862 entre la France et la Prusse pour la garantie des œuvres d'esprit et d'art; la durée en était de 12 ans, avec nécessité de dénonciation conformément aux traités de commerce et de navigation conclus le même jour avec les États de Zollverein.

La Bavière a conclu une convention dans les mêmes termes le 24 mars 1865; Bade le 12 mai 1865; la Saxe le 26 mai 1865; Francfort le 3 juin 1865; le Luxembourg le 3 février 1866, et les autres états allemands en 1865 et 1866.

Dans le traité de paix du 10 mai 1871, conclu avec l'Empire allemand, il fut convenu (art. 11) que les traités et les conventions pour la garantie réciproque de la propriété des œuvres d'esprit et d'art, seraient remis en vigueur, et à la suite d'une convention additionnelle du 9 janvier 1872, un procès-verbal d'échange du 11 janvier 1872 contient la mention suivante :

« L'ambassadeur d'Allemagne déclare au nom de son gouvernement: que, pour lui, l'expression *convention littéraire et d'art* consignée dans l'article 11 du traité de paix du 10 mai doit s'appliquer non-seulement à la convention franco-prussienne du 2 août 1862, mais encore à l'ensemble des traités et conventions de même nature signés entre la France et *les différents États de l'Allemagne.* »

Droits des auteurs. — Les auteurs de toutes productions du domaine littéraire ou artistique jouissent dans chacun des États réciproquement, des avantages qui y sont ou seront attribués par la loi à la propriété des ouvrages de littérature ou d'art, et ils ont la même protection et le même recours légal contre toute atteinte portée à leurs droits que si cette atteinte avait été commise à l'égard d'auteurs d'ouvrages publiés pour la première fois dans le pays même.

Toutefois, ces avantages ne leur sont réciproquement assurés que pendant l'existence de leurs droits dans le pays où la publication originale a été faite, et la durée de leur jouissance dans l'autre pays ne peut excéder celle fixée par la loi pour les auteurs nationaux (*Art.* 1).

Les mandataires légaux ou ayants cause des auteurs, traducteurs, compositeurs, dessinateurs, peintres, sculpteurs, graveurs, lithographes, etc., jouissent réciproquement, et à tous égards, des

mêmes droits que ceux que la Convention accorde
aux auteurs, traducteurs, compositeurs, dessinateurs, peintres, sculpteurs, graveurs et lithographes, eux-mêmes (*Art.* 8).

Formalités. — La jouissance du bénéfice de la
protection est subordonnée à l'accomplissement,
dans le pays d'origine, des formalités qui sont
prescrites par la loi pour assurer la propriété des
ouvrages de littérature ou d'art.

Pour les livres, cartes, estampes, gravures ou
œuvres musicales publiés pour la première fois
dans l'un des deux États, l'exercice du droit de
propriété dans l'autre État est, en outre, subordonné à l'accomplissement préalable, dans ce dernier, de la formalité de l'enregistrement effectuée
de la manière suivante : Si l'ouvrage a paru pour
la première fois en France, il doit être enregistré
à Berlin, au ministère des cultes ; si l'ouvrage a
paru pour la première fois en Prusse, il doit être
enregistré à Paris, au ministère de l'intérieur.

L'enregistrement se fait, de part et d'autre, sur
la déclaration écrite des intéressés, laquelle peut
être respectivement adressée soit aux susdits
ministères, soit aux légations dans les deux pays.

Dans tous les cas, la déclaration doit être présentée dans les trois mois qui suivent la publication
de l'ouvrage dans l'autre pays, pour les ouvrages
publiés postérieurement à la mise en vigueur de la
présente Convention, et dans les trois mois qui
suivent cette mise en vigueur, pour les ouvrages
publiés antérieurement.

A l'égard des ouvrages qui paraissent par livraisons, le délai de trois mois ne commence à courir qu'à dater de la publication de la dernière livraison, à moins que l'auteur n'ait indiqué; conformément aux dispositions de l'article 6, son intention de se réserver le droit de traduction ; auquel cas chaque livraison est considérée comme un ouvrage séparé.

La formalité de l'enregistrement qui en est fait sur des registres spéciaux tenus à cet effet, ne donne, de part et d'autre, ouverture à la perception d'aucune taxe.

Les intéressés reçoivent un certificat authentique de l'enregistrement; ce certificat est délivré gratis, sauf, s'il y a lieu, les frais de timbre.

Le certificat relate la date précise à laquelle la déclaration a eu lieu ; il fait foi dans toute l'étendue des territoires respectifs et constate le droit exclusif de propriété et de reproduction aussi longtemps que quelque autre personne n'a pas fait admettre en justice un droit mieux établi (*Art.* 3).

Nature de l'œuvre. — Les productions du domaine littéraire ou artistique sont les livres, brochures ou autres écrits, compositions musicales ou arrangements de musique, œuvres de dessin, de peinture de sculpture, de gravure, de lithographie (*Art.* 1).

Chrestomaties. — Est réciproquement licite la publication, dans chacun des deux pays, d'extraits ou de morceaux entiers d'ouvrages ayant paru pour la première fois dans l'autre, pourvu que ces publications soient spécialement appropriées et adaptées à l'enseignement ou à l'étude et accompagnées de notes explicatives ou de traductions interlinéaires ou marginales dans la langue du pays où elles sont imprimées (*Art.* 2).

Articles de journaux. — Les articles extraits des journaux ou recueils périodiques publiés dans l'un des deux pays peuvent être reproduits ou traduits dans les journaux ou recueils périodiques de l'autre pays, pourvu qu'on y indique la source à laquelle on les a puisés.

Toutefois, cette faculté ne s'étend pas à la reproduction, dans l'un des deux pays, des articles de journaux ou de recueils périodiques publiés dans l'autre, lorsque les auteurs ont formellement déclaré, dans le journal ou le recueil même où ils les ont fait paraître, qu'ils en interdisent la reproduction. En aucun cas, cette interdiction ne peut atteindre les articles de discussion politique (*Art.* 9).

Traductions. — Sont expressément assimilées aux ouvrages originaux les traductions faites, dans l'un des deux États, d'ouvrages nationaux ou étrangers. Ces traductions jouissent, à ce titre, de protection en ce qui concerne leur reproduction non autorisée dans l'autre État. Il est bien entendu, toutefois, que l'objet du présent article est simplement de protéger le traducteur par rapport à la version qu'il a donnée de l'ouvrage original, et non pas de conférer le droit exclusif de traduction au premier traducteur d'un ouvrage quelconque, écrit en langue morte ou vivante, hormis le cas suivant (*Art.* 5).

L'auteur de tout ouvrage publié, dans l'un des deux pays, qui a entendu se réserver le droit de traduction, jouit pendant cinq années, à partir du jour de la première publication de la traduction de son ouvrage autorisée par lui du privilège de protection contre la publication, dans l'autre pays, de toute traduction du même ouvrage non autorisée par lui, et ce, sous les conditions suivantes :

1º L'ouvrage original doit être enregistré dans l'un des deux pays, sur la déclaration faite dans un délai de trois mois à partir du jour de la première publication dans l'autre pays ;

2º Il faut que l'auteur ait indiqué, en tête de son ouvrage, l'intention de se réserver le droit de traduction ;

3º Il faut que ladite traduction autorisée ait paru, au moins en partie, dans le délai d'un an à compter de la date de la déclaration de l'original effectuée ainsi qu'il vient d'être prescrit, et, en totalité dans le délai de trois ans à partir de la dite déclaration ;

4º La traduction doit être publiée dans l'un des deux pays et être elle-même enregistrée conformément aux dispositions de l'article 3.

Pour les ouvrages publiés par livraisons, il suffit que la déclaration de l'auteur, qu'il entend se réserver le droit de traduction, soit exprimée dans la première livraison. En ce qui concerne le terme de cinq ans assigné pour l'exercice du droit privil égié de traduction, chaque livraison est considérée comme un ouvrage séparé ; chacune d'elles est enregistrée dans l'un des deux pays, sur la déclaration faite dans les trois mois à partir de sa première publication dans l'autre (*Art.* 6).

Œuvres dramatiques et musicales. — La convention s'applique à l'exécution ou représent ation des œuvres dramatiques ou musicales publiées, exécutées ou représentées pour la première fois dans l'un des deux pays, après la mise en vigueur de la convention (*Art.* 4).

Relativement à la traduction des ouvrages dramatiques ou à la représentation de ces traductions, l'auteur qui veut se réserver le droit exclusif, doit faire paraître ou représenter sa traduction trois mois après l'enregistrement de l'ouvrage original (*Art.* 6).

Contrefaçon. — En cas de contravention aux dispositions précédentes, la saisie des objets de contrefaçon peut être opérée, et les tribunaux appliquent les pénalités déterminées par les législations respectives de la même manière que si l'infraction avait été commise au préjudice d'un ouvrage ou d'une production d'origine nationale.

Les caractères constituant la contrefaçon sont déterminés par les tribunaux de l'un et de l'autre pays d'après la législation en vigueur dans chacun des deux Etats (*Art.* 11).

Lorsque l'auteur d'une œuvre dont la propriété est

garantie par la convention, a cédé son droit de publication ou de reproduction à un éditeur dans le territoire de chacun des deux États, sous la réserve que les exemplaires ou éditions de cette œuvre ainsi publiés ou reproduits ne peuvent être vendus dans l'autre pays, ces exemplaires ou éditions sont respectivement considérés et traités dans ce pays comme reproduction illicite (*Art.* 7).

La vente et l'exposition, dans chacun des deux États, d'ouvrages et d'objets de reproduction non autorisée définis par les articles précédents, sont prohibées, soit que lesdites reproductions non autorisées proviennent de l'un des deux pays, soit qu'elles proviennent d'un pays étranger quelconque (*Art.* 10).

Surveillance de l'Etat. — Les dispositions de la Convention ne peuvent porter préjudice, en quoi que ce soit, au droit que se réserve expressément chacun des deux États de permettre, surveiller et interdire, par des mesures de législation et de police intérieure, la circulation, la représentation ou l'exposition de tous ouvrages ou productions à l'égard desquels l'autorité compétente aurait à exercer ce droit.

La convention ne porte pas non plus atteinte au droit de chacun des deux États de prohiber l'importation des livres qui, d'après ses lois intérieures ou des stipulations souscrites avec d'autres puissances, sont ou seraient déclarés être des contrefaçons (*Art.* 16).

Douane. — Pendant la durée de la Convention, les objets suivants, savoir : livres en toutes langues, estampes, gravures, lithographies et photographies, cartes géographiques ou marines, musique, planches gravées en cuivre, acier ou bois, et pierres lithographiques couvertes de dessins, gravures ou écritures, destinées à l'imprimerie du papier, tableaux et dessins sont réciproquement admis en franchise de droits, sans certificats d'origine (*Art.* 13).

AUTRICHE-HONGRIE

PROPRIÉTÉ INDUSTRIELLE

I

BREVETS D'INVENTION

Législation. — La loi en vigueur est celle du 15 août 1852.

Nature du brevet. — On reconnaît deux sortes de brevets :

1° Le brevet d'invention qui peut être accordé à tout inventeur national ou étranger pour toute invention, découverte ou amélioration relatives à un nouveau produit industriel, à un nouveau moyen ou à une nouvelle méthode de production. Les boissons, comestibles, médicaments, les procédés scientifiques non appliqués ne peuvent faire l'objet d'un brevet.

2° Le brevet d'importation qui n'est accordé qu'à

l'inventeur déjà breveté à l'étranger ou à son cessionnaire.

Les brevets sont valables dans toutes les possessions de l'empire d'Autriche.

Garantie. — Le brevet est accordé sans aucune garantie du gouvernement qui n'examine que la recevabilité de la demande.

Forme du brevet. — Le brevet est délivré et signé par le ministre du commerce après avoir été enregistré sur un registre spécial dont copie est envoyée aux Chambres de commerce de tout l'empire.

Durée du brevet. — La durée du brevet d'invention ne peut s'élever tout d'abord à plus de 15 ans, mais elle peut-être prolongée sur demande spéciale et pour des raisons importantes.

La durée du brevet d'importation est limitée à celle du brevet étranger.

Taxes. — La taxe est de 20 florins (52 fr.) pour chacune des cinq premières années et progressive pour les autres, soit 100 florins (260 fr.) pour cinq ans, 300 florins pour dix ans (780 fr.), 700 florins pour quinze ans, (1,820 fr.)

La taxe doit être payée à l'avance pour le nombre d'années demandé. La restitution a lieu si le brevet est refusé ou annulé.

Les brevets sont en outre soumis au payement d'un impôt annuel, dit impôt de commerce, de 5 florins (13 fr.) et à une taxe de Conseil d'hygiène de 20 florins (52 fr.)

Formalités. — Une demande doit être présentée en personne ou par fondé de pouvoirs aux gouvernements provinciaux ou aux préfectures des Légations. Elle doit contenir les noms, profession et domicile du pétitionnaire ou de son fondé de pouvoirs, la dénomination de l'invention, l'indication de la durée du privilége demandé, la déclaration que l'on réclame ou que l'on ne réclame pas le brevet de l'invention.

La demande peut-être rédigée en allemand ou dans la langue de la province où elle est présentée.

Il faut y joindre la description complète de l'invention avec dessins, échantillons, modèles, s'il y a lieu, et la quittance du payement de la taxe pour la durée spécifiée dans la demande.

S'il s'agit d'une demande de brevet d'importation, il faut ajouter aux pièces le brevet étranger ou une copie authentique légalisée ; et le mandataire doit avoir une procuration légalisée par le consul autrichien,

Publicité. — Tous les brevets accordés ou prolongés par le ministère du commerce sont enregistrés d'office. Les registres où sont inscrits les brevets sont à la disposition du public et il est permis d'y prendre copie des descriptions d'inventions dont le brevet est expiré ou de celles pour lesquelles le secret n'a pas été demandé.

Les descriptions d'inventions dont les brevets sont expirés, sont d'ailleurs publiées tous les trois mois.

Cessions. — Les cessions doivent être enregistrées et elles sont publiées sans retard.

Déchéances. — Il y a déchéance si la description est incomplète, si l'invention n'a pas été exploitée dans le pays même de la concession du brevet pendant la première année ; si elle est jugée contraire à la sûreté publique.

Nullité. — La nullité est prononcée si l'invention n'est pas nouvelle, si elle est importée d'un pays étranger par un autre que l'inventeur ou son cessionnaire.

Le ministère du Commerce décide seul la question de savoir si un brevet doit être annulé.

Contrefaçon. — La punition des délits est de la compétence des tribunaux de première instance ; mais on peut recourir dans le délai de quinze jours au gouvernement provincial et ensuite au ministère du Commerce.

Pénalités, — Les objets contrefaits sont saisis et le contrefacteur condamné à une amende de 25 à 1000 florins (62 fr. 50 à 2,500 fr.) sans préjudice des dommages-intérêts.

II

DESSINS ET MODÈLES DE FABRIQUE

Législation. — La propriété des dessins et modèle de fabrique est garantie par la loi du 7 décembr 1858.

Un traité de réciprocité a été conclu le 11 décembre 1866 entre la France et l'Autriche (*voir* § IV ci-après).

Nature du dessin. — On entend par dessin de fabrique ou modèle, tout type qui se rapporte à la forme d'un produit industriel et qui peut être identifié avec lui.

Les dessins doivent être originaux ; s'ils sont la copie d'œuvres d'art d'un autre, ils ne donnent aucun droit exclusif.

Le propriétaire du dessin est celui qui l'a créé, l'a fait faire pour son compte ou s'en est rendu acquéreur.

Durée. — Le droit d'usage dure pendant trois ans à partir de l'enregistrement.

Taxe. — L'enregistrement est soumis à une taxe de 10 florins (25 fr.) par dessin.

Formalités. — Pour s'assurer l'usage exclusif d'un dessin, il faut en faire le dépôt à la chambre du Commerce et d'Industrie du district de son domicile ou du district dans lequel est situé l'établissement par lequel le dessin doit être exploité ; ce procès-verbal est dressé sur un registre et signé par la partie intéressée.

Le dessin peut être présenté ou à découvert ou sous enveloppe cachetée ; dans ce dernier cas, l'enveloppe est ouverte un an après le dépôt en présence de deux témoins.

Publicité. — L'inspection des dessins est permise

tout de suite pour les dessins déposés à découvert et un an après le dépôt pour les autres.

Cession. — Le droit d'exploitation peut être cédé en totalité ou en partie.

Déchéance. — Le droit est éteint si, dans le délai, d'une année, le dessin n'a pas été exploité dans l'étendue de l'empire d'Autriche, ou si le déposant a introduit en Autriche des marchandises confectionnées à l'étranger d'après le même dessin.

Nullité. — L'enregistrement est sans effet : 1° si, avant le dépôt, il existait dans le commerce des produits confectionnés d'après les dessins soit dans le pays, soit à l'étranger ; 2° si le dessin avait déjà paru dans un ouvrage imprimé et publié ; 3° s'il était déjà enregistré sous le nom d'un autre ; 4° si le déposant s'est illégalement attribué le dessin.

Contrefaçon. — La contrefaçon ou la vente des marchandises confectionnées d'après le dessin, donnent droit à la partie lésée de demander la cessation de l'exploitation illicite et de la vente des marchandises. Il y a contrefaçon quand bien même on aurait changé les dimensions et les couleurs du dessin.

Pour les délits et contraventions en fait d'industrie, la préfecture est compétente ainsi que sur les questions de nullité du dépôt et de déchéance du droit.

Quant aux demandes de dommages-intérêts et

aux conflits relatifs à la propriété d'un dessin le juge civil est compétent.

La poursuite des contraventions peut avoir lieu d'office ou sur la plainte de la partie lésée.

Pénalités. — Si l'usurpation a été commise sciemment, le coupable est passible d'une amende de 25 à 500 florins (62 fr. 50 à 1,250 fr.) au profit de la caisse des fonds des pauvres du lieu où la contravention a été commise sans préjudice des dommages-intérêts. En cas de récidive, la peine peut être doublée ; elle est en outre de huit jours à trois mois d'emprisonnement s'il y a nouvelle récidive.

Si le coupable n'est pas assez solvable paur payer l'amende, elle est convertie en un emprisonnement d'un jour par 5 florins (12 fr. 50).

III

MARQUES DE FABRIQUE

Législation. — La propriété des marques de fabrique est régie par la loi du 7 décembre 1858.

Un traité du 11 décembre 1866 établit la réciprocité entre la France et l'Autriche (*voir* § IV ci-après).

Nature de la marque. — On entend par marques les signes particuliers, tels qu'emblèmes, chiffres, vignettes, etc., servant à distinguer dans le commerce les produits et les marchandises d'un industriel, ainsi que les enveloppes qui les contiennent.

Ne sont pas considérés comme marques les lettres

mots, chiffres, qui ne sont pas accompagnés d'autres emblèmes, les armes de l'Etat ou des provinces et les signes généralement en usage dans le commerce pour certaines espèces de marchandises.

Durée. — Le droit de propriété de la marque n'est inhérent qu'à l'entreprise à laquelle elle est destinée ; une marque déjà en usage peut donc être employée pour des marchandises d'espèce différente. La loi ne fixe pas de terme au privilége. Le droit de propriété de la marque cesse avec l'entreprise elle-même à laquelle elle est attachée.

Taxe. — Le droit d'enregistrement de la marque est de 10 florins (25 fr.) ; elle est la même pour l'enregistrement des cessions.

Formalités. — La marque doit être déposée en double exemplaire à la Chambre de commerce et d'industrie du district où est située l'entreprise industrielle, et où il doit en être fait usage ; l'un des exemplaires reste attaché au registre d'inscriptions, l'autre est rendu au déposant, revêtu de mentions constatant le dépôt et du sceau officiel.

Publicité. — Les Chambres de commerce et d'industrie tiennent les registres des marques ouverts aux recherches du public.

Cessions et mutations. — Les nouveaux propriétaires sont tenus, dans les trois mois, de faire transcrire la marque en leur nom ; il est fait exception pour la veuve ou l'héritier mineur de l'industriel, et pour la masse d'une succession ou d'une faillite.

Contrefaçon. — Il y a contrefaçon lorsque les marques ne peuvent être distinguées les unes des autres sans y mettre une attention plus grande que d'ordinaire.

L'attribution illégale d'une marque ou la vente des marchandises portant une marque illégale donnent droit à la partie lésée de demander la cessation de l'usage abusif et la suppression de la marque sur les marchandises destinées à la vente.

L'usurpation du nom, de la raison sociale, de l'écusson ou de la dénomination particulière appartenant à un établissement constitue une contrefaçon comme pour les marques de fabrique.

Les contraventions sont jugées par la préfecture, soit d'office, soit sur la plainte de la partie lésée ; mais au juge civil appartient la décision sur les demandes en dommages-intérêts.

Pénalités. — Si l'usurpation a été sciemment commise, le coupable est passible d'une amende de 25 à 500 florins (62 fr. 50 à 1,250 fr.), au profit de la caisse des fonds des pauvres du lieu où la contravention a été commise, sans préjudice des dommages-intérêts. En cas de récidive, la peine peut être doublée ; elle est, en outre, de 8 jours à 3 mois d'emprisonnement, s'il y a nouvelle récidive.

Si le coupable n'est pas assez solvable pour payer l'amende, elle est convertie en un emprisonnement d'un jour par 5 florins (12 fr. 50).

IV

CONVENTION INTERNATIONALE FRANCO-AUTRICHIENNE
CONCERNANT LES DESSINS OU MODÈLES ET LES
MARQUES DE FABRIQUE

Les rapports entre la France et l'Autriche relativement aux dessins ou modèles industriels et aux marques de fabrique et de commerce, sont réglés par l'article 11 du traité du 11 décembre 1866.

Nature du droit. — Les sujets de l'un des Etats jouissent dans l'autre de la même protection que les nationaux.

Si le dessin ou modèle industriel ou de fabrique appartient au domaine public dans le pays d'ori[1] gine, il ne peut être l'objet d'une jouissance exclusive dans l'autre pays.

Durée du droit. — Le droit exclusif d'exploiter un dessin ou un modèle industriel ou de fabrique ne peut avoir, au profit des Autrichiens en France et des Français en Autriche, une durée plus longue que celle fixée par la loi du pays à l'égard des nationaux.

PROPRIÉTÉ LITTÉRAIRE ET ARTISTIQUE

I. ŒUVRES LITTÉRAIRES

Législation. — La loi fondamentale est celle du 19 octobre 1846, à laquelle il faut joindre les articles 1164 à 1170 du Code civil autrichien du 1er juin 1811, et le livre II du Code pénal du 3 septembre 1803.

Durée du droit. — L'auteur a la propriété de ses œuvres pendant sa vie, et ses héritiers ou ayants-cause pendant 30 ans, après l'année de son décès.

Pour les ouvrages posthumes, la durée est de 30 ans à partir de l'année de la première publication ; il en est de même des ouvrages anonymes, pseudonymes ou signés de plusieurs auteurs, lorsque sur le titre ou à la préface ne se trouvent pas les noms des auteurs ou éditeurs propriétaires.

Les académies, universités et autres institutions ou sociétés scientifiques et artistiques, sous la protection de l'Etat, ont un droit de 50 années ; les autres compagnies ou sociétés n'ont que 30 ans. Si l'ouvrage a plusieurs volumes, le délai ne court que du dernier, à moins qu'il ne s'écoule plus de trois ans entre chaque publication.

Nature de l'œuvre. — Les manuscrits non publiés ne peuvent être copiés sans la permission des auteurs.

Les leçons ou discours ayant un but d'agrément ou d'instruction ne peuvent être reproduits.

La traduction est protégée comme l'œuvre originale et ne peut être copiée, mais on peut faire une traduction de la même œuvre dans un style différent.

    auteur d'une œuvre originale peut empêcher

de la traduire en réservant son droit sur la page du titre et en faisant la traduction avant la fin de l'année.

Les ouvrages ou revues composés d'articles d'auteurs différents restent la propriété de l'éditeur ou entrepreneur. Mais on peut faire des extraits d'un ouvrage ou d'une revue si les passages cités n'excèdent pas une feuille d'impression, et à la condition d'en indiquer la source.

Les articles de journaux politiques peuvent être reproduits avec indication de la source.

Cession. — L'auteur qui a cédé une édition n'en peut faire une nouvelle si la précédente n'est pas épuisée.

Lorsqu'un éditeur s'est chargé des frais de la publication, il est propriétaire de l'ouvrage et l'auteur ne peut prétendre qu'au paiement du prix stipulé.

Dépôt. — Aucun dépôt n'est exigé.

Contrefaçon. — Toute reproduction illicite est une contrefaçon.

La vente d'exemplaires, contrefaits dans le pays ou à l'étranger, est prohibée comme la contrefaçon.

Procédure. — La contrefaçon ne peut être poursuivie que sur la plainte de la partie lésée, après saisie opérée si elle le requiert.

La poursuite a lieu comme en matière de contravention.

Pénalités. — L'amende est de 25 à 1,000 florins (62 fr. 50 à 2,500 francs), qui est remplacée par un emprisonnement de 8 jours à 3 mois, en cas d'insolvabilité. Des dommages-intérêts sont accordés, en outre, au plaignant qui peut se faire attribuer en déduction les exemplaires contrefaits. Sinon ils sont détruits, ainsi que les clichés, planches et moules ayant servi à la contrefaçon.

Si le contrefacteur est insolvable, il est condamné à un emprisonnement proportionnel au chiffre de l'amende.

II. œuvres dramatiques et musicales

Publication. — Les règles sont les mêmes que pour les œuvres littéraires proprement dites.

Représentation. — *Durée.* — Les auteurs ont, pendant toute leur vie, le droit d'autoriser la représentation ou l'exécution en public de leurs œuvres. Ce droit n'est accordé, après leur mort, que pour dix ans, à leurs héritiers ou ayants cause. Si l'œuvre est anonyme ou posthume, le délai de dix ans ne court qu'à partir de la première publication.

Pénalités. — L'exécution non autorisée par l'auteur d'une œuvre dramatique ou musicale est punie d'une amende de 10 à 200 florins (25 à 520 fr.), remplacée par un emprisonnement proportionnel en cas d'insolvabilité.

Les dommages-intérêts doivent s'élever à une somme au moins égale à la totalité de la recette brute, et les copies, partitions, rôles, sont confisqués.

III. ŒUVRES D'ART

Législation. — Les lois sont les mêmes que pour la propriété littéraire.

Durée du droit. — La durée est la même que pour les œuvres littéraires, c'est-à-dire de 50 ans pour les héritiers ou ayants-cause.

Nature du droit. — Ne sont point interdits : l'usage que l'on peut faire d'un ouvrage d'art comme modèle dans les manufactures et pour les ouvrages à la main ; la reproduction d'un dessin par la sculpture et réciproquement ; enfin toute reproduction d'œuvre d'art. L'auteur peut empêcher cette reproduction en s'en réservant le droit exclusif au moment de la publication, et à la condition d'user de ce droit dans les deux années suivantes.

IV. CONVENTION INTERNATIONALE FRANCO - AUTRICHIENNE CONCERNANT LA PROPRIÉTÉ LITTÉRAIRE ET ARTISTIQUE.

Une convention internationale du 11 décembre 1866 a réglé les rapports entre la France et l'Autriche relativement à la propriété littéraire et artistique.

Cette convention a été conclue, comme le traité de commerce de la même date, pour dix années à partir du 1er janvier 1877 ; depuis l'expiration du terme fixe, elle continue d'être en vigueur d'année en année jusqu'à ce qu'elle ait été dénoncée un an à l'avance.

Avant cette convention le droit des auteurs français n'en était pas moins protégé en Autriche, la loi autrichienne du 19 octobre 1846 garantissant les ouvrages publiés à l'étranger à condition de réciprocité ; et cette réciprocité existait depuis le décret français du 28 mars 1852.

L'exécution de la convention du 11 décembre 1866 a été réglée pour la France par décret du 20 février 1867 pour les dispositions transitoires. Voici l'analyse méthodique et détaillée de la convention :

Droits des auteurs. — Les auteurs de toutes productions du domaine littéraire ou artistique, jouissent, dans chacun des deux Etats réciproquement, des avantages qui y sont ou y seront attribués par la loi à la propriété des ouvrages de littérature ou d'art, et ils ont la même protection et le même recours légal contre toute atteinte portée à leurs droits que si cette atteinte avait été commise à l'égard d'auteurs d'ouvrages publiés pour la première fois dans le pays même.

Toutefois, ces avantages ne leur sont réciproquement assurés que pendant l'existence de leurs droits dans le pays où la publication originale a été faite, et la durée de leur jouissance dans l'autre pays ne peut excéder celle fixée par la loi pour les auteurs nationaux. (*Art.* 1.)

Les mandataires légaux ou ayants-cause des

auteurs, traducteurs, compositeurs, dessinateur
peintres, sculpteurs, graveurs,. lithographes, etc.
jouissent réciproquement, et à tous égards, de
mêmes droits que ceux que la présente conventio
accorde aux auteurs, traducteurs, compositeurs
dessinateurs, peintres, sculpteurs, graveurs et litho
graphes eux- mêmes. (*Art.* 7.)

Formalités. — La jouissance des bénéfices d
la protection est subordonnée à l'accomplissement
dans le pays d'origine, des formalités qui son
prescrites par la loi pour assurer la propriété des
ouvrages de littérature ou d'art.

Pour les livres, cartes, estampes, gravures, lithographies ou œuvres musicales publiées pour la première fois dans l'un des deux Etats, l'exercice du
droit de propriété dans l'autre Etat est, en outre,
subordonné à l'accomplissement préalable, dans ce
dernier, de la formalité de l'enregistrement effectuée de la manière suivante : Si l'ouvrage a paru
pour la première fois en Autriche, il doit être enregistré à Paris au ministère de l'intérieur, si l'ouvrage a paru pour la première fois en France, il
doit être enregistré à Vienne au ministère des
affaires étrangères.

L'enregistrement se fait de part et d'autre, sur la
déclaration écrite des intéressés, laquelle peut être
respectivement adressée soit auxdits ministères,
soit aux missions diplomatiques des deux pays.
Dans tous les cas, la déclaration doit être présentée

dans les trois mois qui suivent la publication de l'ouvrage dans l'autre pays, pour les ouvrages publiés postérieurement à la mise en vigueur de la présente convention, et dans les trois mois qui suivent cette mise en vigueur, pour les ouvrages publiés antérieurement.

A l'égard des ouvrages qui paraissent par livraisons, le délai de trois mois ne commence à courir qu'à dater de la publication de la dernière livraison, à moins que l'auteur n'ait indiqué son intention de se réserver le droit de traduction, auquel cas chaque livraison est considérée comme un ouvrage séparé.

La formalité de l'enregistrement fait sur des registres spéciaux tenus à cet effet ne donne, de part et d'autre, ouverture à la perception d'aucune taxe.

Les intéressés reçoivent un certificat authentique de l'enregistrement ; ce certificat est délivré gratis, sauf, s'il y a lieu, les frais de timbre. Ce certificat relate la date précise à laquelle la déclaration a eu lieu. Il contient le titre de l'ouvrage, le nom de l'auteur et de l'éditeur, et toutes les indications requises pour constater l'identité de l'ouvrage. Il fait foi dans toute l'étendue des territoires respectifs et constate le droit exclusif de propriété et de reproduction aussi longtemps que quelque autre personne n'a pas fait admettre en justice un droit mieux établi. (*Art.* 2.)

Nature de l'œuvre. — Les ouvrages du domaine littéraire et artistique sont en général : les livres, brochures ou autres écrits, œuvres de dessin, de peinture, de sculpture, de gravure, de lithographie, etc. (*Art.* 1.)

Articles des journaux. — Les articles extraits des journaux ou recueils périodiques publiés dans l'un des deux pays, peuvent être reproduits ou traduits dans les journaux ou recueils périodiques de l'autre pays, pourvu qu'on y indique la source à laquelle on les aura puisés.

Toutefois, cette faculté ne s'étend pas à la reproduction ou traduction, dans l'un des deux pays, des articles de journaux ou de recueils périodiques publiés dans l'autre, lorsque les auteurs ont formellement déclaré, dans le journal ou le recueil même où ils les auront fait paraître, qu'ils en interdisent même la reproduction ou la traduction. En aucun cas, cette interdiction ne peut atteindre les articles de discussion politique. (*Art.* 8.)

Traductions. — Sont expressément assimilées aux ouvrages originaux les traductions faites, dans l'un des deux États, d'ouvrages nationaux ou étrangers. Ces traductions jouissent, à ce titre, de la protection internationale, en ce qui concerne leur reproduction non autorisée dans l'autre État. Il est bien entendu, toutefois, que l'objet de cette disposition est simplement de protéger le traducteur par rapport à la version qu'il a donnée de l'ouvrage original, et non pas de conférer le droit exclusif de traduction au premier traducteur d'un ouvrage quelconque écrit en langue morte ou vivante, hormis le cas suivant. (*Art. 4.*)

Traductions. — L'auteur de tout ouvrage publié dans l'un des deux pays jouit de la même protection que les auteurs nationaux contre la publication, dans l'autre pays, de toute traduction du même ouvrage non autorisée par lui, sous la condition, toutefois, d'avoir indiqué en tête de son ouvrage son intention de se réserver le droit de traduction.

Pour les ouvrages publiés par livraisons, il suffit que la déclaration de l'auteur, qu'il entend se réserver le droit de traduction, soit exprimée sur la première livraison de chaque volume.

Les auteurs d'ouvrages dramatiques jouissent réciproquement des mêmes droits relativement à la traduction ou la représentation des traductions de leurs ouvrages. (*Art. 5.*)

Œuvres dramatiques ou musicales. — La convention s'applique également à l'exécution ou représentation des œuvres dramatiques ou musicales publiées, exécutées ou représentées pour la première fois dans l'un des deux pays après la mise en vigueur de cette convention. (*Art. 3.*)

Contrefaçon. — En cas de contravention à ces dispositions, la saisie des objets de contrefaçon est opérée, et les tribunaux appliquent les peines déterminées par les législations respectives de la même manière que si l'infraction avait été commise au préjudice d'un ouvrage ou d'une production d'origine nationale.

Les caractères constituant la contrefaçon sont déterminés par les tribunaux de l'un ou de l'autre pays d'après la législation en vigueur de chacun des deux États. (*Art.* 10.)

La vente et l'exposition, dans chacun des deu États, d'ouvrages ou d'objets de reproduction non autorisée sont considérées comme contrefaçon.

Lorsque l'auteur a cédé son droit de publication ou de reproduction à un éditeur dans le territoire de l'un ou l'autre des deux États, sous la réserve que les exemplaires ou éditions de cette œuvre ainsi publiés ou reproduits ne pourront être vendus dans l'autre pays, ces exemplaires ou éditions sont respectivement considérés comme reproduction illicite ; mais ils sont admis au transit dans chacun des deux pays à destination d'un pays tiers, (*Art.* 6.)

Surveillance de l'État. — Les dispositions de la convention ne peuvent porter préjudice, en quoi que ce soit, au droit qui appartient à chacun des deux États de permettre, de surveiller ou d'interdire, par des mesures de législation ou de police intérieure, la circulation, la représentation ou l'exposition de tout ouvrage ou publication à l'égard desquels l'autorité compétente aurait à exercer ce droit, et aussi au droit de prohiber l'importation

dans ses propres États des livres qui, d'après ses
lois antérieures ou des stipulations souscrites avec
d'autres puissances, sont ou seraient déclarés être
des contrefaçons. (*Art.* 14.)

Douane et transit. — Les objets suivants, savoir :
livres en toutes langues, estampes, gravures, lithographies et photographies, cartes géographiques
ou marines, musique, planches gravées en acier,
cuivre ou bois, et pierres lithographiques couvertes
de dessins, gravures ou écritures, destinées à l'impression sur papier, tableaux et dessins, sont réciproquement admis en franchise de droits, sans
certificats d'origine. (*Art.* 12.)

Les livres d'importation licite venant d'Autriche
sont admis en France, et les livres d'importation
licite venant de France sont admis en Autriche par
des bureaux désignés. (*Art.* 13.)

ESPAGNE

PROPRIÉTÉ INDUSTRIELLE

I. Brevets d'invention.

Législation. — La loi du 27 mars 1826 et les trois ordonnances des 14 juin 1829, 13 décembre1829 et 11 janvier 1849 sont les documents législatifs sur cette matière.

Forme du brevet. — Le brevet est signé par le souverain, et il en est délivré expédition au déposant. Les
concessions sont publiées dans la *Gazette officielle.*

Nature des brevets. — On distingue deux sortes de
brevets : le brevet d'invention ou de perfectionnement,
et le brevet d'importation ou introduction.

Le premier peut être accordé pour toute découverte
ou tout perfectionnement qui n'ont encore été prati-
qués ni en Espagne ni en aucun pays étranger.

Le second est accordé lorsque l'invention a été déjà
pratiquée à l'étranger. Le droit exclusif de l'intérieur
que confère ce dernier brevet n'empêche pas d'introduire en Espagne des produits semblables fabriqués
à l'étranger, si l'entrée n'en est prohibée par disposition spéciale.

Les brevets peuvent être accordés aux nationaux et aux étrangers.

Garantie. — La concession des brevets n'a lieu qu'après examen préalable par une commission du conseil des finances qui vérifie si les formalités ont été remplies, mais sans garantie du gouvernement.

Durée. — Les brevets d'invention sont délivrés pour cinq, dix ou quinze ans, au choix du demandeur; si le brevet est délivré pour cinq ans, il peut être prolongé lorsqu'il y a des raisons valables; il ne peut être prolongé, s'il a été pris pour dix ans.

Les brevets d'importation ne sont délivrés que pour cinq ans et peuvent être prolongés pour dix ou quinze ans sur demande nouvelle.

Les délais courent à partir de la date de la signature royale.

Taxe. — La taxe pour l'Espagne ou les colonies (Cuba, Puerto-Rico, Iles Philippines) est : pour les brevets d'invention de cinq ans, 1,000 réaux (270 francs), de dix ans, 3,000 réaux (810 francs), de quinze ans, 6,000 réaux (1,620 francs). Il faut ajouter un droit fixe de 80 réaux (21 francs) pour frais d'expédition du brevet.

Si le brevet est demandé pour l'Espagne et les colonies, il faut payer autant de taxes qu'il y a de colonies faisant l'objet du brevet.

La taxe du brevet d'introduction de cinq ans est de 3,000 réaux (810 francs).

Formalités. — La demande doit être rédigée sur grand papier, timbré sous forme de pétition au souverain; elle doit être remise par l'inventeur ou son fondé de pouvoirs à l'intendance de Madrid sous enveloppe cachetée, indiquant le titre de l'invention, les nom, prénoms, qualités et domicile du pétitionnaire.

La pétition doit énoncer l'objet du brevet et le temps

pour lequel il est demandé ; il faut y joindre un mémoire explicatif de l'invention et les dessins ou modèles nécessaires pour comprendre la description.

Lorsqu'après examen de la pétition par une commission du Conseil des finances, le brevet a été accordé, le déposant doit en retirer expédition et payer la taxe dans les trois mois à partir du dépôt.

Cession et mutation. — Tout transfert doit être opéré par acte authentique. Dans le délai de trente jours, à peine de nullité de la cession, une copie doit en être transmise à l'intendant qui a reçu la demande de brevet.

Nullité. — Le brevet d'invention est nul, lorsque l'objet breveté était antérieurement connu et exécuté en Espagne, ou à l'étranger, alors qu'il ne s'agit pas d'un brevet d'importation.

Déchéance. — Il y a déchéance : 1° à l'expiration du terme fixé ; 2° si le demandeur n'a pas payé les taxes dans les trois mois du dépôt et retiré l'expédition du brevet ; 3° s'il n'a pas dans le délai d'un an demandé au chef de la province de constater qu'il a exploité son invention.

Pénalités. — Le contrefacteur est condamné à la confiscation, au profit des brevetés, des machines, produits, appareils, et en outre à des dommages-intérêts équivalant à trois fois la valeur des objets d'après évaluation d'experts.

II. Dessins et modèles de fabrique.

La propriété des dessins et modèles n'est point réglementée.

III. Marques de fabrique.

Législation. — La loi fondamentale est celle du 20 novembre 1850 à laquelle il faut joindre l'article 217 du Code pénal.

Nature de la marque. — Toute désignation peut servir de marque, à l'exception des armes royales, des insignes et décorations espagnoles qui ne peuvent être employées sans autorisation spéciale.

Durée. — Il n'y a aucune limite assignée au privilége.

Taxe. — La somme de 100 réaux (25 francs), doit être payée à l'Université de Madrid dans les trois mois à partir du jour du dépôt.

Garantie. — Le Conservatoire des arts recherche si la marque a déjà été employée pour un produit de la même classe.

Formalités. — La demande contenant le nom du propriétaire doit être remise au gouvernement de la province du domicile du requérant avec description de la marque et indication de la matière ou produit sur lequel elle doit être appliquée.

Dans le cas où l'impression de la marque constitue un secret que le demandeur désire conserver, l'indication du procédé est remise avec déclaration dans la demande, sous enveloppe cachetée, qui n'est ouverte qu'en cas de litige.

Les certificats de dépôt sont délivrés par les gouverneurs des provinces, et les pièces sont envoyées au ministre du commerce et des travaux publics avec les autres documents présentés.

Publicité. — Le *Journal officiel* publie les demandes, et dans le délai de 30 jours des réclamations peuvent être portées devant les tribunaux compétents. S'il n'y a pas de réclamation, un titre de propriété est envoyé au requérant.

Cession. — Les transferts d'une marque ne sont point valables sans un nouvel enregistrement.

Déchéances. — La délivrance du titre est non avenue si la taxe n'a pas été payée en temps utile.

Contrefaçon. — La contrefaçon ne peut être poursuivie si l'on n'a préalablement obtenu le titre de propriété. Si l'on n'a pas poursuivi la contrefaçon pendant dix ans, la péremption est présumée, mais susceptible de discussion ; s'il s'est écoulé vingt ans, elle est acquise complétement.

Pénalités. — La peine, indépendamment des dommages-intérêts, est l'emprisonnement et l'amende.

IV. Droit international.

Un arrêté ministériel du 14 août 1873 déclare : « Que les étrangers dont le pays n'a pas de traité de réciprocité, sont soumis néanmoins à la législation ordinaire. » Il faut donc, pour que les marques étrangères soient protégées en Espagne, y obtenir le titre de propriété sur demande adressée au ministère du commerce et des travaux publics.

PROPRIÉTÉ LITTÉRAIRE ET ARTISTIQUE

I. Œuvres littéraires.

Législation. — La loi du 10 juin 1847 qui formait un code sur la matière a été remplacée par une autre loi plus complète encore, votée par le congrès des députés le 7 juillet 1877.

Durée du droit. — L'auteur ou les propriétaires de l'œuvre jouissent du droit de propriété pendant leur vie. Ce droit passe à leurs héritiers légitimes ou testamentaires pendant quatre-vingts ans à partir de la mort du propriétaire.

Toutefois l'œuvre tombe dans le domaine public s'il se passe vingt ans sans que l'œuvre ait été réimprimée, à moins que l'auteur ou ses ayants cause ne prouvent que des exemplaires ont toujours été offerts à la vente pendant cette période.

Nature du droit. — Nul ne peut reproduire une œuvre d'un auteur sans sa permission ni la commenter, y faire des additions ou améliorations.

Le traducteur a le même droit que l'auteur sur sa traduction. De même le propriétaire d'œuvres posthumes lorsqu'il les publie ; l'éditeur est traité comme propriétaire des œuvres anonymes, à moins que postérieurement l'auteur ne se fasse connaître, à la condition qu'il n'ait pas aliéné ses droits.

Les discours parlementaires peuvent être reproduits dans les journaux, mais non sous une autre forme.

Les écrits et plaidoyers des avocats ne peuvent être réunis en collection sans la permission du tribunal et le consentement des parties qui en ont payé les frais. Il en est de même des différentes pièces d'un procès.

Cession. — L'impôt de transmission des droits de propriété est réglé par les lois de finances.

Dépôt. — Deux exemplaires signés de l'auteur, du traducteur, de l'éditeur ou de l'imprimeur doivent être déposés dans un bureau spécial de ce ministère.

Les œuvres sont inscrites par ordre de date sur un registre avec indication du lieu, de l'année et de la maison de vente; le relevé des inscriptions faites est envoyé tous les six mois pour être porté au registre général de la propriété intellectuelle.

Ce dépôt et ces inscriptions doivent être faits dans l'année de la publication; sinon l'œuvre tombe dans le domaine public; toutefois l'enregistrement peut encore avoir lieu en seconde année et en ce cas l'œuvre ne peut être publiée librement que pendant dix ans.

Contrefaçon. — Les délits sont imputés à l'auteur, à son défaut à l'éditeur, puis à l'imprimeur, sauf preuve contraire.

Pénalités. — Les usurpateurs de la propriété littéraire, outre les peines édictées au Code pénal, encourent la perte de tous les exemplaires illégalement publiés qui sont remis à l'auteur ou à ses ayants-droit.

II. Œuvres dramatiques et musicales.

Législation. — La loi est la même que pour les œuvres littéraires proprement dites.

Publication. — Les règles sont les mêmes que pour les autres œuvres.

La prohibition s'étend aux copies faites à la main, aux publications partielles d'œuvres musicales et aux arrangements pour instruments.

Représentation. Durée. — La durée est la même que pour la publication.

Nature du droit. — Le droit est dû par tout établissement ou société où l'on perçoit une contribution pécuniaire sous quelque dénomination que ce soit.

La rétribution est fixée de gré à gré, et dans le cas où elle ne l'a pas été, on applique le tarif fixé par le gouvernement.

Les droits de représentation d'une œuvre lyrico-dramatique sont partagés par égale portion entre l'auteur des paroles et l'auteur de la musique qui restent séparément maîtres de leur œuvre.

Dépôt. — Lorsque l'œuvre est représentée avant d'être publiée, l'enregistrement n'en doit pas moins avoir lieu ainsi que le dépôt. Mais en ce cas on n'exige que le dépôt d'un seul exemplaire manuscrit.

Pénalités. — L'exécution frauduleuse d'une œuvre dramatique ou musicale dans un lieu public, indépendamment des peines édictées par le Code pénal, est frappée de la perte du produit total de la recette, lequel est remis à l'auteur de l'œuvre exécutée.

III. Œuvres d'art.

La loi est la même que pour les œuvres littéraires; mais l'enregistrement n'est pas accompagné du dépôt.

IV. Droit international et convention franco-espagnole concernant la protection littéraire et artistique.

Droit international.

Les sujets des Etats qui reconnaissent la propriété intellectuelle jouissent de protection en Espagne à la condition d'observer les règles de la loi espagnole.

La traduction est réglée d'une façon exceptionnelle. Le propriétaire d'une œuvre étrangère en exerce la propriété sous toutes ses formes selon les lois de son pays; il a droit à la propriété des traductions pour le temps pendant lequel il possède l'œuvre originale dans le pays où elle a été publiée pour la première fois et conformément aux lois de ce pays.

La traduction autorisée par le propriétaire et imprimée à l'étranger suit la loi étrangère; si elle est imprimée en Espagne, elle suit la loi espagnole.

Le traducteur d'une œuvre tombée dans le domaine public n'a de droit de propriété que sur sa traduction et ne peut empêcher que l'œuvre ne soit traduite en des termes différents par d'autres personnes.

Toutes les conventions internationales avec la France, l'Angleterre, la Belgique, la Sardaigne, le Portugal et la Hollande doivent être dénoncées pour être adaptées à la nouvelle loi et assurer aux sujets de l'un des États la protection dans l'autre, même sur les traductions, sans avoir à remplir d'autres formalités légales que celles du pays d'origine.

Convention internationale franco-espagnole.

La convention internationale suivante du 15 novembre 1853 n'avait été conclue que pour quatre ans; mais elle se prolonge jusqu'à ce qu'elle ait été dénoncée un an à l'avance.

Droits des auteurs. — Les auteurs exercent simultanément, dans toute l'étendue des deux pays, leur droit de propriété sur les œuvres littéraires, scientifiques et artistiques, conformément aux lois, ordonnances et règlements qui le leur garantissent ou garantiront par la suite, dans chaque Etat, contre les contrefaçons.

Le droit de propriété littéraire des Espagnols en France et des Français en Espagne dure pour les auteurs toute leur vie, et se transmet, pour vingt ans, à leurs héritiers directs ou testamentaires, et pour dix ans à leurs héritiers collatéraux.

Les représentants légaux, les ayants-cause ou mandataires légitimes des auteurs d'œuvres littéraires, scientifiques et artistiques, seront à tous égards traités sur le même pied que les auteurs eux-mêmes. (Art. 1.)

Pénalités. — Pour que les auteurs et leurs ayants-droit puissent jouir de la protection qui leur est accordée par l'article premier, il est nécessaire qu'ils se conforment, au préalable, aux dispositions suivantes : ils font la déclaration de leur ouvrage et en déposent gratuitement deux exemplaires aux lieux ci-après désignés, savoir : 1° Si l'ouvrage a paru pour la première fois en France, à l'établissement public désigné à cet effet à Madrid ; 2° Si l'ouvrage a paru pour la première fois en Espagne, au bureau de la librairie du ministère de l'intérieur à Paris.

Ce dépôt et l'enregistrement qui en sera fait sur les registres spéciaux ouverts, à cet effet, dans les deux établissements ne donnent lieu à aucuns frais autres que le prix du papier timbré du certificat. Ce certificat fait foi, tant en jugement que hors, dans toute l'étendue des territoires respectifs, et constate le droit exclusif de propriété, de publication ou de reproduction, aussi longtemps que quelque autre personne n'a pas fait admettre en justice un droit mieux établi.

Ces formalités du dépôt et de l'enregistrement doivent être remplies dans les trois mois qui suivent la première publication de l'ouvrage dans le pays où il a été publié.

Ces formalités ne sont naturellement pas applicables aux ouvrages de peinture et de sculpture, qui sont l'objet d'un règlement spécial.

A l'égard des ouvrages publiés séparément par volumes ou par livraisons, chaque volume ou chaque livraison est considéré comme un ouvrage séparé. (Art. 78.)

Nature de l'œuvre. — Sont considérés comme œuvres littéraires, scientifiques et artistiques, les livres, les compositions dramatiques et musicales, les tableaux, les dessins, les gravures, les lithographies, les sculptures, les cartes géographiques et toutes autres productions analogues.

En attendant la concorde des législations respectives, un règlement spécial détermine l'exercice du droit de propriété artistique dans les deux pays.

Les objets d'art destinés à l'agriculture et à l'industrie manufacturière ne se trouvent pas compris dans le traité. (Art. 1.)

Articles de journaux. — La protection s'applique également aux ouvrages publiés pour la première fois dans un journal, ainsi qu'aux sermons, mémoires, leçons et autres discours prononcés en public et ne formant pas collection, à partir du moment où les lois des deux Etats garantiront protection à ces productions.

Dans aucun cas un ouvrage publié pour la première fois dans un journal né peut être reproduit dans un autre, sans qu'il y soit fait mention du journal original et du nom de l'auteur de l'ouvrage, s'il s'y trouve indiqué. (Art. 6.)

Traduction. —La protection accordée aux œuvres originales s'étend aux traductions.

Toutefois, l'objet du présent article est simplement de protéger le traducteur, sous les conditions ci-après exprimées, par rapport à sa propre traduction, et non pas de conférer le droit exclusif de traduction au premier traducteur d'un ouvrage quelconque, hormis dans le cas et les limites prévus par les dispositions suivantes. (Art. 2.)

L'auteur de tout ouvrage publié dans l'un des deux pays, qui entend réserver son droit de traduction, jouit pendant cinq années, à partir du jour de la première publication de la traduction de son ouvrage autorisée par lui, du privilége de protection contre la publication dans l'autre pays, de toute traduction du même ouvrage non autorisée par lui, pourvu que la sienne soit publiée dans le délai de six mois, à partir de la publication de l'œuvre originale, et que l'auteur ait rempli toutes les formalités prescrites à cet effet. (Art. 3.)

Pour que ce droit sur les traductions puisse être exercé par l'auteur, il doit, lorsqu'il fait paraître l'ouvrage original, déclarer, en tête dudit ouvrage, qu'il se réserve le droit de traduction, et, la publier, si l'ouvrage ne se compose que d'un seul volume, dans les premiers six mois qui en suivent la publication.

Si l'auteur publie à la fois deux ou plusieurs volumes d'un même ouvrage, le délai est augmenté d'autant de fois six mois que l'ouvrage publié comprend de volumes, de telle sorte que le deuxième volume doit paraître dans les douze mois au moins qui suivent l'accomplissement desdites formalités de dépôt, et ainsi de suite. A l'égard des ouvrages qui paraissent par volumes séparés ou par livraisons, il suffit que cette déclaration soit faite en tête du premier volume ou de la première livraison.

Cependant, la traduction d'un ouvrage publié par livraisons doit paraître, au plus tard, dans les trois premiers mois qui suivront le dépôt de chacune d'elles. (Art. 8 et 10.)

La protection du droit de traduction n'a pas pour objet d'interdire les imitations et les appropriations faites de bonne foi des œuvres littéraires, scientifiques, dramatiques, de musique et d'art, en France et en Espagne, mais seulement d'en prévenir les contrefaçons, les réimpressions, les représentations et copies faites au préjudice des intérêts et des droits spécialement réservés aux auteurs et aux inventeurs. (Art. 5.)

Œuvres dramatiques. — La traduction des œuvres dramatiques confère ces mêmes droits à l'auteur de l'original, si toutefois la traduction faite pour son compte ou avec son consentement est publiée dans les trois premiers mois, et qu'il ait rempli les autres formalités.

Le droit de subvention des auteurs dramatiques sur les représentations, dans les pays où la traduction de leur ouvrage est mise en scène, est fixé au quart des droits que les lois du pays accordent au traducteur. Ce quart se trouve compris dans le montant total des droits que les entreprises théâtrales ont à payer aux traducteurs.

Les droits des compositeurs de musique sont assimilés à ceux des auteurs originaux, pourvu que le poëme soit écrit dans la langue originale. (Art. 4.)

La réserve du droit de traduction d'une œuvre dramatique, avec obligation de la faire paraître dans un temps déterminé, est fixée à une durée de trois mois à compter du jour du dépôt et de l'enregistrement, par assimilation sous ce rapport des œuvres aux livraisons des ouvrages dramatiques de toute autre nature. (Art. 9.)

Contrefaçon. — Les tribunaux compétents de l'un et de l'autre Etat, et conformément à la législation en vigueur dans chacun d'eux, sont compétents pour résoudre, dans tous les cas, les questions auxquelles donneraient lieu les contrefaçons, falsifications, imitations ou copies desdites œuvres et faire opérer la saisie. (Art. 5 et 15.)

Surveillance de l'Etat. — Chacun des deux Etats parties contractantes conserve expressément le droit de permettre, de surveiller ou d'interdire par des mesures législatives ou administratives, la circulation, la représentation ou l'exposition de tout ouvrage ou production, et aussi de prohiber la circulation et l'introduction dans ses propres Etats des livres qui, conformément à ses lois intérieures ou à des stipulations en vigueur avec d'autres puissances, sont ou seraient par la suite déclarés être des contrefaçons du droit d'auteur. (Art. 16.)

Douane et transit. — L'introduction, même en transit, la vente et l'exposition des ouvrages ou objets reproduits en contrefaçon, demeurent interdites dans chacun des deux pays, soit que ces reproductions viennent de l'un des deux pays, soit qu'elles viennent de quelque autre pays étranger.

Toute tentative pour introduire en fraude de semblables ouvrages ou objets est traitée et réprimée comme toute autre opération ordinaire quelconque de commerce interlope. (Art. 11.)

La reconnaissance et la vérification de nationalité desdits ouvrages se fait dans les bureaux désignés à cet effet avec le concours des agents particuliers chargés, dans les deux pays, de l'examen des livres arrivant de l'étranger ou destinés à l'exportation.

En cas d'infraction aux dispositions du traité, il en est dressé procès-verbal, lequel, dûment légalisé, est adressé, dans le plus bref délai possible, aux agents

diplomatiques ou consulaires respectifs et aux parties
intéressées, par l'entremise des autorités compétentes
de l'État sur le territoire duquel la contravention aura
été commise. (Art. 12.)

Pour faciliter l'exacte exécution des dispositions relatives à l'entrée et au transit, il est convenu que tous
les ouvrages expédiés, même en transit, à destination
de l'un des deux Etats ou de tout autre Etat quelconque, d'ailleurs que de l'autre Etat, doivent, lorsqu'ils
sont rédigés dans la langue de l'un de ces deux
Etats, être accompagnés de certificats délivrés par les
autorités supérieures compétentes du pays de leur provenance. Ce certificat énonce, d'une part, le titre, la
liste complète et le nombre d'exemplaires des ouvrages
auxquels il s'applique, et constate que ces mêmes ouvrages sont tous publications originales et propriété légale
des pays de provenance, ou qu'ils y ont été naturalisés
par le payement des droits d'entrée.

Toute œuvre littéraire, scientifique ou artistique qui,
dans les cas prévus par le présent article, n'est pas
accompagnée de certificats en due forme, est par
cela seul et conformément aux prescriptions de l'article précédent, réputée contrefaite, et l'importation ou
l'exportation en est rigoureusement interdite aux fron-
tières ou ports respectifs. (Art. 13.)

PORTUGAL

PROPRIÉTÉ INDUSTRIELLE

I. — BREVETS D'INVENTION.

Législation. — La législation sur les brevets d'invention est renfermée dans une loi du 31 décembre 1852, articles 309, 378, 379 et 385 du code pénal, et le titre Ier du code de procédure du 2 novembre 1876.

Nature de brevet. — Le brevet est au x accordé aux inventeurs de productions et découvertes nouvelles, qu'ils soient nationaux ou étrangers.

On distingue deux sortes de brevets : le brevet d'invention ou de perfectionnement, et le brevet d'importation ou d'introduction.

Le brevet de perfectionnement peut être remplacé par un certificat d'addition pour le temps à courir jusqu'à l'expiration du brevet d'invention.

Garantie. — Les brevets donnent un caractère authentique aux déclarations de l'inventeur ; mais ne garantissent pas la réalité, la priorité et le mérite de l'invention.

Durée. — La durée des brevets d'invention est de 5, 10 ou 15 ans, selon la demande, et sans prorogation possible du terme demandé.

La durée des brevets d'importation est réglée ainsi qu'il suit :

Si l'importateur est en même temps l'inventeur et que sa découverte soit déjà privilégiée en sa faveur à l'étranger, le brevet est accordé pour le temps qui reste à courir pour le privilége, pourvu que ce terme ne dépasse pas quinze ans.

Si l'importateur de la découverte brevetée à l'étranger n'est pas l'inventeur, le gouvernement, s'il le juge convenable, peut accorder un brevet, dont la durée ne doit, dans aucun cas, excéder cinq ans.

Taxe. — La taxe est de 5000 réis (27 fr. 90) pour chaque année ; les frais sont en outre d'environ 200 fr.

Si l'invention est un procédé chimique, l'inventeur dépose un cautionnement de 1 million de réis garantissant qu'après l'expiration du privilége, le procédé sera mis en pratique trois fois devant toutes personnes qui voudront en avoir connaissance.

Formalités. —La description exacte des principes, moyens et procédés qui constituent la découverte, doit être déposée à l'administration générale de la province, ainsi que les plans, coupes, dessins et modèles qui y ont rapport ; le tout en double exemplaire sous pli cacheté.

S'il s'agit d'une invention déjà brevetée à l'étranger, il faut déposer une copie authentique, légalisée, du brevet étranger ; et si le dépôt est fait par mandataire, on doit présenter une procuration légalisée par le consul de Portugal.

Publicité. — Les inventeurs et introducteurs privilégiés doivent exposer publiquement leurs ouvrages d'art en plein exercice, au moins deux fois par mois, après une annonce faite trois jours à l'avance dans le journal du gouvernement.

Cession. — La cession des brevets doit être enregistrée.

Déchéance. — Les brevets perdent leur validité lorsque les propriétaires n'ont point fait usage du privilége dans la première moitié du terme pour lequel il a été accordé.

Nullité. — Ils sont nuls lorsque les tribunaux les ont déclarés tels ou nuisibles, et ont ordonné la saisie de l'objet breveté ; mais l'action doit être intentée dans la première moitié de la concession.

Pénalités. — Les peines contre les contrefacteurs

sont un emprisonnement de trois à douze ans, une amende de 25,000 à 1 million de réis (140 à 5,600 fr.), et la confiscation des produits contrefaits, sans préjudice des dommages-intérêts, s'il y a lieu.

Les vendeurs peuvent être condamnés à une détention de trois à douze jours, et à une amende de 1,000 à 20,000 réis (5 fr. 60 à 112 fr.)

II. — DESSINS ET MODÈLES DE FABRIQUE.

Législation. — Le Code pénal portugais protége la propriété des dessins et modèles.

Le traité de commerce du 11 juillet 1866, établit la protection par réciprocité entre la France et le Portugal. (*Voir* § IV.)

Formalités. — Le dépôt des dessins ou modèles doit être fait au greffe du tribunal de première instance à Lisbonne, et peut être effectué par mandataire.

III. — MARQUES DE FABRIQUE.

Législation. — Le Code pénal protége la propriété des marques de fabrique.

Le traité de commerce du 11 juillet 1866 établit la réciprocité entre la France et le Portugal. (*Voir* § IV.)

Nature de la marque. — Elle consiste en tout

signe destiné à distinguer les produits d'une fabrique ou objets de commerce, tels que les noms sous
une forme distinctive, les dénominations, emblèmes, sceaux, vignettes, lettres, etc.

Les étrangers sont protégés comme les nationaux.

Formalités. — Le dépôt de la marque doit être
fait au greffe du tribunal de première instance à
Lisbonne.

Pénalités. — La contrefaçon des marques ou
l'usage de marques contrefaites ou appartenant à
autrui, la vente ou la mise en vente de produits
revêtus de marques contrefaites, sont punis d'une
amende de 10,000 à 600,000 réis (56 à 3,360 fr.)

L'imitation des marques dans le but de tromper
l'acheteur sur la provenance de la marchandise, et
l'usage de ces marques imitées, sont punis d'une
amende de 10,000 à 100,000 réis (56 à 560 fr.)

Un emprisonnement de 1 à 3 mois peut, en outre,
être prononcé dans tous les cas contre le délinquant.

La partie lésée peut obtenir des dommages-
intérêts.

IV. — CONVENTION INTERNATIONALE FRANCO-POR-
TUGAISE CONCERNANT LES MARQUES DE FABRIQUE.

Un traité de réciprocité, conclu le 11 juillet 1866,

entre la France et le Portugal, contient la clause
suivante relative aux marques de fabrique :

« En ce qui concerne les marchandises ou
leur emballage, les dessins et les marques de fabrique ou de commerce, les sujets de chacun des
États respectifs jouissent dans l'autre de la même
protection que les nationaux. » (*Art.* 7)

PROPRIÉTÉ LITTÉRAIRE ET ARTISTIQUE.

I. — ŒUVRES LITTÉRAIRES.

Législation. — La propriété littéraire est régie
par la loi du 8 juillet 1851 à laquelle il faut joindre
les articles 380 et suivants du Code pénal.

Durée du droit. — L'auteur conserve la propriété
de son œuvre pendant toute sa vie, et après son
décès, ses héritiers ou ayants cause jouissent du
même droit pendant 30 ans.

La propriété des œuvres posthumes dure 30 ans
au profit de l'éditeur à partir de la première publication, même si l'auteur est inconnu.

Il en est de même des œuvres anonymes jusqu'à
ce que l'auteur soit indiqué sur une édition, ce qui
les fait rentrer dès lors dans la règle ordinaire.

Pour les corps savants le privilége est de 30
ans,

Nature de l'œuvre. — La protection s'étend aux discours publics, leçons orales, sermons et aux traductions ; mais les discours parlementaires, judiciaires ou académiques peuvent être publiés dans les comptes-rendus des séances.

Les lettres particulières appartiennent à celui à qui elles ont été adressées et ne peuvent être publiées sans son consentement.

Les citations d'un livre et d'un journal sont autorisées à la condition d'en indiquer la source.

L'insertion d'une œuvre dans un journal ne dessaisit pas l'auteur du droit de le publier séparément.

Cession. — L'auteur peut céder son droit par vente, donation ou testament.

Dépôt. — Six exemplaires du livre doivent être déposés à la bibliothèque de Lisbonne.

Des extraits certifiés de l'enregistrement sont délivrés moyennant 200 réis (1 fr. 10).

Contrefaçon. — Celui qui croit avoir été offensé dans ses droits par un ouvrage, peut défendre la continuation de l'ouvrage commencé jusqu'à ce que le juge des pétitions ait décidé si le propriétaire qui a commencé l'ouvrage a le droit de l'achever ou s'il doit le détruire; l'action doit être intentée dans le délai de 15 jours.

Pénalités. — Le contrefacteur peut être con-

damné à une amende de 50,000 à 400,000 réis
(279 à 2,235 fr.) et, au profit de la partie lésée, à
la confiscation de l'ouvrage contrefait et à des
dommages-intérêts calculés sur le prix de 20,000
exemplaires de l'édition donnée par l'auteur, dont
il faut déduire la valeur des objets saisis s'ils sont
laissés à la partie lésée.

La peine de l'emprisonnement d'un an au plus
peut être prononcée en cas de récidive.

L'action doit être intentée avant un an et un
jour à partir de la contrefaçon.

II. — ŒUVRES DRAMATIQUES ET MUSICALES.

Législation. — La loi du 8 juillet 1851 traite des
œuvres dramatiques et musicales.

PUBLICATION. — Les règles sont les mêmes que
pour les autres œuvres littéraires, sauf pour le
dépôt.

Dépôt. — Le dépôt de six exemplaires doit avoir
lieu, non à la bibliothèque de Lisbonne, mais au
Conservatoire royal.

REPRÉSENTATION. — *Durée.* — Le terme est de
30 ans comme pour la publication.

Pour les œuvres posthumes, c'est-à-dire non représentées du vivant de l'auteur quoique publiées,
la durée du droit relatif à la représentation commence à partir de la première représentation.

Nature et quotité du droit. — La représentation ne peut avoir lieu sans l'autorisation de l'auteur; mais la loi a fixé le droit qui lui était dû; après le prélèvement d'un tiers pour les frais de la soirée, il prend un huitième des deux autres tiers pour une pièce originale en cinq actes, un dixième pour quatre actes, un douzième pour trois actes, un quatorzième pour deux actes, un seizième pour un acte.

Si l'ouvrage est un traducteur, le traduction a un tiers des droits ainsi fixés et le Conservatoire royal les deux autres tiers.

Si l'œuvre est tombée dans le domaine public, le Conservatoire royal perçoit à son profit les droits d'auteur.

Pénalités. — Le directeur de théâtre qui fait représenter une pièce sans l'autorisation écrite de l'auteur, est passible des mêmes peines que le contrefacteur. Il doit payer à titre de dommages-intérêts la recette brute effectuée, et en outre le bénéfice entier d'une recette.

Le refus de paiement ou de communication des registres est puni du double droit et en cas de récidive, de 4 à 9 fois le droit d'auteur; l'emprisonnement peut même être prononcé.

III. — ŒUVRES D'ART.

Législation. — A la loi de 1851 il faut ajouter le titre I du Code de procédure du 3 novembre 1876.

Nature de l'œuvre. — Les peintures, dessins, gravures, lithographies, sculptures sont l'objet de la protection.

L'artiste peut céder son droit de reproduction tout en conservant la propriété de l'œuvre originale ; le droit de propriété suit l'œuvre originale s'il n'est point fait de réserve.

Dépôt. — Le dépôt de six exemplaires doit être fait à l'Académie des beaux-arts de Lisbonne pour tout ce qui se rattache à l'art du dessin.

Pour les objets de sculpture et autres se reproduisant par le moulage, deux exemplaires seulement doivent être déposés, l'un à l'Académie des beaux-arts de Lisbonne, et l'autre à celle de Porto.

Contrefaçon. — Les auteurs ou propriétaires d'œuvres d'art peuvent saisir tous les exemplaires des éditions contrefaites et les instruments destinés à la contrefaçon.

1V. — DROIT INTERNATIONAL ET CONVENTION INTERNATIONALE FRANCO-PORTUGAISE CONCERNANT LA PROPRIÉTÉ LITTÉRAIRE ET ARTISTIQUE.

DROIT INTERNATIONAL.

L'article 32 de la loi du 8 juillet 1851 accorde protection aux étrangers a condition de réciprocité ; cet article est ainsi conçu :

« L'auteur ou le propriétaire d'un ouvrage imprimé originairement en pays étranger, qu'il soit portugais ou étranger, sera considéré comme regnicole, en ce qui concerne le droit de poursuivre judiciairement le contrefacteur de son œuvre, Portugais ou étranger, pourvu que le délit ait été commis sur le territoire portugais. La présente disposition ne s'appliquera qu'aux sujets des États qui, par les lois intérieures ou par des traités, assurent la même garantie aux ouvrages publiés en Portugal.»

CONVENTION INTERNATIONALE.

La convention conclue par le Portugal avec la France est du 11 juillet 1866, elle a été conclue pour 12 années comme le traité de commerce du même jour, et doit continuer à rester en vigueur jusqu'à ce qu'elle ait été dénoncée un an à l'avance.

En voici l'analyse détaillée :

Droits des auteurs. — Les auteurs de toutes productions du domaine littéraire ou artistique jouissent, dans chacun des deux États réciproquement, des avantages qui y sont ou y seront attribués par la loi à la propriété des ouvrages de littérature ou d'art, et ils ont la même protection et le même recours légal contre toute atteinte portée à leurs droits que si cette atteinte avait été commise à l'égard d'auteurs d'ouvrages publiés pour la première fois dans le pays même.

Toutefois, ces avantages ne leur sont réciproquement assurés que pendant l'existence de leurs droits dans le pays où la publication originale a été faite, et la durée de leur jouissance dans l'autre pays ne peut excéder celle fixée par la loi pour les auteurs nationaux (*Art.* 1).

Les mandataires légaux ou ayants cause des auteurs, traducteurs, compositeurs, dessinateurs, peintres, sculpteurs, graveurs, lithographes, etc., jouissent réciproquement et à tous égards, des mêmes droits que ceux que la Convention accorde aux auteurs, traducteurs, compositeurs, dessinateurs, peintres, sculpteurs, graveurs et lithographes eux-mêmes (*Art.* 7).

Formalités. — La jouissance du bénéfice de la protection est subordonnée à l'accomplissement, dans le pays d'origine, des formalités qui sont prescrites par la loi pour assurer la propriété des ouvrages de littérature ou d'art.

Pour les livres, cartes, estampes, gravures ou œuvres musicales publiés pour la première fois dans l'un des deux États, l'exercice du droit de propriété dans l'autre État est, en outre, subordonné à l'accomplissement préalable, dans ce dernier, de la formalité de l'enregistrement effectuée de la manière suivante :

Si l'ouvrage a paru pour la première fois en France, il doit être enregistré à Lisbonne, au ministère de l'intérieur ;

Si l'ouvrage a paru pour la première fois en Portugal, il doit être enregistré à Paris, au ministère de l'intérieur.

L'enregistrement se fait de part et d'autre, sur la déclaration écrite des intéressés, laquelle peut être respectivement adressée soit aux susdits ministères, soit aux légations dans les deux pays.

Dans tous les cas, la déclaration doit être présentée dans les trois mois qui suivent la publication de l'ouvrage dans l'autre pays, pour les ouvrages publiés postérieurement à la mise en vigueur de la présente convention, et dans les trois mois qui suivent cette mise en vigueur, pour les ouvrages publiés antérieurement.

A l'égard des ouvrages qui paraissent par livraisons, le délai de trois mois ne commence à courir qu'à dater de la publication de la dernière livraison, à moins que l'auteur n'ait indiqué, conformément aux dispositions de l'article 5, son intention de se réserver le droit de traduction; auquel cas, chaque livraison est considérée comme un ouvrage séparé.

La formalité de l'enregistrement qui en est fait sur des registres spéciaux tenus à cet effet ne donne, de part et d'autre, ouverture à la perception d'aucune taxe.

Les intéressés peuvent se faire délivrer un certificat authentique de l'enregistrement; ce certificat est délivré gratis, sauf, s'il y a lieu, les frais de timbre.

Le certificat relate la date précise à laquelle la déclaration a eu lieu ; il fait foi dans toute l'étendue des territoires respectifs et constate le droit exclusif de propriété et de reproduction aussi longtemps que quelque autre personne n'a pas fait admettre en justice un droit mieux établi (*Art.* 2).

Nature de l'œuvre. — Les productions du domaine littéraire ou artistique sont les livres, brochures ou autres écrits, compositions musicales ou arrangements de musique, œuvres de dessin, de sculpture, de gravure, de lithographie (*Art.* 1).

Chrestomaties. — Est réciproquement licite la publication dans chacun des deux pays, d'extraits ou de morceaux entiers d'ouvrages ayant paru pour la première fois dans l'autre, pourvu que ces publications soient spécialement appropriées et adaptées à l'enseignement ou à l'étude et accompagnées de notes explicatives ou de traductions interlinéaires et marginales dans la langue du pays où elles sont publiées (*Art.* 9).

Articles de journaux. — Les articles extraits des journaux ou recueils périodiques dans l'un des deux pays peuvent être reproduits ou traduits dans les journaux ou recueils périodiques de l'autre pays, pourvu qu'on y indique la source à laquelle on les a puisés.

Toutefois, cette faculté ne s'étend pas à la reproduction, dans l'un des deux pays, des articles de

journaux ou recueils périodiques publiés dans
l'autre, lorsque les auteurs ont formellement déclaré, dans le journal ou le recueil même où ils les
ont fait paraître, qu'ils en interdisent la reproduction. En aucun cas, cette interdiction ne peut
atteindre les articles de discussion politique (*Art.* 8).

Traductions. — Sont expressément assimilées aux
ouvrages originaux les traductions faites, dans l'un
des deux États, d'ouvrages nationaux ou étrangers.
Ces traductions jouissent, à ce titre, de protection
en ce qui concerne leur reproduction non autorisée
dans l'autre État. Il est bien entendu, toutefois, que
l'objet du présent article est simplement de protéger le traducteur par rapport à la version qu'il a
donnée de l'ouvrage original, et non pas de conférer le droit exclusif de traduction au premier traducteur d'un ouvrage quelconque, écrit en langue
morte ou vivante, hormis le cas suivant (*Art.* 3).

L'auteur de tout ouvrage publié dans l'un des
deux pays, qui a entendu se réserver le droit de
traduction, jouit pendant cinq années, à partir du
jour de la première publication de la traduction de
son ouvrage autorisée par lui dans l'idiome de
l'autre pays, du privilége de protection contre la
publication, dans ce même pays, de toute traduction du même ouvrage non autorisée par lui, et ce,
sous les conditions suivantes :

1° L'ouvrage original doit être enregistré dans
l'un des deux pays sur la déclaration faite dans un

délai de trois mois à partir du jour de la première publication dans l'autre pays.

2° Il faut que l'auteur ait indiqué, en tête de son ouvrage, l'intention de se réserver les droits de traduction ;

3° Il faut que la dite traduction autorisée de l'ouvrage publié dans l'un des deux pays, dans l'idiome de l'autre pays, ait paru, au moins en partie, dans le délai d'un an à compter de la date de la déclaration effectuée ainsi qu'il vient d'être prescrit, et, en totalité dans le délai de trois ans à partir de la dite déclaration ;

4° La traduction doit être publiée dans l'un des deux pays et être elle-même enregistrée conformément aux dispositions de l'article 2.

Pour les ouvrages publiés par livraisons, il suffit que la déclaration de l'auteur, qu'il entend se réserver le droit de traduction, soit exprimée dans la première livraison. En ce qui concerne le terme de cinq ans assigné pour l'exercice du droit privilégié de traduction, chaque livraison est considérée comme un ouvrage séparé ; chacune d'elles est enregistrée dans l'un des deux pays, sur la déclaration faite dans les trois mois à partir de sa première publication dans l'autre (*Art.* 5).

Œuvres dramatiques et musicales. — La Convention s'applique à l'exécution ou représentation des œuvres dramatiques ou musicales publiées, exécutées ou représentées pour la première fois dans l'un des deux pays (*Art* 4).

Relativement à la traduction des ouvrages dramatiques, l'auteur de l'ouvrage publié dans l'un des deux pays qui veut se réserver le droit exclusif de traduire et celui de faire représenter cette traduction sur les théâtres de l'autre pays pendant la période de cinq années, doit publier sa traduction dans l'idiome de l'autre pays ou la faire représenter sur un théâtre de ce même pays dans les trois mois à compter de la déclaration d'enregistrement (*Art.* 5).

Contrefaçon. — En cas de contravention aux dispositions précédentes, la saisie des objets de contrefaçon peut être opérée, et les tribunaux appliquent les pénalités déterminées par les législations respectives de la même manière que si l'infraction avait été commise au préjudice d'un ouvrage ou d'une production d'origine nationale.

Les caractères constituant la contrefaçon sont déterminés par les tribunaux de l'un et de l'autre pays d'après la législation en vigueur dans chacun des deux États (*Art.* 11).

Lorsque l'auteur d'une œuvre dont la propriété est garantie par la convention a cédé son droit de publication ou de reproduction à un éditeur dans le territoire de chacun des deux États, sous la réserve que les exemplaires ou éditions de cette œuvre ainsi publiés ou reproduits ne peuvent être vendus dans l'autre pays, ces exemplaires ou éditions sont respectivement considérés et traités dans ce pays comme reproduction illicite.

Ces ouvrages sont librement admis dans les deux pays pour le transit à destination d'un pays tiers (*Art.* 6).

La Convention ne peut faire obstacle à la libre continuation de la vente, publication ou introduction, dans les États respectifs, des ouvrages qui auraient été déjà publiés en tout ou en partie dans l'un d'eux avant la mise en vigueur de la convention, pourvu toutefois qu'on ne puisse postérieurement faire aucune autre publication des mêmes ouvrages, ni introduire de l'étranger des exemplaires autres destinés à compléter les expéditions ou souscriptions précédemment commencées. Ce principe s'applique aussi bien aux traductions qu'aux ouvrages originaux (*Art.* 12).

Il est bien entendu qu'il n'est pas mis obstacle à la continuation de la représentation des traductions des ouvrages dramatiques déjà représentés antérieurement à la mise en vigueur de la Convention (*Art.* 12).

Surveillance de l'État. — Les dispositions de la Convention ne peuvent porter préjudice, en quoi que ce soit, au droit que se réserve expressément chacun des deux États de permettre, surveiller et interdire, par des mesures de législation et de police intérieure, la circulation, la représentation ou l'exposition de tels ouvrages ou productions sur lesquels il juge convenable de l'exercer (*Art.* 13).

Douane et transit. — L'introduction, la vente et l'exposition, dans chacun des deux États, d'ouvrages et d'objets de reproduction non autorisée définis par les dispositions précédentes, sont prohibées, soit que les dites reproductions non autorisées proviennent de l'un des deux pays, soit qu'elles proviennent d'un pays étranger quelconque (*Art.* 10).

Pendant la durée de la Convention, les objets suivants, savoir : livres brochés, en toutes langues, dessins, estampes, gravures, lithographies, cartes géographiques ou marines, atlas brochés ou reliés, musique, sont réciproquement admis en franchise de droits, sans certificats d'origine (*Art.* 14).

SUÈDE ET NORWÉGE

SUÈDE

PROPRIÉTÉ INDUSTRIELLE

I. — BREVETS D'INVENTION.

Législation. — L'ordonnance royale du 19 août
1856, qui a remplacé celles du 13 décembre 1834
et du 30 décembre 1841, règle la nature des brevets
d'invention pour la *Suède* seulement.

Nature du brevet. — Il peut être accordé pour
toute invention industrielle ou artistique, et il n'est
pas nécessaire, pour exploiter l'invention, d'acquérir la maîtrise et le droit de bourgeoisie ; les étrangers peuvent l'obtenir comme les nationaux.

On distingue deux sortes de brevets : le brevet

d'invention ou de perfectionnement, et le brevet d'importation des inventions étrangères.

L'étranger qui prend un brevet doit, s'il ne vient habiter la Suède, choisir un mandataire suédois dans la première année de la délivrance du brevet.

Garantie. — Les demandes sont examinées et elles peuvent être refusées, quoique le brevet soit accordé sans garantie du gouvernement : il ne peut être attaqué que dans les six mois de l'affichage.

Durée. — La durée du brevet d'invention ou de perfectionnement est de 3 à 15 ans au choix de la commission chargée de l'examen.

Le brevet d'importation est accordé pour un temps plus ou moins long, mais qui ne peut excéder en tous cas l'époque déterminée dans le brevet obtenu en pays étranger.

Taxe. — La taxe est variable ; elle consiste seulement en frais d'administration, de publication et d'insertion au journal officiel.

Formalités. — L'inventeur doit faire dans sa demande une description exacte de l'invention, y joindre des dessins ou échantillons si cela est nécessaire, et indiquer pour combien de temps il demande le brevet. La demande doit être adressée au Collége royal du commerce sous enveloppe cachetée.

Publicité. — Le brevet accordé est affiché à la porte de la salle extérieure du Collége du commerce et prend date du jour de cet affichage ; il est en outre publié trois fois dans le journal officiel aux

frais du breveté dans les deux mois de sa délivrance.

Lorsque le brevet tombe dans le domaine public,
le journal officiel en fait mention.

Cession. — Le Collége du commerce doit être prévenu de la cession et délivre un certificat au nouveau titulaire.

Nullités. — Il y a perte du privilége : si le breveté n'a pas fait dans les journaux les trois inser-
tions prescrites ou s'il a fait une fausse déclaration
sur la nature de son invention.

Déchéance. — Si le breveté n'a pas fait connaître
dans les deux ans au Collége du commerce qu'il
a mis son brevet en exploitation, ou si les années
suivantes il a négligé de déclarer que l'exploitation
continue, il est déchu de son droit. Toute personne
qui croit son droit lésé par le brevet, peut attaquer
le breveté devant le tribunal du domicile de ce dernier et faire déclarer nul le privilége concédé.

Pénalités. — La contrefaçon est punie la première
fois d'une amende de 100 rixdalers (175 fr.), et en
cas de récidive de 200 à 400 rixdalers, dont une
moitié est remise au breveté et l'autre moitié aux
pauvres de la paroisse du condamné, sans préjudice
d'autres dommages-intérêts s'il y a lieu.

Si le condamné n'a pas le moyen de payer l'a-
mende, la peine est changée en prison simple.

II. — DESSINS ET MODÈLES DE FABRIQUE.

Les dessins et modèles de fabrique sont considérés comme des inventions, et il est accordé un brevet dans les mêmes conditions que pour les inventions.

III. — MARQUES DE FABRIQUE.

Nature de la marque. — La marque du fabricant est obligatoire.

En outre les produits de l'industrie nationale doivent être estampillés par l'autorité publique au moyen d'un timbre blanc avant d'être livrés au commerce. Les produits importés sont revêtus du timbre de la douane qui constate que l'importation est légale et que les droits d'entrée ont été payés.

Contrefaçon. — En vertu de la loi pénale du 16 mai 1864, les peines sont l'amende et l'emprisonnement : contre ceux qui, sur des objets fabriqués et exposés en vente, ont appliqué sans autorisation les marques d'un fabricant autre que le véritable.

IV. — CONVENTION INTERNATIONALE ENTRE LA FRANCE ET LA SUÈDE, RELATIVEMENT AUX DESSINS OU MODÈLES ET AUX MARQUES DE FABRIQUE.

Le traité de commerce du 14 février 1845 contient dans son article 12 les dispositions suivantes :

Nature du droit. — En ce qui concerne les marques ou étiquettes de marchandises ou de leurs emballages, les dessins et marques de fabrique ou de commerce, les sujets de chacun des États respectifs jouissent, dans l'autre, de la même protection que les nationaux.

Contrefaçon. — Il n'y a lieu à aucune poursuite à raison de l'emploi, dans l'un des pays, des marques de fabrique de l'autre, lorsque la création des marques dans le pays de provenance des produits remonte à une époque antérieure à l'appropriation de ces marques, par dépôt ou autrement, dans le pays d'importation.

PROPRIÉTÉ LITTÉRAIRE ET ARTISTIQUE.

I. — ŒUVRES LITTÉRAIRES.

Législation. — La loi fondamentale est celle du 16 août 1812 sur la presse.

Durée du droit. — Les auteurs sont propriétaires de leurs œuvres pendant leur vie.

Les héritiers ou cessionnaires conservent les mêmes droits pendant vingt ans, mais à la condition de publier une nouvelle édition quand la précédente est épuisée.

Nature de l'œuvre. — La protection s'applique aux auteurs d'écrits en tous genres.

La traduction confère les mêmes droits que si c'était une œuvre originale ; mais un même ouvrage peut être traduit par plusieurs personnes.

Pénalités. — La confiscation de l'édition contrefaite est prononcée en faveur de l'auteur, qui peut en outre demander des dommages-intérêts, en raison de la valeur des exemplaires dont la vente a été empêchée par la contrefaçon.

II. — ŒUVRES DRAMATIQUES.

La loi ne fait pas mention de la représentation des œuvres dramatiques et musicales ; elle ne s'applique qu'à la publication.

III. — ŒUVRES D'ART.

La loi relative aux œuvres littéraires y a assimilé les dessinateurs et autres qui font publier leurs ouvrages par des moyens mécaniques.

IV. — DROIT INTERNATIONAL.

Il n'existe pas de convention internationale entre la France et la Suède, relativement à la propriété littéraire et artistique, mais en 1844, lorsque fut réformée la constitution suédoise, la protection des lois nationales fut accordée contre la contrefaçon

aux auteurs d'œuvres d'esprit, autres que livres
d'église ou d'instruction, appartenant à des pays
qui protégeraient les auteurs suédois. Le décret du
28 mars 1852 ayant accordé en France aux auteurs
étrangers la même protection qu'aux nationaux, la
réciprocité existe entre les deux pays.

Aussi, par décret du 14 juin 1865, des dégrève‑
ments de droit d'importation ont-ils été accordés à
la Suède, comme ils l'avaient été à plusieurs pays
qui avaient conclu des conventions internationales;
ce décret est ainsi conçu :

Les objets suivants, savoir : livres en toutes lan‑
gues, estampes, gravures, lithographies et photo‑
graphies, cartes géographiques ou marines, musique,
planches gravées en cuivre, acier ou bois et pierres
lithographiques couvertes de dessins, gravures ou
écritures, destinées à l'imprimerie sur papier, ta‑
bleaux et dessins, sont réciproquement admis en
franchise de droits sans certificats d'origine (*Décret
du 14 juin 1865 déclarant applicable aux royaumes-
unis de Suède et de Norwége, l'art. 13 de la Convention franco-prussienne du 2 août 1862*).

NORWÉGE

PROPRIÉTÉ INDUSTRIELLE

I. — BREVETS D'INVENTION.

Législation. — La législation est très-succincte en cette matière et se trouve à peu près circonscrite dans une ordonnance du 15 juillet 1839.

Durée. — La durée du brevet ne peut excéder 10 années.

Formalités. — L'inventeur doit déposer une demande contenant la description de l'invention.

II. — DESSINS OU MODÈLES DE FABRIQUE.

Les dessins ou modèles de fabrique sont assimilés aux brevets d'invention.

III. — MARQUES DE FABRIQUE.

Les marques sont protégées comme en Suède par la loi pénale du 16 février 1864 qui prononce contre les contrefacteurs les peines de l'amende ou de l'emprisonnement.

IV. — CONVENTION INTERNATIONALE ENTRE LA FRANCE
   ET LA NORWÉGE RELATIVEMENT AUX DESSINS OU MO-
   DÈLES ET AUX MARQUES DE FABRIQUE.

Le traité de commerce du 14 février 1865 conclu
avec la Suède (*voir* SUÈDE, *Propriété industrielle*,
§ IV) s'applique également à la Norwége.

PROPRIÉTÉ LITTÉRAIRE ET ARTISTIQUE

I. — ŒUVRES LITTÉRAIRES.

Législation. — La législation sur ce sujet était très-
incomplète et disséminée dans un grand nombre de
textes : les ordonnances du 15 juillet 1839 sur les
brevets d'invention, du 7 janvier 1841 sur la contrefaçon ; les lois du 13 septembre 1836, du 12 juillet 1857 et du 4 juin 1866 sur la contrefaçon et le
Code pénal de 1842, tit. 22, art. 20. Elle se trouve
maintenant renfermée dans la loi du 8 juin 1876.

Durée du droit. — Le droit exclusif de reproduction dure pendant toute la vie de l'auteur et 50 ans
après sa mort.

Si l'ouvrage a été fait par plusieurs auteurs, le
point de départ des cinquante années ne commence
qu'au décès du dernier mourant.

Pour les œuvres posthumes ce délai de cinquante années court à partir de la première édition.

Les ouvrages anonymes ou pseudonymes ne confèrent à l'auteur qu'un droit de cinquante années à partir de la première publication, à moins qu'il ne se fasse connaître dans une nouvelle édition ou par une insertion au journal officiel ou de la librairie.

Nature du droit. — On ne peut sans le consentement de l'auteur publier ses écrits ni les reproduire s'il les a publiés.

Le traducteur a, comme s'il était auteur, un droit exclusif sur sa traduction.

On ne peut emprunter à un ouvrage une portion notable, mais on peut pour une école ou une église former un recueil de morceaux choisis.

Restent la propriété de l'orateur, les sermons, discours et lectures, et en général les communications orales, à moins qu'il ne s'agisse des débats législatifs.

Cession. — L'auteur peut céder son droit par acte entre-vifs ou par testament. S'il ne l'a point fait, le droit passe après lui à son conjoint et ensuite à ses autres héritiers.

Expropriation. — Lorsqu'il est devenu impossible depuis cinq ans de se procurer des exemplaires de la dernière édition d'un ouvrage par la voie ordinaire de la librairie, il est permis de le reproduire ; mais si personne n'a effectué ni annoncé la reproduction, l'auteur peut ressaisir son droit en faisant une nouvelle édition.

Pénalités. — La contrefaçon dans un but de vente en Norwége ou à l'étranger est punie d'une amende de 10 à 100 kroners (13 fr. 88 à 138 fr. 88) au *profit de l'État ;* le vendeur est puni de la même peine.

L'indemnité due à la partie lésée se calcule sur le prix de librairie de la dernière édition régulière et le nombre d'exemplaires vendus de l'édition contrefaite ; ceux qui sont trouvés, sont confisqués au profit de l'auteur ; ils sont détruits si la délivrance à l'auteur devait nuire à un tiers.

II. — ŒUVRES DRAMATIQUES.

Législation. — La loi du 8 juin 1876 contient des dispositions relatives aux œuvres dramatiques.

PUBLICATION. — Il y a assimilation avec les autres œuvres littéraires. Ne sont point permis les arrangements d'un morceau de musique pour l'adapter à d'autres instruments que celui pour lequel il a été écrit ; mais on peut faire, en indiquant le nom du compositeur principal, des variations, études, fantaisies, pots-pourris et autres adaptations susceptibles d'être considérées comme œuvres originales.

On peut employer comme texte pour compositions musicales, des poésies non tombées dans le domaine public, en indiquant le nom de l'auteur.

Représentation. — *Durée.* — La durée des droits est aussi de 50 ans comme pour la publication.

Nature du droit. — On ne considère pas comme représentation la récitation ou l'exécution d'un ouvrage sans appareil scénique.

S'il y a plusieurs collaborateurs, le consentement de chacun d'eux est nécessaire.

Cession. — Si l'auteur a cédé le droit de représentation, et que son œuvre n'ait pas été représentée pendant cinq ans, il peut en disposer de nouveau.

Pénalités. — La peine est de 10 à 100 kroners (13 fr. 88 à 138 fr. 88) et l'indemnité ne doit pas être inférieure au bénéfice qu'a pu faire le délinquant.

III.— ŒUVRES D'ART.

La loi du 8 juin 1876, qui traite de la propriété littéraire, ne s'applique pas aux œuvres d'art.

IV.— DROIT INTERNATIONAL.

Il n'y a pas avec la France de convention internationale. Mais le décret français du 28 mars 1852 accorde protection aux auteurs étrangers, et la loi norwégienne du 8 juin 1876 contient la disposition suivante relative aux étrangers :

« Par réciprocité, les dispositions de la loi peuvent être en totalité ou en partie étendues à des ouvrages appartenant à d'autres pays, lorsque ces ouvrages sont protégés par les lois de ces pays. »

Un décret français du 14 juin 1865 accorde des dégrèvements de droits d'importation à la Norwége comme à la Suède (*voir* SUÈDE, *Propriété litté-raire*, § IV).

DANEMARK

PROPRIÉTÉ INDUSTRIELLE.

I. — BREVETS D'INVENTION.

Législation. — Les brevets d'invention sont délivrés en vertu du droit coutumier, mais aucune loi ne régit la matière.

Nature des brevets. — On accorde des brevets d'invention et des brevets d'importation, mais il n'y a point de brevet de perfectionnement.

Ils sont accordés aux étrangers aussi bien qu'aux nationaux.

Durée. — La durée des brevets d'invention est de trois à vingt ans, au choix du gouvernement, sans prolongation possible. Celle des brevets d'importation est au plus de cinq ans.

Taxe. — La taxe, quel que soit le nombre d'années accordées, est de 17 rixdalers (68 fr.) pour une personne et du double pour plusieurs.

Formalités. — Une demande succincte est adressée au roi avec description de l'invention.

Si la demande est accueillie, une nouvelle description détaillée doit, dans les six semaines, être adressée en double au Conseil du commerce en langue danoise, avec deux exemplaires du dessin ; un exemplaire reste annexé au brevet, l'autre reste au Conseil du commerce où le public peut être admis à prendre connaissance du brevet.

Cession. — La cession du brevet n'est valable que si elle est admise dans la même forme que le brevet.

Déchéance. — L'exploitation doit être commencée avant la fin de la première année.

Nullité. — Le défaut de nouveauté ou l'omission des formalités entraîne la nullité.

II. — DESSINS ET MODÈLES DE FABRIQUE.

Législation. — La loi du 31 mars 1864 sur les œuvres d'art contient une disposition relative à la fabrication d'œuvres en terre et à leur ornementation.

Durée du droit. — La durée du droit sur ces œuvres spéciales est de dix ans.

Formalités. — Il faut faire connaître l'ouvrage au ministère de l'intérieur.

III. — MARQUES DE FABRIQUE.

Législation. — La contrefaçon est punie par une ordonnance du 11 avril 1840.

Pénalités. — Si le préjudice est minime, la peine peut n'être que de 2 à 20 rixdalers (8 à 80 fr.); si le préjudice est important, la peine est déterminée par le § 47 de la loi ainsi conçu :

« Les débitants de marchandises fausses ou falsifiées seront passibles d'un emprisonnement de dix à trente jours, ou du travail correctionnel pendant quatre ans, selon l'importance du délit. Dans l'enquête, on examinera si les marchandises portaient illégalement le timbre, ou si la marque d'un fabricant ou d'un commerçant a été contrefaite, ou imitée de manière à la faire passer pour véritable ; et quand bien même les marchandises ne seraient pas d'une qualité inférieure à celles dont la vente a été interrompue par suite de l'emploi frauduleux du timbre ou de la marque, la procédure suivra son cours ; mais on prendra en considération l'importance du délit afin de modérer, s'il y a lieu, les peines édictées par la loi. »

IV. — DROIT INTERNATIONAL.

Il n'y a pas de convention particulière entre la France et le Danemark relativement à la propriété industrielle.

PROPRIÉTÉ LITTÉRAIRE ET ARTISTIQUE.

ŒUVRES LITTÉRAIRES.

Législation. — La loi fondamentale est celle du 29 décembre 1857, qui a été modifiée en partie par celles du 23 février 1865 et du 21 février 1868.

Durée du droit. — L'auteur a pendant sa vie la jouissance de son droit qui dure encore cinquante ans après sa mort. S'il n'y a ni cession formelle ni testament, il passe au conjoint, puis aux enfants et autres héritiers suivant la loi des successions. Si l'auteur a fait un testament et que l'héritier testamentaire meure avant l'expiration des trente années, le droit passe au conjoint ou aux autres héritiers testamentaires, à moins que l'auteur n'ait fait des dispositions contraires. Le conjoint, de même que l'héritier testamentaire, ne peut transmettre son droit, s'il doit y avoir après lui des héritiers de l'auteur, tels que descendants, père, mère, frères ou sœurs.

En tous cas, l'auteur ou son ayant-cause perd ses droits si pendant cinq ans on ne trouve plus chez l'éditeur aucun exemplaire de la dernière édition ; mais le droit peut être ressaisi tant que les tiers n'ont pas publié ou annoncé une édition nouvelle.

Si l'ouvrage a plusieurs auteurs, les trente années ne courent qu'à partir du décès du dernier survivant.

Pour les œuvres anonymes ou pseudonymes, la durée est de trente années à partir de la dernière édition parue dans une période de trente ans à partir de la première édition, mais à condition que la durée depuis la première édition ne dépasse pas cinquante ans.

Pour les ouvrages composés d'articles de différents auteurs, les éditeurs jouissent du droit pendant trente ans ; quant à l'auteur, il peut publier son ouvrage séparément, sauf convention contraire, un an après la publication collective et rentrer ainsi dans la plénitude de ses droits d'auteur.

Lorsqu'un ouvrage est en plusieurs volumes, le délai de trente ans commence à partir du dernier volume, s'il ne s'est pas écoulé plus de trois ans depuis la publication du premier ; toute protection cesse pour la partie vendue isolément pendant cinq ans.

Nature de l'œuvre. — Les manuscrits de l'auteur peuvent être publiés par tout le monde trente ans après son décès.

Les discours, leçons, conférences, sermons sont protégés comme les autres œuvres, à l'exception des discours prononcés dans des réunions publiques et politiques.

On peut faire des citations d'un ouvrage, en insérer des morceaux détachés dans des œuvres de critique, de littérature ou d'éducation, en indiquant le nom de l'auteur ; mais un ouvrage ne peut cependant être librement reproduit par portion, même en y faisant des additions ou retranchements.

Dépôt. — Aucune formalité de dépôt ou d'enregistrement n'est imposée pour l'exercice des droits de l'auteur.

Contrefaçons. — La poursuite ne peut être intentée que par la partie lésée et avant l'an et jour à partir de la contrefaçon.

Pénalités. — Les exemplaires contrefaits peuvent être confisqués ; ils sont détruits si la partie lésée ne préfère les garder.

Les dommages-intérêts sont calculés sur le prix fort d'un nombre d'exemplaires égal à celui de la dernière édition non-contrefaite ; en outre, il peut y avoir condamnation à une amende de 50 à 1000 rixdalers (200 à 4000 fr.) ; le vendeur pourra n'être condamné qu'à 20 rixdalers (80 fr.).

II. — ŒUVRES DRAMATIQUES ET MUSICALES.

Législation. — Les lois du 29 décembre 1857 et 23 février 1866 contiennent, comme pour les autres œuvres littéraires, des dispositions relatives aux ouvrages dramatiques.

Publication. — Les règles sont les mêmes que pour les autres œuvres littéraires

Représentation. Durée. — La durée du droit est de trente ans dans les mêmes conditions que pour la publication.

Nature du droit. — Il n'est point dû de droit d'auteur lorsque les œuvres dramatiques sont représentées sans appareil scénique ou que des ouvertures ou morceaux détachés d'œuvres musicales sont exécutés dans des concerts.

Cession. — La permission donnée par l'auteur de représenter son œuvre, ne confère pas un droit exclusif, et il peut accorder les mêmes autorisations à une autre personne. S'il a cédé le droit exclusif, son contrat est annulé à son profit dans le cas où l'ouvrage n'a pas été représenté depuis cinq ans.

Pénalités. — Des dommages-intérêts, en cas de représentation sans autorisation de l'auteur, lui sont accordés en raison du bénéfice des représentations illégales.

Une amende de 10 à 200 rixdalers (80 à 800 francs) peut être en outre prononcée.

III. — ŒUVRES ARTISTIQUES.

Législation. — Une loi spéciale du 31 mars 1864 réglemente les droits des artistes.

Durée du droit. — L'artiste a seul le droit de reproduire ou faire reproduire son œuvre pendant sa vie ; ce droit se continue pendant trente ans après sa mort et peut être transmis par testament dans les mêmes conditions que les œuvres littéraires.

Nature du droit. — La reproduction de l'œuvre est prohibée, quel que soit le mode de reproduction:

peinture, sculpture, gravure, lithographie, photographie, etc.

Les œuvres d'art, faisant partie des collections publiques, et les parties extérieures, revêtues d'ornements
artistiques, sont considérées comme faisant partie du
domaine public.

Les dessins d'architecture sont également protégés
à moins qu'ils n'aient été publiés par l'auteur.

Celui qui a reproduit une œuvre tombée dans le
domaine public, est propriétaire du travail opéré pour
cette reproduction, mais ne peut empêcher qu'on ne
fasse par un travail analogue une reproduction de
forme semblable.

Contrefaçon. — La vente et l'introduction d'objets
contrefaits sont punies comme contrefaçon aussi bien
que la fabrication.

Pénalités. — L'indemnité accordée à la partie
lésée dans le cas de contrefaçon, est évaluée suivant
le préjudice causé. Les objets ayant servi à la contrefaçon sont confisqués et détruits ainsi que les exemplaires contrefaits, à moins que le poursuivant ne
préfère les garder en déduction des dommages-intérêts.

L'amende est de 20 à 500 rixdalers (80 à 2000 francs),
mais le vendeur peut toutefois n'être condamné qu'à
10 rixdalers (40 francs).

IV. — DROIT INTERNATIONAL CONCERNANT LA PROPRIÉTÉ LITTÉRAIRE ET ARTISTIQUE.

En vertu de la loi du 29 décembre 1857, les auteurs étrangers étaient protégés d'une manière générale dans le cas de réciprocité ; aux termes de la loi du 25 février 1866, il faut qu'une ordonnance royale ait décidé l'application de la loi à chacune des nations étrangères.

En vertu de cette même loi, les auteurs suédois ont à remplir pour obtenir la protection des formalités spéciales.

En ce qui concerne les auteurs français, une ordonnance du 5 mai 1866 établit la réciprocité comme l'avait déjà fait antérieurement une ordonnance du 6 novembre 1858.

Cette ordonnance de 1866 est ainsi conçue:

« Nous Christian IX, etc., faisons savoir:

« Considérant que, par un décret rendu par le gouvernement français, en date du 28 mars 1852, les sujets des États étrangers sont placés en France sur le pied de l'égalité parfaite à l'égard de la protection accordée aux sujets français contre la contrefaçon des œuvres littéraires et artistiques;

« Considérant que, par suite de ce décret, il a arrêté, par ordonnance royale du 6 novembre 1856, que les dispositions établies par la loi du 29 décembre 1857 sur les contrefaçons sont également applicables en faveur des œuvres publiées en France;

« Nous avons pris la résolution:

« Vu l'article 9 de la loi du 31 mars 1864 sur la contrefaçon des œuvres d'art, et l'article 10 de la loi du 23 février 1866, contenant des dispositions additionnelles aux dites lois du 29 décembre 1857 et du 31 mars 1864, d'ordonner par ces présentes que les règles contenues dans les lois du 31 mars 1864 et du 23 février 1866, sur la contrefaçon des œuvres artistiques et littéraires, seront également appliquées en faveur des œuvres artistiques et littéraires exécutées en France.

« A quoi chacun aura à se conformer.

« Fait au palais d'Amalienborg, le 5 mai 1866. »

PAYS-BAS

PROPRIÉTÉ INDUSTRIELLE.

I. — BREVETS D'INVENTION.

Les brevets d'invention étaient autrefois régis par une loi du 25 janvier 1817 qui reconnaissait le brevet d'invention ou de perfectionnement, et le brevet d'importation ; la durée du premier était de cinq à dix ans avec prolongation possible jusqu'à quinze ans ; le brevet d'importation avait la durée accordée au pays étranger.

Cette loi a été abrogée par décret du 15 juillet 1869 qui porte qu'il ne sera plus délivré de brevets pour inventions, perfectionnements ou importations d'objets d'art ou d'industrie excepté dans le cas où la demande en aurait été faite antérieurement à cette date.

La durée des brevets accordés précédemment peut être étendue conformément à la loi du 25 janvier 1817.

Ce décret est motivé sur ce que les concessions de droits exclusifs pour les inventions et perfectionnements ou importations d'art et d'industrie sont contraires au développement de l'industrie et à l'intérêt général.

II. — DESSINS ET MODÈLES DE FABRIQUE.

Il n'existe aucune disposition qui ait rapport aux dessins de fabrique.

III. — MARQUES DE FABRIQUE.

Législation. — La loi française du 22 germinal an XI (12 avril 1803) titre IV, est encore applicable dans les Pays-Bas, il faut y ajouter l'article 42 du Code pénal néerlandais.

Dépôt. — On ne peut former d'action en contrefaçon si la marque n'a été préalablement rendue publique d'une manière légale par le dépôt d'un modèle au greffe du tribunal de commerce d'où relève le chef-lieu de la manufacture ou de l'atelier.

Contrefaçon. — La marque est considérée comme contrefaçon quand on y a inséré les mots *façon de..*

avec le nom d'un autre fabriquant ou d'une autre ville.

Pénalités. — La contrefaçon donne lieu à des dommages-intérêts envers celui dont la marque a été contrefaite et à l'application des peines prononcées contre le faux en écritures privées.

IV. — CONVENTION INTERNATIONALE FRANCO-HOLLANDAISE RELATIVE AUX DESSINS OU MODÈLES ET MARQUES DE FABRIQUE.

Un traité conclu le 7 juillet 1865 règle (art. 24) les droits réciproques des commerçants des deux pays concernant les marques de fabrique. Ce traité s'étendrait aux modèles ou dessins de fabrique si le gouvernement des Pays-Bas venait à établir une législation spéciale en cette matière.

Nature du droit. — Les sujets de l'un des pays jouissent dans l'autre de la même protection que les nationaux pour tout ce qui concerne la propriété des marques de fabrique ou de commerce.

Dépôt. — Les Français ne peuvent revendiquer dans les Pays-Bas la propriété exclusive d'une marque de fabrique ou de commerce s'ils n'en ont déposé deux exemplaires au greffe du tribunal d'arrondissement à Amsterdam ; réciproquement les Néerlandais ne peuvent revendiquer en France la propriété exclusive d'une marque de fabrique ou de commerce s'ils n'en ont déposé deux exemplaires au greffe du tribunal de commerce de Paris.

PROPRIÉTÉ LITTÉRAIRE ET ARTISTIQUE.

I. — ŒUVRES LITTÉRAIRES.

Législation. — La loi en vigueur est encore celle du 25 janvier 1817 qui est aussi appliquée en Belgique, mais elle n'a pas été modifiée comme dans ce pays par d'autres lois et l'adoption des anciennes lois françaises. Une loi nouvelle est en préparation.

Durée du droit. — L'auteur est garanti pendant toute sa vie; ses cessionnaires ou héritiers pendant vingt années.

Nature du droit. — Il n'y a point dans la loi d'énumération des œuvres protégées ; les traductions appartenant à un Hollandais ont droit à la protection comme les autres œuvres.

La loi n'accorde protection qu'à l'ouvrage imprimé dans une des imprimeries du royaume ; de plus l'éditeur doit être également habitant du royaume, et il faut que son nom avec son adresse soit imprimé sur la page du titre de l'ouvrage ; on peut cependant y joindre le nom d'un éditeur étranger ; la date de la publication doit être mentionnée.

Cession. — Aucune condition n'est indiquée pour la validité de la cession qui est soumise au droit commun.

Dépôt. — Trois exemplaires doivent être déposés par l'éditeur à l'administration communale de son domicile ; il faut signer un des exemplaires et présenter une déclaration datée et signée de l'imprimeur habitant les Pays-Bas, certifiant qu'il est le véritable imprimeur. Il est délivré récépissé du dépôt.

Contrefaçon. — Les auteurs et traducteurs nationaux sont protégés même contre l'importation, la distribution et la vente des ouvrages ou traductions d'ouvrages contrefaits à l'étranger.

Pénalités. — La contrefaçon est punie d'une amende de 100 à 1000 florins (208 à 2080 fr.) au profit de la caisse des pauvres du domicile du contrefacteur. La confiscation de tous les exemplaires non vendus, sortis dans le royaume, est prononcée au profit du poursuivant qui reçoit en outre une indemnité égale à la valeur de 2000 exemplaires de l'édition non contrefaite.

II. — ŒUVRES DRAMATIQUES.

La publication des œuvres dramatiques est protégée comme celle des autres œuvres littéraires; mais il n'est point question dans la loi de la représentation.

La convention internationale conclue envers la France ne protége pas les représentations dramatiques et musicales.

Les œuvres d'art se reproduisant par l'impression, la gravure ou tout procédé semblable, sont protégées comme les œuvres littéraires ; mais il n'est rien dit des œuvres de sculpture.

La convention internationale conclue avec la France ne s'applique pas aux œuvres d'art.

IV. — CONVENTION INTERNATIONALE FRANCO-HOLLANDAISE RELATIVE A LA PROPRIÉTÉ LITTÉRAIRE ET ARTISTIQUE.

La convention en vigueur est encore celle du 29 mars 1855, qui doit suivre le sort du traité de commerce et de navigation du 25 juillet 1840 et peut être dénoncée un an à l'avance, conformément à l'article 15 de ce traité.

Voici les dispositions de cette convention reproduites par ordre méthodique :

Droit des auteurs. — Les auteurs d'œuvres scientifiques ou littéraires auxquels les lois de l'un des deux pays garantissent actuellement ou garantiront à l'avenir le droit de propriété ou d'auteur, et leurs ayants-cause, ont la faculté d'exercer ce droit sur le territoire de l'autre pays, pendant le même espace de temps, et dans les mêmes limites que s'exerce, dans cet autre pays, le droit attribué aux auteurs d'ouvrages de même nature qui y sont publiés ; en conséquence, la reproduction ou la contrefaçon dans l'un des deux Etats des œuvres scientifiques ou littéraires, publiées dans l'autre, est traitée de la même manière que le serait la reproduction ou la contrefaçon d'ouvrages de même nature originairement publiés dans cet autre Etat, et les auteurs de l'un des deux pays ont, devant les tribunaux de l'autre, la même action, et jouissent des mêmes garanties, contre la contrefaçon ou la reproduction non autorisée, que celle que la loi accorde ou pourrait accorder par la suite aux auteurs de ce dernier pays.

Toutefois ces droits à exercer réciproquement dans l'un ou dans l'autre pays, ne peuvent être plus étendus que ceux qu'accorde la législation du pays auquel l'auteur ou ses ayants-cause appartiennent (*art.* 1).

Formalités. — La protection n'est acquise qu'à celui qui a fidèlement observé les lois et règlements en vigueur dans le pays de production par rapport à l'ouvrage pour lequel cette protection est réclamée.

Un certificat délivré par le bureau de la librairie au ministère de l'intérieur à Paris, ou par le secrétariat de la préfecture dans les départements, ou par le ministre de l'intérieur à la Haye, sert à constater que les formalités voulues par les lois et règlements ont été remplies (*art.* 2).

Chrestomathies. — La publication dans le royaume des Pays-Bas de chrestomathies composées de fragments ou d'extraits d'auteurs français est licite, pourvu que ces recueils soient spécialement destinés à l'enseignement et contiennent des notes explicatives

ou traductives en langue hollandaise. (*Conv. supp.
du 27 avril* 1860, *art.* 2.)

Articles de journaux. — Les articles extraits de
journaux ou de recueils périodiques publiés dans l'un
des deux pays peuvent être reproduits dans les journaux ou recueils périodiques de l'autre pays, pourvu
que l'origne en soit indiquée.

Toutefois, cette faculté ne s'étend pas à la reproduction dans l'un des deux pays des feuilletons de
journaux ou des articles de recueils périodiques publiés dans l'autre dont les auteurs auraient déclaré
d'une manière évidente, dans le journal ou le recueil
même où ils les auront fait paraître, qu'ils en interdisent la reproduction.

Cette dernière disposition n'est pas applicable aux
articles de discussion politique (*art.* 4).

Traduction. — Sont expressément assimilées aux
ouvrages originaux les traductions faites, dans l'un
des deux Etats, d'ouvrages nationaux ou étrangers.

Ces traductions jouissent à ce titre de protection,
en ce qui concerne leur reproduction en contrefaçon
dans l'autre Etat.

Cette stipulation n'a pas pour objet d'accorder
au premier traducteur d'un ouvrage le droit exclusif
de traduction, mais seulement de protéger le traducteur par rapport à sa propre traduction (*art.* 3).

Contrefaçon. — En cas de contravention aux dispositions des articles précédents, les ouvrages contrefaits sont saisis, et les individus, coupables de ces

contraventions, sont passibles, dans chaque pays, de la peine et des poursuites qui sont ou seraient prescrites, par les lois de ce pays, contre le même délit commis à l'égard de tout ouvrage ou reproduction d'origine nationale (*art.* 6).

La présente convention ne fait pas obstacle à la libre continuation de la vente dans les Etats respectifs des ouvrages qui auraient été publiés en contrefaçon, en tout ou en partie, avant la mise en vigueur de la convention ; par contre, on ne peut faire aucune nouvelle publication dans l'un des deux Etats des mêmes ouvrages, ni introduire de l'étranger des exemplaires autres que ceux destinés à remplir les expéditions ou souscriptions précédemment commencées (*art.* 7).

Surveillance de l'Etat. — Les stipulations de la présente convention ne portent, en aucune manière, atteinte au droit qu'a chacun des deux Etats de surveiller et de défendre, au moyen de mesures législatives ou de police intérieure, la vente, la circulation et l'exposition de tout ouvrage ou de toute production à l'égard desquels l'un ou l'autre pays jugerait convenable d'exercer ce droit (*art.* 9).

L'un ou l'autre gouvernement peut prohiber l'importation, dans ses propres Etats, des livres qui, d'après les lois intérieures, ou des stipulations souscrites avec d'autres puissances, sont ou seraient déclarés être des contrefaçons ou des violations du droit d'auteur (*art.* 10).

Douane et transit. — Sont interdites l'importation,

la vente et l'exposition dans l'un ou l'autre des deux pays, de toute contrefaçon d'ouvrages jouissant du privilége de protection contre la contrefaçon, en vertu de la convention, que ces contrefaçons soient originaires du pays où l'ouvrage a été publié, ou bien de toute autre contrée étrangère.

L'importation est considérée comme contrefaçon. Le produit de l'amende est, dans le cas prévu par cette dernière stipulation, attribué au fisc de l'Etat dans lequel la peine a été prononcée (*art.* 5).

Les droits établis à l'importation licite, par terre et par mer, en France, des livres, brochures et mémoires scientifiques en langue française ou étrangère, publiés dans l'étendue du royaume des Pays-Bas, ont été réduits et fixés aux taux ci-après : livres, brochures et mémoires scientifiques, brochés, cartonnés ou reliés, en langue française, vingt francs par cent kilogrammes ; en toute autre langue, morte ou vivante, un franc par cent kilogrammes.

Les traités scientifiques et livres de classe, écrits en langue hollandaise, dans lesquels se trouveraient des citations ou des leçons en français, sont admis, pendant la durée du présent arrangement, à leur importation en France, au droit de un franc par cent kilogrammes, pourvu que ces citations et ces leçons ne forment qu'une partie accessoire de l'ouvrage (*Conv. supp. du 27 avril* 1860, *art.* 1).

RUSSIE

PROPRIÉTÉ INDUSTRIELLE

I. — Brevets d'invention.

Législation. — Les lois sur les brevets d'invention portent les dates du 22 novembre 1833 et du 23 octobre 1840.

Forme des brevets. — C'est un acte délivré par le ministre des finances au nom du gouvernement.

Depuis 1867, les brevets accordés à Varsovie pour les provinces polonaises sont remplacés par les brevets délivrés conformément à la loi de l'empire.

Leur nature. — Les brevets peuvent être accordés non-seulement aux nationaux, mais encore aux étrangers.

On reconnaît trois sortes de brevets : le brevet d'in-

vention ou de perfectionnement, le brevet d'importation et le brevet d'introduction.

Le premier peut être accordé « pour toute découverte, invention ou perfectionnement d'un objet quelconque d'utilité publique ou d'un procédé de fabrication dans les arts, les métiers et les manufactures. »

Le second est délivré même à d'autres qu'aux
inventeurs pour des inventions ou perfectionnements
faits dans d'autres pays et qui y sont protégés par des
brevets non encore expirés.

Le troisième n'est accordé que pour les inventions
d'une utilité exceptionnelle qui sont connues en pays
étranger sans y avoir fait l'objet d'un brevet.

Il n'est point donné de brevet pour de simples
principes dont il n'a point été fait application à un
objet industriel et pour les découvertes insignifiantes.

Aux termes d'un ukase du 22 avril 1863, il n'en est
point accordé non plus pour les inventions se rattachant à la guerre et à la défense du sol, engins d'artil·
lerie, blindages de navires, tourelles, etc., dont l'usage
exclusif est réservé au gouvernement. Quant aux
armes à feu et munitions susceptibles d'un usage
privé, elles peuvent faire l'objet d'un brevet, mais à
la condition que les administrations de l'armée et de
la marine puissent employer l'invention aux usages
militaires.

Garantie. — Le gouvernement ne garantit point
que la découverte, l'invention ou le perfectionnement

appartienne réellement à la personne qui l'a présenté, et n'affirme ni son utilité ni son succès. Toute personne peut prouver que la découverte, l'invention ou le perfectionnement lui appartient ou avait déjà été connu et pratiqué avant la concession du privilége.

Mais, tant que cette preuve n'est faite en justice, le breveté jouit exclusivement de ce privilége, il peut le céder et poursuivre judiciairement les contrefacteurs.

Le brevet, bien que délivré sans garantie du gouvernement, n'est accordé qu'après examen par le Conseil des manufactures, dans le but d'apprécier, s'il n'a pas été déjà accordé un privilége pour le même objet à une autre personne, si l'objet est décrit avec la précision nécessaire, s'il est susceptible de produire des résultats utiles, enfin si l'invention ne peut être nuisible à la santé et à la sécurité publiques.

Dans le cas où l'invention se rapporte à l'agriculture, l'examen de la demande a lieu par les autorités de l'administration agricole.

Durée. — Les brevets d'invention sont accordés pour trois, cinq ou dix ans au plus, au choix de l'inventeur, mais sans prolongation possible après le choix opéré. La durée part du jour de la délivrance, quoique la priorité soit acquise du jour du dépôt.

Les brevets de perfectionnement, s'ils sont demandés par l'inventeur, doivent avoir une durée au moins égale au privilége principal, sans toutefois le prolon-

ger. S'ils sont demandés par un tiers, ils ne peuvent
être accordés avant l'expiration du brevet principal
sans le consentement de l'inventeur primitif, et pour
une durée au plus égale à la moitié du temps concédé
à celui-ci.

Les brevets d'importation sont assimilés, quant à la
durée, aux brevets d'invention lorsqu'ils sont importés
par l'inventeur lui-même ; mais cette durée ne peut
dépasser celle qui lui a été concédée en pays étranger.
S'ils sont accordés à un autre qu'à l'inventeur, ils
ne peuvent dépasser le terme du temps accordé à
l'inventeur lui-même, et dans tous les cas six années.

La règle est la même pour les brevets d'introduction.

Taxe. — Une taxe doit être payée préalablement à
la demande.

Pour les inventions en perfectionnements personnels
elle est, pour trois ans, de 90 roubles (360 fr.) ; pour
5 ans, de 150 roubles ; pour dix ans, de 450 roubles.

Pour l'introduction d'inventions étrangères, elle
est pour un an de 60 roubles, et d'autant par chaque
année suivante, soit pour six ans 360 roubles (1,440 fr.).

Dans le cas où le brevet est refusé, la taxe doit être
remboursée sans aucune retenue, d'après la loi ; mais
en réalité il est perçu le plus souvent de 40 à 50 roubles pour frais d'administration.

Formalités. — La demande doit être adressée au
département des manufactures et du commerce inté-

rieur ; elle doit être rédigée en langue russe et contenir, outre les noms et domicile de l'inventeur, la désignation du terme du privilége demandé, l'énonciation de son utilité, la description de l'objet pour lequel il est demandé avec les plans et dessins explicatifs.

Il faut y joindre la quittance du payement de la taxe, correspondant à la durée demandée.

Un certificat de réception est délivré au pétitionnaire avec indication de la date et de l'heure où le dépôt a été effectué.

Si le brevet est refusé par le conseil des manufactures, les motifs de refus sont indiqués, et, s'ils consistent dans l'insuffisance de la description, de nouveaux éclaircissements peuvent être présentés par l'inventeur.

Publicité. — La description du brevet est publiée en entier dans les journaux du ministère auquel il correspond et en substance dans les nouvelles du sénat et dans les feuilles publiques des deux capitales.

Cession. — Les brevets peuvent être cédés en totalité ou en partie à condition de notification au département des manufactures.

La cession ne peut être faite à une compagnie par actions sans autorisation du gouvernement.

Nullité. — Il y a nullité du brevet : lorsqu'il est prouvé judiciairement qu'avant la demande l'inven-

tion avait déjà été introduite en Russie ou exposée
dans une description suffisante pour la mettre en pratique ; lorsque l'invention était déjà employée sans privilége ; lorsque le breveté n'est pas le véritable inventeur ; lorsque la description est reconnue fausse.

Déchéance. —.L'inventeur est déchu de son droit
s'il n'a pas mis en exploitation sa découverte avant
l'expiration du quart de la durée accordée à son
brevet.

Contrefaçon. — Le breveté a le droit de poursuivre
judiciairement les contrefacteurs et de demander une
indemnité pour le dommage causé.

II. — DESSINS ET MODÈLES DE FABRIQUE

Documents législatifs. — Les dessins et modèles de
fabrique sont réglémentés par la loi du 11 juillet 1864.

Il n'y a pas en cette matière de convention avec la
France ; mais la loi accorde les mêmes garanties aux
étrangers qu'aux nationaux.

Nature du droit. — Le privilége est accordé à l'inventeur ou au propriétaire d'un dessin ou d'un modèle
destiné à la reproduction dans les fabriques, usines
et autres ateliers industriels.

Les dessins ou modèles faits sur commande du
fabricant sont ordinairement considérés comme étant
la propriété du dernier.

Durée. — La durée varie de un à dix ans, au choix du demandeur.

Taxe. — Les droits perçus par l'Etat sont de 50 képecks (2 fr.) par an, payables lors du dépôt pour toute la durée demandée.

Formalités. — L'inventeur ou propriétaire doit, pour obtenir le privilége, déposer avant l'exploitation un exemplaire du dessin ou un dessin du modèle en double expédition au ministère des finances à Moscou ou à Saint-Pétersbourg (section des manufactures et du commerce) ; une demande de certificat est jointe au dépôt.

La demande est transcrite sur un registre. Au certificat délivré est joint un des exemplaires du dessin sur lequel on a inscrit, avant la signature ministérielle et le sceau du gouvernement, le numéro du registre, les noms et adresse de l'inventeur ou propriétaire, la date du dépôt et la durée du privilége. — L'autre exemplaire reste au ministère, revêtu des mêmes indications.

Publicité. — Les dessins sont communiqués au public à Moscou un an après le dépôt ; ils peuvent sur demande être tenus secrets pendant trois ans au plus.

Cession. — Il doit être donné avis de la cession à la section des manufactures à Saint-Pétersbourg ou à

Moscou, suivant le lieu où a été fait le dépôt. Cette déclaration est enregistrée et en outre spécifiée sur les exemplaires déposés.

Nullité. — Sont nuls de plein droit les dessins ou modèles qui ne sont pas nouveaux, soit qu'ils reproduisent totalement ou partiellement un dessin ou modèle déjà déposé, soit qu'ils aient été imités d'un produit étranger livré au commerce.

Tous les ouvrages qui reproduisent le dessin ou modèle privilégié doivent porter d'une façon apparente une *marque de fabrique* conforme au modèle arrêté par le ministre des finances et indiquant la date de l'expiration du privilége.

Pénalités. — Le fabricant peut poursuivre les contrefacteurs et les faire condamner à des dommages-intérêts, sans préjudice d'une amende de 50 à 200 roubles (200 à 300 francs).

III. — Marques de fabrique.

Documents législatifs. — Les marques de fabrique sont réglementées par la loi du 11 juillet 1864, les ordonnances de police de 1832 (liv. 1, tit. 1) et les articles 1665 à 1669, 1671 à 1675 du Code pénal russe, édition de 1866.

Des conventions internationales ont été conclues avec la France le 2 juin 1857, le 6 mai 1870 et renouvelées le 1er avril 1874 et le 10 août 1877 (*Voir* § IV).

Nature de la marque. — Elle peut consister en étiquettes, vignettes ou empreintes, ou en tout autre signe distinctif ou emblématique.

Elle ne doit pas ressembler à une autre marque déjà déposée ; autrement le dépôt peut être refusé.

La marque est obligatoire sur les produits faits sur dessin ou modèle breveté.

Durée. — Le privilége résultant du dépôt est illimité ; mais, pour les étrangers, il n'existe qu'un cas de réciprocité dans le pays d'origine ou conformément aux traités de commerce.

Taxe. — Le dépôt est soumis à une taxe fixe de 25 roubles (100 fr.).

Formalités. — Le dépôt doit être fait au ministère des finances à Saint-Pétersbourg (section du commerce et des manufactures).

La demande doit contenir une description de la marque et la désignation des produits ou marchandises sur lesquelles elle doit être appliquée. Il faut y joindre trois expéditions des marques, dont une est annexée à la demande.

Le dépôt peut être fait par un mandataire muni d'un pouvoir légalisé.

Après l'enregistrement du dépôt, un récépissé est remis au déposant avec l'une des trois expéditions de la marque, pour lui servir de titre.

Contrefaçon. — La loi punit non-seulement celui qui a usurpé la marque déposée, mais elle s'applique à la circulation et à la vente des produits revêtus de cette marque.

Pénalité. — Le contrefacteur est puni des peines portées contre le faux. Des dommages-intérêts peuvent être accordés au fabricant, et les produits contrefaits lui sont adjugés, lorsqu'une marque russe a été apposée sur des marchandises étrangères ou que des produits russes ont été revêtus de faux plombs de la douane, afin de les faire passer pour des produits étrangers, les marchandises sont confisquées sans préjudice de l'amende encourue.

IV. — Convention internationale franco-russe relativement aux marques de fabrique.

Les relations entre la France et la Russie relativement aux marques de fabrique sont réglées par le traité de commerce du 1er avril 1874 (art. 20), qui continue à être en vigueur d'année en année depuis le 10 août 1877 jusqu'à ce qu'il ait été dénoncé un an à l'avance.

Contrefaçon. — Toute reproduction, dans l'un des deux États, des marques de fabrique et de commerce apposées dans l'autre sur certaines marchandises pour constater leur origine et leur qualité, de même que toute mise en vente ou en circulation de produits revêtus de marques de fabrique ou de commerce françaises ou russes, contrefaites en tout pays étranger, sont sévèrement interdites sur le territoire des deux États et passibles des peines édictées par les lois du pays.

Les opérations illicites mentionnées au présent article peuvent donner lieu, devant les tribunaux et selon les lois du pays où elles ont été constatées, à une action en dommages-intérêts valablement exercée par la partie lésée envers ceux qui s'en sont rendus coupables (*art.* 20).

Dépôt. — Les nationaux de l'un des deux États qui veulent s'assurer dans l'autre la propriété de leurs marques de fabrique ou de commerce sont tenus de les déposer exclusivement, savoir : les marques d'origine française à Saint-Pétersbourg, au département du commerce et des manufactures, et les marques d'origine russe à Paris, au greffe du tribunal de commerce de la Seine.

En cas de doute ou de contestations, il est entendu que les marques de fabrique ou de commerce auxquelles s'applique le présent article sont celles qui, dans chacun des deux États, sont légitimement acquises, conformément à la législation de leur pays, aux industriels et négociants qui en usent (*art.* 20).

PROPRIÉTÉ LITTÉRAIRE ET ARTISTIQUE

I. — Œuvres littéraires.

La propriété littéraire est régie pour le registre des lois civiles, par le Code pénal de 1832 et les ukases du 26 janvier 1846 et du 7 mai 1857.

Durée du droit. — Les auteurs conservent pendant leur vie la propriété de leurs œuvres. La durée du droit des héritiers ou cessionnaires, qui variait autrefois de 25 à 35 ans, a été portée, par l'ukase de 1857, à 50 ans à partir du décès de l'auteur.

Pour les ouvrages posthumes, ce délai de cinquante ans ne commence à courir qu'à partir de la première publication.

Les sociétés savantes ont un droit exclusif de reproduction pendant 50 ans à partir de leurs publications.

Nature de l'œuvre. — Parmi les œuvres de littérature sont compris les discours et leçons orales.

On ne peut reproduire un ouvrage par extraits, alors même qu'on y ajouterait des notes ou explications, excepté en ce qui concerne les livres d'étude.

Les traductions d'ouvrages nationaux ou étrangers donnent un droit de propriété au traducteur; les traductions d'ouvrages même imprimés en Russie sont autorisées au préjudice de l'auteur; par exception, les auteurs d'ouvrages scientifiques ayant nécessité des recherches peuvent se réserver le droit exclusif de traduction, à la condition de faire connaître cette réserve lors de la première publication et d'en user dans les deux ans à compter du jour où la cession a autorisé la vente de l'ouvrage original.

Les lettres intimes sont considérées comme étant la propriété indivise de celui qui les a envoyées et de celui qui les a reçues, et par suite elles ne peuvent être publiées sans leur consentement mutuel.

La mise au jour des œuvres d'antiquité nationale, telles que légendes, contes, proverbes et chants nationaux, ne reçoit protestation que pour une édition s'il ne s'agit que de la reproduction d'un manuscrit; mais, si l'antiquaire a recueilli la tradition orale, il a les mêmes droits que les auteurs.

Cession. — Tous les actes relatifs à la cession totale ou partielle doivent être rédigés par écrit.

La cession faite par l'auteur à un éditeur ne comprend, à moins de stipulation contraire, qu'une seule édition; cinq ans après que la censure a autorisé la vente de cette édition, il peut, ainsi que ses héritiers, en publier une autre; il a même le droit de faire une 'nouvelle édition avant les cinq ans s'il a fait à son livre des additions ou changements équivalant au moins aux deux tiers de l'ouvrage.

L'insertion, dans les journaux ou revues, d'articles plus ou moins étendus ne prive pas l'auteur du droit de publier son œuvre séparément, s'il ne s'est formellement engagé à ne pas le faire.

Les manuscrits ne peuvent être saisis par les créanciers.

Enregistrement. — Les auteurs d'œuvres littéraires ne sont pas soumis au dépôt de l'ouvrage pour la conservation de leurs droits, mais à un enregistrement sur un registre spécial.

Contrefaçon. — C'est la chambre civile ou le tribunal de même degré du gouvernement où le défenseur est domicilié qui est compétent pour juger les contrefaçons, à moins que les parties n'acceptent un tribunal arbitral.

Les poursuites ne peuvent être exercées que sur la plainte de la partie lésée ; cette plainte ne peut être formée que dans les deux ans à partir de la contrefaçon, et dans les quatre ans si le plaignant réside en pays étranger.

Pénalités. — Outre la confiscation, des dommages-intérêts peuvent être accordés au plaignant.

Celui qui est coupable de fraude pour avoir publié sous son nom l'ouvrage d'autrui ou pour avoir vendu

à plusieurs personnes un manuscrit ou le droit de
l'éditer, pouvait être, d'après l'article 742 du Code
pénal de 1832, condamné, indépendamment de l'indemnité civile, à la privation des droits civiques, à la
fustigation et à la déportation en Sibérie ; le Code
pénal de 1857 n'a pas reproduit cette disposition. La
plainte doit être formée dans les deux ans à peine de
déchéance.

II. — ŒUVRES DRAMATIQUES ET MUSICALES

Publication. — Les règles relatives à la publication
des œuvres dramatiques et musicales sont les mêmes
que pour les œuvres littéraires proprement dites.

Une composition musicale ne peut être arrangée
ou même adaptée à un autre instrument sans le consentement de l'auteur.

Représentation. — Le droit de représentation n'est
point réglementé, et la convention internationale
conclue avec la France n'en fait point non plus
mention.

III. — ŒUVRES D'ART.

Les lois qui régissent les œuvres d'art sont celles
indiquées pour les œuvres littéraires.

Nature de l'œuvre. — Les tableaux, dessins, gravures, cartes, statues et objets artistiques confèrent
les mêmes droits que les œuvres littéraires.

Les plans des architectes sont également leur propriété, et l'on ne peut construire un édifice ou une façade sur le modèle d'une autre maison.

Reproduction. — Les tableaux ne peuvent être ni reproduits par le même procédé, même lorsqu'on n'en extrait que des groupes, des têtes, des détails de paysage, ni copiés par le dessin et par la gravure.

Les œuvres de sculpture ne peuvent être reproduites par la fonte, le marbre ni sur une médaille, ni par la gravure, mais seulement lorsque la reproduction est de la même grandeur que l'original ; un sculpteur ne peut prendre également à une œuvre de sculpture des groupes, des têtes et ornements pour les faire entrer dans une composition nouvelle.

Toutefois une œuvre de sculpture peut être reproduite par la peinture et réciproquement.

Quant aux productions artistiques dont le gouvernement s'est rendu acquéreur ou qu'il a fait exécuter pour des palais, églises, ou établissements publics, elles peuvent être copiées sans le consentement de l'auteur par un procédé quelconque.

On peut aussi reproduire les œuvres d'art pour les appliquer à des produits industriels, soit par la peinture, le dessin ou leurs analogues, soit en impressions sur étoffes, soit par l'industrie textile (loi du 11 juillet 1864 sur les dessins de fabrique).

Les portraits et tableaux de famille ne peuvent être

reproduits par l'artiste lui-même que du consentement de la personne ou de ses héritiers.

Cession. — Tous les actes de cession doivent être passés par écrit. A la mort de l'artiste, le cessionnaire ou légataire du droit de reproduction d'une ou de plusieurs des œuvres est tenu, pour avoir les droits des héritiers légitimes, de leur donner avis de la cession dans l'année du décès et, s'il réside en pays étranger, dans les deux ans.

Lorsqu'un artiste cède ou lègue par testament le droit de propriété artistique ou l'une de ses œuvres, ce droit passe complétement à l'acquéreur et à ses héritiers légitimes; mais, s'il s'agit d'une œuvre qui puisse être reproduite dans un recueil complet, l'artiste conserve néanmoins le droit de l'y insérer.

Les œuvres d'art peuvent être vendues aux enchères pour le payement des dettes de l'artiste, mais en ce cas le droit de propriété artistique ne passe pas aux acquéreurs.

Enregistrement. — Pour conserver le droit de reproduction de leur œuvre, les artistes doivent, avant de la présenter au public, la faire connaître au tabellion du district, qui en fait sur ses registres une description détaillée, puis envoyer l'extrait du registre dûment certifié à l'Académie des beaux-arts, qui fait publier avis de cette communication par la voie des journaux aux frais du requérant.

IV. — CONVENTION INTERNATIONALE FRANCO-RUSSE RELATIVE A LA PROPRIÉTÉ LITTÉRAIRE ET ARTISTIQUE.

Une convention du 6 avril 1861 a été conclue pour six années; mais elle reste en vigueur jusqu'à ce qu'elle ait été dénoncée un an à l'avance.

En voici l'analyse détaillée :

Droit des auteurs. — Les auteurs d'œuvres d'esprit ou d'art, auxquels les lois de l'un des deux Etats garantissent actuellement ou garantiront à l'avenir le droit de propriété ou d'auteur, ont la faculté d'exercer ce droit sur le territoire de l'autre Etat de la même manière et dans les mêmes limites que s'exercerait, dans cet autre Etat, le droit attribué aux auteurs d'ouvrages de même nature qui y seraient publiés.

La réimpression et la reproduction illicite ou contrefaçon des œuvres publiées primitivement dans l'un des deux Etats sont assimilées dans l'autre à la réimpression et à la reproduction illicite d'ouvrages dont les auteurs appartiennent à ce dernier. Toutes les lois, ordonnances, règlements et stipulations existant ou qui pourraient par la suite être promulgués au sujet du droit exclusif de publication des œuvres littéraires et artistiques, sont, en tant qu'il n'y est pas dérogé par la convention, applicables à cette contrefaçon.

Mais les droits à exercer réciproquement dans l'un

ou dans l'autre Etat, relativement aux ouvrages ci-dessus mentionnés, ne peuvent être plus étendus que ceux qu'accorde la législation de l'Etat auquel appartiennent les auteurs ou ceux qui les remplacent à titre de mandataires, d'héritiers, de cessionnaires, de donataires ou autrement (*art.* 1).

Les mandataires héritiers ou ayants cause des auteurs jouissent des mêmes droits que ceux accordés aux auteurs par la convention (*art.* 2).

La mise en vente de toute œuvre reconnue, dans l'un ou l'autre des deux Etats, pour une reproduction illégale ou contrefaçon d'un ouvrage jouissant du privilége de protection, est interdite, sans qu'il y ait à distinguer si cette contrefaçon provient de l'un des deux Etats ou de tout autre pays. — Toutefois la convention ne fait point obstacle à la vente des réimpressions ou reproductions qui auraient été publiées dans chacun des deux Etats ou qui auraient été introduites dans l'autre dans l'année qui a suivi la signature de la convention (*art.* 7).

Durée des droits. — Le droit de propriété littéraire ou artistique des Français dans l'empire de Russie, et des sujets russes en France, dure, pour les auteurs, toute leur vie, et se transmet pour vingt ans, à leurs héritiers directs ou testamentaires, et pour dix ans à leurs héritiers collatéraux.

Les termes de vingt ans et de dix ans sont comptés depuis l'époque du décès de l'auteur (*art.* 4).

Formalités. — Les auteurs ou traducteurs doivent établir, au besoin, par un témoignage émanant d'une autorité publique, que l'ouvrage en question est une œuvre originale qui, dans le pays où elle a été publiée, jouit de la protection légale contre la contrefaçon ou reproduction illicite.

La preuve de la propriété, pour toute œuvre d'esprit ou d'art, résulte toujours de plein droit, pour les ouvrages publiés en France, d'un certificat délivré par le bureau de la librairie au ministère de l'intérieur à Paris, ou par le secrétariat de la préfecture dans les départements; et, quant aux ouvrages publiés en Russie, la preuve de la propriété résulte, de plein droit, d'un certificat délivré, pour les œuvres littéraires, scientifiques ou dramatiques, par l'autorité chargée de la censure des livres, et pour les œuvres artistiques, si elles sont publiées dans l'empire, par l'Académie impériale des beaux-arts à Saint-Pétersbourg, et, si elles sont publiées dans le royaume de Pologne, par l'École des beaux-arts à Varsovie.

Pour être reconnus valables dans l'un ou dans l'autre des deux États, les certificats dont il est fait mention dans le présent article doivent être légalisés sans frais par les agents diplomatiques ou consulaires respectifs (*art.* 3).

Nature de l'œuvre. — Sont compris sous la dénomination d'œuvres d'esprit ou d'art les livres, écrits, œuvres dramatiques, compositions musicales, ta-

bleaux, gravures, plans, cartes géographiques, lithographies et dessins, travaux de sculpture et autres
productions scientifiques, littéraires ou artistiques,
que ces œuvres soient publiées par des particuliers ou
par une autorité publique quelconque, par une académie, une université, un établissement d'instruction
publique, une Société savante ou autre (*art.* 2).

Traductions. — Sont expressément assimilées aux
ouvrages originaux les traductions faites dans l'un
des Etats d'ouvrages nationaux ou étrangers. Cette
disposition a seulement pour but de protéger le traducteur par rapport à sa propre traduction, et non
de conférer le droit exclusif de traduction au premier
traducteur d'un ouvrage quelconque (*art.* 3).

Articles de journaux. — Les articles extraits des
journaux ou recueils périodiques, publiés dans l'un
des deux pays, peuvent être reproduits dans les journaux ou recueils périodiques de l'autre pays, pourvu
que l'on indique la source à laquelle on les a puisés.

Toutefois, cette permission ne s'étend pas à la
reproduction, dans l'un des deux pays, des articles
de journaux ou de recueils périodiques publiés dans
l'autre, lorsque les auteurs ont formellement déclaré
dans le journal, ou le recueil même où ils les ont fait
paraître, qu'ils interdisent la reproduction. Dans aucun cas, cette interdiction ne peut atteindre les articles de discussion politique (*art.* 5).

Contrefaçon. — En cas de contravention et de poursuite en dommages-intérêts, il est procédé, dans l'un
ou l'autre Etat, conformément à ce qui est ou serait
prescrit par les législations respectives, et les tribunaux compétents appliquent les peines déterminées
par les lois en vigueur; le tout de la même manière
que si l'infraction avait été commise au préjudice
d'un ouvrage ou d'une production d'origine nationale
(*art.* 6).

Surveillance de l'Etat. — Les dispositions de la convention ne portent, en quoi que ce soit, préjudice au
droit qu'a chacun des Etats de permettre, de surveiller
ou d'interdire, par des mesures législatives ou administratives, la circulation ou l'exposition de tout ouvrage ou production, et aussi de prohiber l'importation, sur leur territoire, des livres que la législation
intérieure ou des traités avec d'autres Etats feraient
entrer dans la catégorie des reproductions illicites
(*art.* 9).

Douane et transit. — Aussi longtemps que les livres
publiés en France seront admis libres de tout droit
de douane dans les Etats russes, tous les ouvrages
indistinctement publiés en Russie, de même que la
musique, les gravures, les lithographies et les cartes
géographiques, sont admis également libres de tout
droit de douane sur le territoire français.

SUISSE

PROPRIÉTÉ INDUSTRIELLE

I. — BREVETS D'INVENTION.

Législation. — Les cantons confédérés de la Suisse sont chacun, dans les limites de leur territoire, régis par des lois et coutumes différentes, et le Conseil fédéral ne règle que ce qui concerne les intérêts généraux ; il n'y a point encore été question des brevets d'invention.

II. — DESSINS ET MODÈLES DE FABRIQUE.

Législation. — Il n'existe point de loi suisse relative aux dessins et modèles de fabrique. Mais la France a conclu le 30 juin 1864, avec la Confédération, un traité qui dans sa seconde partie reproduit, en faveur des Français, la plupart des règles suivies en France et les dispositions des articles 427 et 429 du Code pénal français du 19 février 1810.

Nous plaçons ici l'extrait méthodique de cette partie de la convention, qui constitue la législation suisse applicable aux Français.

Durée. — Le dépôt des dessins de fabrique assure la propriété des déposants pour un, deux ou trois ans, suivant leur déclaration et à compter de sa date; mais la durée de ce droit peut toujours être prorogée pour une nouvelle période de trois ans, au moyen d'un nouveau dépôt (art. 37).

Taxe. — Il est perçu un droit fixe au minimum de un franc pour le dépôt de chaque dessin de fabrique.

Tout acte de cession d'un dessin de fabrique est enregistré moyennant un droit de un franc.

Pour le dépôt, comme pour la cession, la taxe fixée est exclusive de tous autres frais (art. 43).

Formalités. — Le déposant peut faire son dépôt, soit ouvertement, certifié de sa signature et de son cachet, soit sous enveloppe cachetée. Dans ce dernier cas, l'enveloppe contenant le dessin ou l'échantillon ne peut être ouverte qu'un an après l'acte de son dépôt.

Après ce terme, il est permis de prendre inspection des échantillons ou dessins déposés. L'enveloppe peut, à toute époque, et sur la réquisition du déposant, être ouverte, ou, en cas de contestation, en vertu d'une ordonnance judiciaire (art. 38).

Le dépôt se fait au département fédéral de l'intérieur, à Berne (art. 19).

Nullité. — Le dépôt est considéré comme non avenu dans les cas suivants :

1° Si le dessin n'est pas nouveau ;

2° Si, antérieurement au dépôt, des produits fabriqués sur le dessin déposé ont été livrés au commerce (art. 39).

Déchéance. — Est déchu du droit résultant du dépôt le déposant qui n'a pas exploité en France le dessin faisant l'objet du dépôt dans le cours des deux années qui suivent ledit dépôt (art. 40).

Contrefaçon. — Le propriétaire d'un dessin de fabrique peut faire procéder, en vertu d'une ordonnance de l'autorité compétente, à la désignation ou description détaillée, avec ou sans saisie, des produits qu'il prétend contrefaits à son préjudice, en contravention aux dispositions de la convention.

L'ordonnance est rendue sur simple requête et sur la présentation du procès-verbal constatant le dépôt de l'œuvre littéraire ou artistique. Elle contient, s'il y a lieu, la nomination d'un expert.

Lorsque la saisie est requise, le juge peut exiger du requérant un cautionnement qu'il est tenu de consigner avant de faire procéder à la saisie.

Il est laissé copie au détenteur des objets décrits ou saisis, de l'ordonnance et de l'acte constatant le dépôt du cautionnement, le cas échéant, le tout à peine de nullité et de dommages-intérêts (art. 27).

A défaut par le requérant de s'être pourvu dans le délai de la quinzaine, la description ou saisie est nulle de plein droit, sans préjudice des dommages-intérêts qui peuvent être réclamés, s'il y a lieu (art. 28).

La poursuite devant les tribunaux suisses pour ces délits n'a lieu que sur la demande de la partie lésée ou de ses ayants droit (art. 44).

Les actions relatives à la contrefaçon sont portées en Suisse, devant le tribunal du district dans lequel la contrefaçon ou la vente illicite a eu lieu.

Les actions civiles sont jugées comme matières sommaires (art. 45).

Pénalités. — Tout contrefacteur est puni d'une amende de cent francs au moins et de deux mille francs au plus, et le débitant, d'une amende de vingt-cinq francs au moins et de cinq cents francs au plus, et il est condamné, en outre, à payer au propriétaire des dommages-intérêts pour réparation du préjudice à lui causé.

La confiscation de l'édition contrefaite est prononcée tant contre le contrefacteur que contre l'introducteur et le débitant. Dans tous les cas, les tribunaux peuvent, sur la demande de la partie civile, ordon-

ner ,qu'il lui soit fait remise des objets contrefaits
en déduction des dommages-intérêts à elle alloués
(art. 25 et 41).

Le produit des confiscations est remis au propriétaire pour l'indemniser d'autant du préjudice
qu'il a souffert ; le surplus de son indemnité est réglé
par les voies ordinaires (art. 26).

Le tribunal peut ordonner l'affiche du jugement
dans les lieux qu'il déterminera, et son insertion
intégrale ou par extrait dans les journaux qu'il
désignera, le tout aux frais du condamné (art. 47).

Les tribunaux pourront, s'il existe des circonstances atténuantes, réduire les peines prononcées
contre les coupables au-dessous du minimum prescrit, et même substituer l'amende à l'emprisonnement, sans qu'en aucun cas, elle puisse être au-dessous des peines de simple police (art. 49).

Les peines établies en vertu de la convention ne
peuvent être cumulées. La peine la plus forte est
seule prononcée pour tous les faits antérieurs au premier acte de poursuite (art. 46).

Les peines peuvent être élevées au double en cas
de récidive. Il y a récidive lorsqu'il a été prononcé
contre le prévenu, dans les cinq années antérieures,
une condamnation pour un délit de la même nature
(art. 48).

III. — MARQUES DE FABRIQUE

Législation. — La convention internationale du
30 juin 1864 contient dans sa seconde partie, comme
pour les dessins de fabrique, des dispositions qui
tiennent lieu de loi applicable aux Français en Suisse
et sont en partie la reproduction de la loi française
du 23 juin 1857.

Voici ces dispositions :

Nature du droit. — Sont considérés comme marques de fabrique ou de commerce les noms sous une
forme distinctive, les dénominations, emblèmes, empreintes, timbres, cachets, vignettes, reliefs, lettres,
chiffres, enveloppes et tous autres signes servant à
distinguer les produits d'une fabrique ou les objets
d'un commerce (art. 29).

Toutes les dispositions relatives aux marques de
fabrique et de commerce sont applicables aux vins,
eaux-de-vie et autres boissons, aux bestiaux, graines,
farines, et généralement à tous les produits de l'agriculture (art. 34).

Durée. — Le dépôt effectué n'assure la propriété
des marques de fabrique en Suisse que pour quinze
années. Mais la durée de ce droit peut toujours être
prorogée pour une nouvelle période de quinze ans,
au moyen d'un nouveau dépôt (art. 30).

Taxe. — Il est perçu un droit fixe de cinq francs pour le dépôt de chaque marque de fabrique et de commerce (art. 31).

Contrefaçon. — Mêmes dispositions que pour les dessins de fabrique (Voir § II : relativement à la saisie, art. 27 et 28, et pour la compétence des tribunaux, art. 44 et 45).

Pénalités. — Sont punis d'une amende de cinquante francs à trois mille francs et d'un emprisonnement de trois mois à trois ans, ou de l'une de ces deux peines seulement :

1° Ceux qui ont contrefait une marque ou fait usage d'une marque contrefaite ;

2° Ceux qui ont frauduleusement apposé sur leurs produits ou les objets de leur commerce une marque appartenant à autrui ;

3° Ceux qui ont sciemment vendu ou mis en vente un ou plusieurs produits revêtus d'une marque contrefaite ou frauduleusement apposée (art. 31).

Sont punis d'une amende de cinquante francs à deux mille francs et d'un emprisonnement d'un mois à un an, ou de l'une de ces deux peines seulement :

1° Ceux qui, sans contrefaire une marque, en ont fait une imitation frauduleuse de nature à tromper l'acheteur, ou ont fait usage d'une marque frauduleusement imitée ;

2° Ceux qui ont fait usage d'une marque portant

des indications propres à tromper l'acheteur sur la nature du produit;

3º Ceux qui ont sciemment vendu ou mis en vente un ou plusieurs produits revêtus d'une marque frauduleusement imitée ou portant des indications propres à tromper l'acheteur sur la nature du produit (art. 32).

Dans les cas prévus par les articles précédents, le produit des confiscations est remis au propriétaire pour l'indemniser d'autant du préjudice qu'il a souffert; le surplus de son indemnité est réglé par les voies ordinaires (art. 26).

La confiscation des produits dont la marque serait reconnue contraire aux dispositions des articles 31 et 32 pourrait même, en cas d'acquittement, être prononcée par le tribunal, ainsi que celle des instruments et ustensiles ayant spécialement servi à commettre le délit.

Le tribunal peut ordonner que les produits confisqués soient remis au propriétaire de la marque contrefaite ou frauduleusement apposée ou imitée, indépendamment de plus amples dommages-intérêts, s'il y a lieu.

Il doit prescrire, dans tous les cas, la destruction des marques reconnues contraires aux dispositions desdits articles (art. 33).

(Les dispositions mentionnées aux dessins de fabrique (voir § II), relativement à l'affiche du jugement (art. 47), aux circonstances atténuantes (art. 49),

au non-cumul des peines (art. 46) et à la récidive
(art. 48), sont identiques pour les marques de fabrique.)

IV. — CONVENTION INTERNATIONALE FRANCO - SUISSE RELATIVE AUX DESSINS OU MODÈLES ET AUX MARQUES DE FABRIQUE.

La convention internationale du 30 juin 1864, concernant la propriété littéraire, artistique et industrielle, dont nous avons relaté (§ II et III) les dispositions applicables aux Français en Suisse, renferme
sur les dessins et les marques de fabrique les articles
suivants, applicables aux Suisses en France.

Nature du droit. — Les Suisses jouissent en France
de la même protection que les nationaux, pour tout
ce qui concerne la propriété des marques de fabrique
ou de commerce, ainsi que des dessins de fabrique.

Si la marque de fabrique et de commerce ou le
dessin de fabrique appartiennent au domaine public,
en Suisse, ils ne peuvent être l'objet d'une jouissance
exclusive en France.

Les droits des ressortissants suisses ne sont pas
subordonnés en France à l'obligation d'y exploiter
es dessins de fabrique (art. 14).

Dépôt. — Les Suisses ne peuvent revendiquer en
France la propriété exclusive d'une marque ou d'un

dessin, s'ils n'ont déposé, pour la marque, deux exemplaires au greffe du tribunal de commerce de la Seine et, pour les dessins de fabrique, une esquisse ou un échantillon au secrétariat du Conseil des prud'hommes des tissus à Paris, qui se charge de transmettre aux conseils compétents ceux des dessins dont il ne serait pas autorisé à conserver le dépôt (art. 15).

Pénalités. — En cas de contravention la saisie des objets de contrefaçon est opérée, et les tribunaux appliquent les peines déterminées par la loi, de la même manière que si l'infraction avait été commise au préjudice d'un ouvrage ou d'une production française.

Les caractères constituant la contrefaçon sont déterminés par les tribunaux français, d'après la législation en vigueur sur le territoire (art. 16).

PROPRIÉTÉ LITTÉRAIRE ET ARTISTIQUE

I. — OEUVRES LITTÉRAIRES.

Legislation. — En l'absence de toute législation générale relative à la garantie des œuvres littéraires et artistiques, les États confédérés : ZURICH, BERNE, URI, UNTERWALDEN, GLARIS, BALE, SCHAFFOUSE, APPENZELL, GRISONS, THURGOVIE, TESSIN, VAUD et GENÈVE ont conclu un concordat auquel le canton d'ARGOVIE a adhéré. Ce concordat a été approuvé par leConseil fédéral le 3 décembre 1856.

La convention du 30 juin 1864, conclue avec la France au nom de toute la Confédération, contient en outre des dispositions réglementaires applicables spécialement aux Français dans tous les cantons. (Voir § IV ci-après.)

Concordat du 3 décembre 1856.

Durée du droit. — Le droit de l'auteur dure toute sa vie, et, s'il meurt avant l'expiration de la trentième année à dater de la première publication, ce droit continue de subsister pour le reste de ce temps en faveur de ses successeurs (héritiers ou cessionnaires). Si la publication n'a pas lieu du vivant de l'auteur, ses héritiers ou autres ayants droit ont le privilége exclusif de publier l'ouvrage pendant dix ans, à dater de la mort de l'auteur. S'ils en font usage, la protection dure trente ans à partir de cette mort (art. 2).

Nature de l'œuvre. — Les écrivains et les artistes ont exclusivement le droit de publier ou faire publier leurs œuvres. Ce droit s'étend à toutes les productions du domaine de la littérature et des arts qui sont imprimées ou publiées dans l'un des cantons concordants. Les citoyens des Etats concordants, qui publient leurs œuvres hors du territoire de l'État, peuvent pareillement acquérir ce droit, en remettant chaque fois un exemplaire de l'ouvrage à leur gouvernement, et en faisant connaître officiellement leur qualité d'auteur (art. 1).

Les reproductions qui exigent un travail intellectuel propre ne constituent pas une lésion du droit d'auteur. Elles sont, au contraire, admises au bénéfice de ce droit (art. 3).

Ne constituent pas non plus une violation du droit d'auteur : 1° l'impression des actes et délibérations d'autorités publiques, à moins que le gouvernement fédéral ou un gouvernement cantonal n'ait remis à

un éditeur la publication de ses actes ; — 2° l'impression de discours prononcés en public ; — 3° la
reproduction d'articles publiés dans les journaux ;
— 4° l'insertion, dans un recueil, de passages, morceaux ou chapitres extraits d'un ouvrage (art. 4).

Pénalités. — La publication illicite d'une œuvre
littéraire ou d'art, au moyen de la contrefaçon ou de
la vente d'ouvrages contrefaits opérée sciemment,
est, sur la dénonciation de l'auteur ou de ses ayants
droit, punie d'une amende jusqu'à concurrence de
1,000 francs, et les exemplaires non encore vendus
sont confisqués au profit de l'auteur (art. 5).

L'auteur lésé ou son ayant droit peut, en outre,
réclamer une indemnité que le tribunal fixe dans la
mesure qu'il juge convenable, après avoir entendu
les parties (art. 6).

Les contraventions sont jugées par les tribunaux
compétents du canton dans lequel la contrefaçon ou
la vente illicite a eu lieu (art. 7).

Réciprocité. — La protection de la propriété littéraire et artistique peut être étendue, par voie de
traité, aux productions des États étrangers qui usent
de réciprocité et qui, par des droits d'entrée modérés
sur les productions de la littérature et de l'art suisse,
en facilitent le débit. — Un pareil traité n'obligerait
les cantons qu'autant qu'ils y auraient adhéré (art. 8).

Dispositions réglementaires de la convention franco-suisse du 30 juin 1864.

Ces dispositions peuvent être remplacées par celles de la législation que les autorités compétentes de la Suisse viendraient à consacrer, en matière de propriété littéraire, artistique ou industrielle, sur la base de l'assimilation des étrangers aux nationaux (art. 18).

Durée du droit. — Le droit de propriété acquis en Suisse, conformément aux dispositions de la convention, pour les œuvres littéraires ou artistiques, dure, pour l'auteur, toute sa vie, et s'il meurt avant l'expiration de la trentième année, à dater de la première publication, ce droit continue à subsister pour le reste de ce terme en faveur de ses successeurs.

Si la publication n'a pas eu lieu du vivant de l'auteur, ses héritiers ou ayants droit ont le privilège exclusif de publier l'ouvrage pendant six ans, à dater de la mort de l'auteur. S'ils en font usage, la protection dure trente ans, à partir de cette mort.

Toutefois, la durée du droit de propriété par rapport aux traductions est réduite à cinq années (art. 22).

Nature de l'œuvre. — Les auteurs de livres, brochures ou autres écrits de compositions musicales ou d'arrangements de musique, d'œuvres de dessin, de peinture, de sculpture, de gravure, de lithographie et de oute autre production analogue du domaine littéraire ou artistique, publiés pour la première fois en France, jouissent en Suisse, pour la protection de leurs droits de propriété, des garanties stipulées dans la convention (art. 20). (Voir § IV ci-après.)

II. — Œuvres dramatiques et musicales.

Législation. — La convention franco-suisse du 30 juin 1864 a assimilé la représentation des œuvres dramatiques et musicales à la publication des œuvres littéraires.

La garantie s'applique en France à la représentation ou exécution des œuvres dramatiques ou musicales, publiées, exécutées ou représentées pour la première fois en Suisse après la mise en vigueur de la convention (art. 4).

Les auteurs d'œuvres dramatiques ou musicales publiées ou exécutées pour la première fois en France jouissent en Suisse, par rapport à la représentation ou à l'exécution de leurs œuvres, de la même protection que les lois accordent ou accorderont par la suite dans ce même pays aux auteurs ou compositeurs suisses pour la représentation ou l'exécution de leurs œuvres (art. 21).

III. — Œuvres d'art.

Les œuvres d'art sont soumises aux mêmes règles que les œuvres littéraires et sont régies, en ce

qui concerne la France, par la convention du
30 juin 1864.

IV. — CONVENTION INTERNATIONAL FRANCO - SUISSE
CONCERNANT LA PROPRIÉTÉ LITTÉRAIRE ET ARTISTI-
QUE.

La convention internationale en vigueur est celle
du 30 juin 1864, qui est obligatoire pour les deux
pays jusqu'à ce qu'elle soit modifiée d'un commun
accord.

Droits des auteurs. — Les auteurs de productions
du domaine littéraire ou artistique, publiées pour la
première fois en Suisse, jouissent en France des
avantages qui y sont ou y seront attribués par la loi
à la propriété des ouvrages de littérature ou d'art,
et ils ont la même protection et le même recours
légal contre toute atteinte portée à leurs droits, que si
cette atteinte avait été commise à l'égard d'auteurs
d'ouvrages publiés pour la première fois en France.

Toutefois ces avantages ne leur sont assurés que
pendant l'existence de leurs droits dans leur pays,
et la durée de leur jouissance en France ne peut
excéder celle fixée à leur profit en Suisse (art. 1).

Les mandataires légaux, ou ayants cause des
auteurs, traducteurs, compositeurs, dessinateurs,
peintres, sculpteurs, graveurs, lithographes, etc.,

jouissent, à tous égards, des mêmes droits que ceux accordés aux auteurs, traducteurs, compositeurs, dessinateurs, peintres, sculpteurs, graveurs et lithographes eux-mêmes (art. 8).

Lorsqu'un auteur français a cédé son droit de publication ou de reproduction à un éditeur suisse, sous la réserve que les exemplaires ou éditions de cette œuvre ainsi publiés ou reproduits ne peuvent être vendus en France, ces exemplaires ou éditions sont considérés et traités dans ce pays comme reproduction illicite (art. 7).

Toutes ces dispositions sont applicables réciproquement en Suisse aux ouvrages français (art. 20).

Formalités. — La jouissance de ce bénéfice est subordonnée à l'acquisition légale de la propriété des ouvrages littéraires et artistiques en Suisse.

Pour les livres, cartes, estampes, gravures, lithographies ou œuvres musicales, publiés pour la première fois en Suisse, l'exercice du droit de propriété en France est, en outre, subordonné à l'accomplissement préalable, dans ce dernier pays, de la formalité de l'enregistrement, effectué à Paris au ministère de l'intérieur. L'enregistrement se fait sur la déclaration écrite des intéressés, laquelle peut être adressée soit au susdit ministère, soit à la chancellerie de l'ambassade de France à Berne. — Il en est de même réciproquement pour les ouvrages publiés pour la première fois en France; l'enregistrement doit avoir lieu au département fédéral à Berne, ou à la chancellerie de la légation suisse à Paris.

La déclaration doit être faite dans les trois mois qui suivent la publication de l'ouvrage pour les ouvrages publiés postérieurement à la mise en vigueur de la convention, et dans les trois mois qui suivent la mise en vigueur de ladite convention pour les ouvrages publiés antérieurement.

A l'égard des ouvrages qui paraissent par livraisons, le délai de trois mois ne commence à courir qu'à dater de la publication de la dernière livraison, à moins que l'auteur n'ait indiqué, conformément aux prescriptions de l'article 6, son intention de se réserver le droit de traduction, auquel cas chaque livraison est considérée comme un ouvrage séparé.

La formalité de l'enregistrement sur des registres spéciaux tenus à cet effet ne donne ouverture à la perception d'aucune taxe.

Les intéressés reçoivent un certificat authentique de l'enregistrement; ce certificat est délivré gratis, sauf, s'il y a lieu, paiement des frais de timbre.

Le certificat doit porter la date précise à laquelle la déclaration a eu lieu; il fait foi dans toute l'étendue du territoire français, et constate le droit exclusif de propriété et de reproduction, aussi long-temps que quelque autre personne n'a pas fait admettre son droit en justice (art. 3).

Nature de l'œuvre. — Les ouvrages d'esprit ou d'art

sont en général les livres, brochures ou autres écrits
de compositions musicales ou d'arrangements de
musique, les œuvres de dessin, de peinture, de sculpture, de gravure, de lithographie et les autres productions analogues (art. 1).

Chrestomathies. — Il est permis de publier en France
des extraits ou des morceaux entiers d'ouvrages ayant
paru pour la première fois en Suisse, et réciproquement, pourvu que ces publications soient spécialement appropriées à l'enseignement ou à l'étude et
accompagnées de notes explicatives ou de traductions
interlinéaires ou marginales (art. 2).

Articles de journaux. — Les articles extraits des
journaux ou recueils publiés en Suisse peuvent être
reproduits ou traduits dans les journaux ou recueils
périodiques de France, et réciproquement, pourvu
qu'on y indique la source à laquelle on les aura
puisés.

Toutefois, cette faculté ne s'étend pas à la reproduction des articles de journaux ou recueils périodiques publiés en Suisse, lorsque les auteurs ont
formellement déclaré, dans le journal ou recueil
même où ils les ont fait paraître, qu'ils en interdisent la reproduction. En aucun cas, cette interdiction ne peut atteindre les articles de discussion
politique (art. 9).

Traductions. — Sont expressément assimilées aux

ouvrages originaux les traductions faites d'ouvrages
nationaux ou étrangers. Ces traductions jouissent, à
ce titre, de protection, en ce qui concerne leur reproduction non autorisée en France. Il est bien entendu
que cette protection n'est donnée au traducteur que
par rapport à la version qu'il a donnée de l'ouvrage
original, et n'a pas pour but de conférer le droit
exclusif de traduction au premier traducteur d'un
ouvrage quelconque, écrit en langue morte ou vivante
hormis le cas et les limites prévus ci-après (art. 5).

L'auteur de tout ouvrage publié dans l'un des
deux pays qui a entendu se réserver le droit de traduction jouit pendant cinq années, à partir du jour
de la première publication de la traduction de son
ouvrage autorisée par lui, du privilége de protection
contre la publication, dans l'autre pays, de toute
traduction du même ouvrage, non autorisée par lui,
et sous les conditions suivantes :

1° L'ouvrage original doit avoir été enregistré en
France sur la déclaration faite dans un délai de
trois mois, à partir du jour de la première publication en Suisse, et réciproquement.

2° L'auteur doit indiquer, en tête de son ouvrage,
l'intention de se réserver le droit de traduction.

3° Il faut que ladite traduction autorisée ait paru,
au moins en partie, dans le délai d'un an, à compter
de la date de la déclaration de l'original effectuée
ainsi qu'il est prescrit, et, en totalité, dans le délai de
trois ans, à partir de ladite déclaration.

4° La traduction doit être publiée dans l'un des pays et être, en outre, enregistrée conformément aux dispositions de la convention.

5° Pour les ouvrages publiés par livraisons, il suffit que la déclaration de l'auteur qu'il entend se réserver le droit de reproduction, soit exprimée dans la première livraison. Toutefois, en ce qui concerne le terme de cinq ans assigné pour l'exercice du droit privilégié de traduction, chaque livraison est considérée comme un ouvrage séparé; chacune d'elles doit être enregistrée en France, sur la déclaration faite dans les trois mois, à partir de sa première publication en Suisse.

6° Relativement à la traduction des ouvrages dramatiques ou à la représentation de ces traductions, l'auteur qui veut se réserver le droit exclusif doit faire paraître ou représenter la traduction trois mois après l'enregistrement de l'ouvrage original.

Les droits conférés pour les traductions sont subordonnés aux conditions imposées par la convention à l'auteur d'un ouvrage original (art. 8).

Surveillance de l'État. — Les dispositions contenues dans la convention ne peuvent porter préjudice, en quoi que ce soit, au droit qui appartient au gouvernement français de permettre, de surveiller ou d'interdire, par des mesures législatives ou de police intérieure, la circulation, la représentation ou l'exposition de tout ouvrage ou production à l'égard desquels l'autorité compétente aurait à exercer ce droit.

Le gouvernement français conserve le droit de prohiber l'importation dans ses propres États des livres qui, d'après les lois intérieures ou des stipulations souscrites avec d'autres puissances, sont ou seraient déclarés être des contrefaçons (art. 13).

Le gouvernement français a dû prendre, par voie de règlement d'administration publique, les mesures nécessaires pour prévenir toute difficulté à raison de la possession et de la vente, par les éditeurs, imprimeurs ou libraires français, de réimpressions d'ouvrages constituant la propriété des citoyens suisses et non tombés dans le domaine public, publiés ou imprimés par eux antérieurement à la mise en vigueur de la présente convention, ou actuellement en cours de publication ou de réimpression non autorisée.

Ces règlements s'appliquent également aux clichés, bois et planches gravées de toute sorte, ainsi qu'aux pierres lithographiques existant en magasins chez les éditeurs ou imprimeurs français, et constituant une reproduction non autorisée de modèles suisses.

Toutefois, ces clichés, bois et planches gravées de toute sorte, ainsi que les pierres lithographiques, ne pourront être utilisés que pendant quatre ans à dater de la mise en vigueur de la présente convention (art. 11).

Douane et transit. — La vente, la circulation et l'exposition en France d'ouvrages ou objets de reproduction non-autorisés, définis par les articles 1, 4, 5 et 6, sont prohibées, sauf ce qui est dit à l'article 11, soit que lesdites reproductions non autorisées proviennent de Suisse, soit qu'elles proviennent d'un pays étranger quelconque (art. 10).

Les livres d'importation licite venant de Suisse sont admis en France, tant à l'entrée qu'au transit direct ou par entrepôt, par les bureaux de *Bellegarde*, *Pontarlier*, *Pont-de-la-Caille*, *Chambéry*, *Saint-Michel* et *Saint-Louis*, sans préjudice toutefois des autres bureaux qui pourraient être ultérieurement désignés pour le même effet.

Si les intéressés le désirent, les livres déclarés à l'entrée sont expédiés à la direction de l'imprimerie et de la librairie au ministère de l'intérieur, pour y subir les vérifications prescrites, qui ont lieu au plus tard dans le délai de quinze jours (art. 12).

Contrefaçon. — En cas de contravention, la saisie des objets de contrefaçon est opérée, et les tribunaux appliquent en France les peines déterminées par la loi, de la même manière que si l'infraction avait été commise au préjudice d'un ouvrage ou d'une production française. Les caractères constituant la contrefaçon sont déterminés par les tribunaux français d'après les législations en vigueur sur le territoire (Art. 16).

Le propriétaire français d'une œuvre littéraire ou artistique peut faire procéder en Suisse, en vertu d'une ordonnance de l'autorité compétente, à la désignation ou description détaillée, avec ou sans saisie, des produits qu'il prétend contrefaits à son préjudice, en contravention aux dispositions de la convention. — L'ordonnance est rendue sur simple requête et sur la présentation du procès-verbal constatant le dépôt de l'œuvre littéraire ou artistique. Elle contient, s'il y a lieu, la nomination d'un expert. — Lorsque la saisie est requise, le juge peut exiger du requérant un cautionnement qu'il sera tenu de consigner avant de faire procéder à la saisie. — Il est laissé copie au détenteur des objets décrits ou saisis de l'ordonnance et de l'acte constatant le dépôt du cautionnement le cas échéant, le tout à peine de nullité et de dommages-intérêts (art. 27).

A défaut par le requérant de s'être pourvu dans le délai de la quinzaine, la description ou saisie est nulle de plein droit sans préjudice des dommages-intérêts qui pourraient être réclamés s'il y avait lieu (art. 28).

Toute édition d'une œuvre littéraire ou artistique imprimée ou gravée au mépris des dispositions de la convention est punie comme contrefaçon (art. 23).

Quiconque a sciemment vendu, mis en vente ou introduit sur le territoire suisse des objets contrefaits, est puni des peines de la contrefaçon (art. 24).

Pénalités. — La contrefaçon d'ouvrages suisses est punie en France des mêmes peines que la contrefaçon d'ouvrages français (art. 1).

En Suisse, le contrefacteur d'ouvrages français est puni d'une amende de cent francs au moins et de deux mille francs au plus, et le débitant, d'une amende de vingt-cinq francs au moins et de cinq cents francs au plus, et ils sont condamnés, en outre, à payer au propriétaire des dommages-intérêts pour réparation du préjudice à lui causé.

La confiscation de l'édition contrefaite est prononcée tant contre le contrefacteur que contre l'introducteur et le débitant. Dans tous les cas, les tribunaux peuvent, sur la demande de la partie civile, ordonner qu'il lui soit fait remise, en déduction des dommages-intérêts à elle alloués, des objets contrefaits (art. 25).

Le produit des contrefaçons est remis au propriétaire pour l'indemniser d'autant du préjudice qu'il a souffert; le surplus de son indemnité est réglée par les voies ordinaires (art. 26).

GRÈCE

PROPRIÉTÉ INDUSTRIELLE

ET

PROPRIÉTÉ LITTÉRAIRE ET ARTISTIQUE.

Législation. — Le Code pénal du 30 décembre 1833 (art. 432 et 433) contient des dispositions générales sans distinguer la propriété industrielle de la propriété littéraire et artistique.

Durée du droit. — L'auteur d'œuvres se reproduisant par l'impression n'a pas un droit sur son œuvre pendant toute sa vie; la durée du droit n'est que de 15 ans à partir de la première publication. Mais le souverain peut accorder un privilége plus étendu.

Les découvertes, œuvres ou productions scientifiques ou artistiques sont soumises au régime du privilége.

Contrefaçon. — Pendant les quinze années, ou pendant la durée du privilége, la partie lésée peut faire saisir les exemplaires contrefaits et poursuivre les contrefacteurs.

Pénalités. — L'amende est de 200 à 2000 drachme (180 à 1800 fr.) lorsqu'elle n'a pas été fixée par le privilége sans préjudice des dommages-intérêts.

Droit international. — L'étranger, même s'il n'a pas de privilége spécial, est protégé pour quinze années, si les Grecs sont protégés dans le pays auquel il appartient; ce qui existe en France pour la propriété littéraire et artistique depuis le décret du 28 mars 1852.

TURQUIE

PROPRIÉTÉ INDUSTRIELLE.

Il n'existe aucune loi sur cette matière.

PROPRIÉTÉ LITTÉRAIRE ET ARTISTIQUE.

Deux arrêtés de janvier 1850 et 19 avril 1857 ont reconnu à l'auteur un droit sur ses œuvres pendant sa vie.

Le premier arrêté ne concernait que les auteurs qui avaient obtenu pour leurs travaux littéraires une récompense du gouvernement ; le second s'applique à tous les auteurs.

Si l'auteur n'imprime pas lui-même son volume il doit faire connaître au Conseil de l'Instruction publique les arrangements qu'il a pris avec l'éditeur. Si l'éditeur dépasse le chiffre d'exemplaires fixé par l'auteur, il est en contravention et passible d'une indemnité ; si les volumes sont imprimés à l'Imprimerie impériale, les exemplaires, qui dépassent le chiffre fixé sont remis à l'auteur.

L'État peut publier lui-même ceux des livres dont l'impression lui paraît nécessaire, et le Conseil de l'instruction publique fixe l'indemnité à accorder à l'auteur.

ÉGYPTE

PROPRIÉTÉ INDUSTRIELLE.

Il n'y a aucune loi sur cette matière.

PROPRIÉTÉ LITTÉRAIRE ET ARTISTIQUE.

La propriété littéraire et la presse sont régis en Égypte par une circulaire du ministre des affaires étrangères du Khédive, en date du 7 octobre 1863 qui tient lieu de loi.

D'après cette circulaire, la profession d'imprimeur ne peut être exercée qu'avec une autorisation du ministre des affaires étrangères. — Les livres ne doivent être mis sous presse qu'après avoir été communiqués à l'autorité locale. — En cas de contravention, les journaux et les livres sont saisis par la police et l'imprimerie fermée.

Quant aux journaux, ils ne peuvent être imprimés sans autorisation préalable, doivent s'abstenir de toute critique des actes du gouvernement ou des fonctionnaires, et publier les articles communiqués par le Bureau de la presse; sous peine de suspension temporaire, qui devient définitive après trois avertissements.

ÉTATS-UNIS

PROPRIÉTÉ INDUSTRIELLE

I. BREVETS D'INVENTION.

Législation. — Les lois en vigueur sont les actes du 4 juillet 1836, du 3 mars 1837, du 3 mars 1839, du 29 août 1842, de février 1845 et du 4 mars 1861, auxquels il faut joindre un règlement du Patent office de Washington de mars 1873 et un acte du 18 juin 1874.

Nature des brevets. — Les brevets ou patentes d'invention peuvent être accordés à toutes personnes ayant découvert ou inventé une industrie, machine, fabrication ou combinaison de matière nouvelle et utile. L'invention doit être nouvelle en Amérique et n'y avoir encore été ni employée ni mise en vente. Si elle est connue à l'étranger et y est brevetée, le brevet ne peut être accordé qu'à l'inventeur ou à son représentant.

Les perfectionnements nouveaux et utiles peuvent également être l'objet de brevets.

Depuis l'acte du 4 mars 1861 il n'est plus accordé de certificat d'addition; un nouveau brevet peut seul protéger les changements ou perfectionnements apportés par le breveté à son invention.

Les brevets sont accordés aux étrangers aussi bien qu'aux nationaux.

Des brevets provisoires (*caveat*) peuvent être délivrés pour deux ans, afin de donner le temps à l'inventeur de perfectionner son invention; mais c'est une faveur réservée aux américains ou aux étrangers qui, ayant un an de résidence, déclarent par serment vouloir devenir citoyens des États-Unis.

Garantie. — Quoique le gouvernement ne garantisse pas le mérite de l'invention, le brevet n'est accordé qu'après examen préalable par les délégués du Commissaire des patentes, dont le traitement, qui est de 4,500 dollars (23,400 fr.), indique l'importance; ces examinateurs sont de diverses classes, examinateurs principaux, premiers examinateurs auxiliaires, seconds examinateurs auxiliaires. Lorsque la demande a été rejetée, l'inventeur peut en appeler à un conseil composé des examinateurs principaux et ensuite au Commissaire des patentes.

Durée. — La durée des brevets est de 17 ans.

Pour les inventions déjà brevetées à l'étranger, elle ne dépasse pas le terme fixé par le brevet étranger.

Les brevets délivrés avant l'acte du 4 mars 1861 en vertu de l'acte du 4 juillet 1836 n'étaient que de 14 ans, mais pouvaient être prolongés de 7 ans, soit 21 ans.

Taxe. — La taxe est de 35 dollars (182 fr.) dont 15 dollars (78 fr.) pour le dépôt de la demande et 20 dollars (104 fr.) pour la délivrance ; le tout payable d'avance.

Si la demande est retirée, il est remis 20 dollars.

Il faut ajouter, en cas d'appel sur le refus de la demande, le droit de 20 dollars et les droits de greffe.

Les étrangers payaient autrefois pour un brevet 300 dollars (1,500 fr.) et les Anglais 500 dollars (2,600 fr.) ; il n'est plus fait maintenant de distinction avec les étrangers dont la nation n'en fait pas au préjudice des États-Unis.

Pour les demandes provisoires (*caveat*) la taxe est de 10 dollars (52 fr.) qui n'est point rendue lorsqu'est présentée la demande définitive.

Formalités. — Le demandeur doit adresser une pétition au Commissaire de l'office des patentes et y joindre : 1° une description exacte de sa découverte et les moyens de s'en servir; 2° deux dessins de l'appareil, si cela est nécessaire, lesquels doivent être exécutés sur format et papier déterminés, à l'encre noire et sans couleurs, la reproduction devant en être faite au moyen de la photo-lithographie ; et s'il s'agit de machines, des modèles en métal ou en bois sont déposés réduits à la dimension d'un cube de trente centimètres de côté ; ces modèles sont rendus si la demande est rejetée, et les étrangers peuvent être dispensés de les envoyer ; 3° la quittance de la taxe ; 4° un certificat constatant qu'il a fait serment (*affidavit*) devant un magistrat compétent, et à l'étranger devant le Consul des États-Unis' qu'il croit être le premier inventeur du procédé ou du perfectionnement pour lequel il demande une patente.

La demande de protection provisoire (*caveat*) est déposée à l'office des patentes avec description mise sous pli cacheté.

Cessions. — La propriété d'une patente peut être cédée en totalité ou en partie par un acte écrit ; ces cessions, ainsi que les licences accordant à un tiers soit la faculté de faire usage des droits privatifs conférés par la patente, soit seulement la faculté d'exploiter l'objet de la patente dans une partie des États-Unis, doivent être enregistrées à l'office des patentes dans les trois mois de leur date moyennant une taxe de 15 dollars (78 fr.)

Les étrangers peuvent céder le brevet pris dans leur pays à un citoyen américain, avant d'avoir pris la patente, et la faire délivrer au nom de celui-ci.

Déchéances. — Le patenté était autrefois déchu de son droit s'il n'avait pas exploité son brevet dans

un délai de dix-huit mois à partir de la délivrance ;
cette disposition a été abrogée par le règlement
publié par le Patent-office en 1873.

Il ne peut poursuivre les contre-facteurs si l'objet vendu ou une étiquette jointe au produit ne
porte pas la mention du brevet avec sa date.

Nullités. — Le brevet est nul par défaut de nouveauté, par insuffisance de description, par inexécution des formalités.

Si le patenté a obtenu par inadvertance, accident
ou erreur, un droit exclusif qui dépasse ce dont il est
réellement inventeur, il peut par un écrit dressé en
présence de plusieurs témoins, et appelé *disclaimer,*
déclarer qu'il renonce à la partie qui ne lui appartient pas et échapper à la nullité résultant de la
description en faisant enregistrer le *disclaimer* au
Patent-office moyennant 10 dollars (52 fr.)

Contrefaçon. — La contrefaçon consiste dans
l'exécution, l'emploi ou la vente de l'objet patenté.
Celui qui a commencé à se servir de l'invention
avant la demande du brevet ne peut ensuite être
poursuivi comme contrefacteur.

Pénalités. — L'inventeur peut obtenir des dommages-intérêts qui, dans tous les cas, ne doivent
pas dépasser le triple du préjudice causé.

II. DESSINS ET MODÈLES DE FABRIQUE.

Législation. — Les lois en vigueur sont les actes

du 29 août 1842, du 4 mars 1861, du 8 juillet 1870.

Nature du dessin. — Sont susceptibles d'être privilégiés : tout dessin nouveau et original applicable à l'industrie, tel que buste, statue ou bas-relief; ou destiné à l'impression des tissus de laine, soie, coton, tout motif d'impression ou d'imprimerie, ornement, modèle ou peinture, toute forme nouvelle, utile et originale pouvant servir à la fabrication.

Durée. — La durée de la patente est de 3 ans 1/2, 7 ou 14 ans, au choix du demandeur.

Taxe. — Les droits sont de 10, 15 ou 30 dollars (52, 78, 156 fr.), selon la durée de la patente.

Formalités. — Les formalités sont les mêmes que pour les brevets.

Si le modèle n'est pas absolument nécessaire, on doit joindre à la demande le dessin sur papier fort de 10 pouces sur 15 (0,254 sur 0,381 millim) et en outre dix exemplaires du dessin non fixé, sur papier n'excédant pas 7 pouces 1/2 sur 11 (0,190 sur 0,279 millim.).

Les étrangers sont protégés comme les nationaux quand bien même il n'y aurait pas de traité de réciprocité, et le dépôt peut être fait par mandataire.

Cession. — Les droits aux dessins ou modèles peuvent être transférés avec déclaration au Patent-office.

Pénalités. — Le contrefacteur est puni comme dans le cas de brevets d'invention.

La date de la patente doit être indiquée par le fabricant sur les objets fabriqués sous peine d'amende de 100 dollars (520 fr.).

III. MARQUES DE FABRIQUE.

Législation. — Les marques de fabrique sont régies par les actes du 18 juin 1874 et du 14 août 1876.

Le traité du 16 avril 1869 règle les rapports entre la France et les États-Unis. (*Voir* § IV).

Nature de la marque. — Tout signe distinctif ou emblématique peut être considéré comme marque. Le nom du fabricant ou la raison sociale ne constituent une marque que s'ils sont accompagnés de signes distinctifs.

Les marques ne sont point admises si elles ressemblent à quelqu'une de celles précédemment déposées.

Le privilége n'est accordé aux étrangers que s'ils appartiennent à une nation qui ait un traité de réciprocité avec les États-Unis.

Durée.— La durée est de 30 années, avec prolongation pendant une période égale moyennant nouvelle taxe, sur demande présentée six mois avant l'expiration du privilége.

Taxe. — La taxe est de 25 dollars (130 fr.) pour chacune des périodes de trente années.

Formalités. — Il faut joindre à la demande une description de la marque avec indication de tous les articles sur lesquels elle doit être appliquée ; des exemplaires du dessin représentant la marque ; enfin une déclaration écrite, sous la foi du serment, que l'on est propriétaire de la marque.

Nullité. — La marque est nulle si elle a été obtenue frauduleusement, si elle est employée pour couvrir une industrie illégale ou nuisible.

Contrefaçon. — Aux termes de la loi du 14 août 1876, on entend par contrefaçon de la marque non-seulement la fabrication frauduleuse de la marque, mais encore l'emballage d'un produit dans une enveloppe revêtue d'une marque contrefaite, la vente des marques frauduleuses et tout trafic sur enveloppes ou caisses destinées à tromper le public.

Pénalités. — La contrefaçon de la marque et la vente de mauvaise foi de marchandises où une marque légalement déposée est contrefaite, sont punies d'une amende de 1,000 dollars au plus (5,200 francs) ou d'un emprisonnement de deux ans, ou de ces deux peines réunies.

La complicité est punie du maximum d'une amende de 500 dollars (2,600 fr.) ou d'un an de prison.

Le tout sans préjudice de dommages-intérêts au profit de la partie lésée.

IV. CONVENTION INTERNATIONALE FRANCO-AMÉRICAINE RELATIVE AUX MARQUES DE FABRIQUE.

Une convention (16 avril 1869) a été conclue pour dix ans, mais doit, pour prendre fin, être dénoncée un an à l'avance. Elle ne s'applique qu'aux marques de fabrique.

Durée. – Le droit exclusif d'exploiter une marque de fabrique ne peut avoir, au profit des citoyens des États-Unis en France, ou des Français sur le territoire des États-Unis, une durée plus longue que celle fixée par la loi du pays à l'égard des nationaux.

Si la marque de fabrique appartient au domaine public dans le pays d'origine, elle ne peut être l'objet d'une jouissance exclusive dans l'autre pays (*art.* 1).

Formalités. — Les marques de fabrique dont les propriétaires résidant dans l'un des deux États veulent assurer la garantie de leurs droits dans l'autre, doivent respectivement être déposées en double exemplaire : à Paris, au greffe du tribunal de commerce de la Seine ; à Washington, au bureau des patentes (*art.* 2).

Contrefaçon.— Toute reproduction, dans l'un des deux pays, des marques de fabrique apposées dans l'autre sur certaines marchandises, pour constater leur origine et leur qualité, est interdite et peut donner lieu à une action en dommages-intérêts valablement exercée par la partie lésée, devant les tribunaux du pays où la contrefaçon a été constatée, au même titre que si le plaignant était sujet ou citoyen de ce pays (*art.* 7).

PROPRIÉTÉ LITTÉRAIRE

ET ARTISTIQUE.

I. ŒUVRES LITTÉRAIRES.

Législation. — Les actes du Congrès américain du
3 février 1831 et du 30 juin 1835 qui formaient la
législation en cette matière, ont été révisés par les
actes du 8 juillet 1870 et du 18 juin 1874.

Durée du droit. — Le droit des auteurs ou de
leurs ayants cause ne dure que vingt-huit ans à
partir de la première publication.

Cette période est prolongée de quatorze ans au
profit de l'auteur, de son conjoint ou de ses descendants à la condition de remplir les formalités exigées par la loi.

Nature du droit. — Le droit est appelé *droit de
copie* et s'applique aux productions de l'esprit en
général.

Cession. — Les contrats de cession doivent être
rédigés par acte authentique d'après les règles d'a-
liénations d'immeubles ; et si les formalités ne sont
pas remplies dans les six jours de la rédaction de
l'acte, il est considéré comme non avenu vis-à-vis

des acquéreurs postérieurs et de tout créancier gagiste.

Dépôt. — Pour être admis à jouir du droit de copie, il faut, avant la publication, mettre à la poste une copie imprimée de l'intitulé du livre ou autre œuvre intellectuelle à l'adresse du bibliothécaire du Congrès; puis dans les dix jours de la publication, mettre à la poste deux copies du livre à la même adresse. Le bibliothécaire du Congrès enregistre immédiatement l'intitulé du livre sur un registre spécial dont il délivre un extrait toutes les fois qu'il en est requis.

Publicité. — Tous les exemplaires de l'édition déposée doivent porter sur la page du titre, ou sur celle qui suit immédiatement, les mots : « Enregistré conformément à l'acte du Congrès, l'an... par *** au bureau du biblothécaire du Congrès, à Washington ». Ou les mots : « Droits de copie, l'an... etc... »

Contrefaçon. — On ne peut publier un livre sans le consentement du propriétaire du droit de copie, rédigé par écrit et signé en présence de deux témoins; la contrefaçon consiste dans l'impression, la publication et la vente.

Pénalité. — La contrefaçon est punie de la confiscation de tous les exemplaires au bénéfice du propriétaire, sans préjudice des dommages-intérêts qui peuvent être obtenus par voie d'action civile.

Si un contrefacteur a mis frauduleusement la mention d'enregistrement, il est tenu de payer une amende de 100 dollars (520 fr.) dont moitié pour le propriétaire et moitié pour l'État.

II. ŒUVRES DRAMATIQUES ET MUSICALES.

Publication. — Les œuvres dramatiques et musicales sont assimilées aux autres œuvres en ce qui concerne la publication en vertu des mêmes lois.

Représentation. — Quant au droit de représentation, les lois précitées le protégent dans les mêmes conditions.

III. ŒUVRES D'ART.

Les œuvres d'art sont assimilées aux œuvres littéraires sans aucune distinction particulière.

IV. DROIT INTERNATIONAL.

La loi du 3 mai 1831, dans son article 8, déclarait formellement qu'elle ne protégeait pas les auteurs étrangers ; celle du 8 juillet 1870 est tout aussi explicite ; l'article 102 de cet acte porte textuellement :

« Rien de ce qui est contenu dans le présent acte

ne sera interprété de manière à prohiber l'impression, la publication, l'importation ou la vente d'un
livre, d'un plan, d'une carte géographique, et en
général d'un ouvrage composé par un individu non
citoyen des États-Unis ou n'y résidant pas. »

On semble admettre que l'auteur étranger serait
protégé s'il vendait son droit à un citoyen améri-
ricain ; l'article ne parlant pas de la représentation
des œuvres dramatiques, on pourrait penser que la
représentation est plus protégée que la publication,
mais jusqu'à preuve contraire le manque de protection doit être considéré comme général.

MEXIQUE

PROPRIÉTÉ INDUSTRIELLE.

I. — BREVET D'INVENTION.

Législation. — Les brevets d'invention sont régis par la loi du 3 novembre 1858 promulguée à nouveau le 3 novembre 1865.

Forme du brevet. — Les titres sont délivrés par le ministre du commerce sous le nom de pâtentes d'invention.

Nature du brevet. — Il est accordé deux sortes de brevets : le brevet d'invention pour toute découverte ou invention nouvelle, en quelque genre d'industrie que ce soit, consistant en travail mécanique ou moyen de production ; et le brevet d'importation pour toute découverte étrangère non pratiquée encore au Mexique ni connue en théorie.

Pendant la durée du brevet d'invention on peut demander à y joindre une patente de perfectionnement.

Les inventions pharmaceutiques ne peuvent faire l'objet d'un brevet et sont achetées par l'État sur les fonds des patentes afin de les faire entrer dans le domaine public.

Les brevets obtenus par les étrangers dans leur pays ne donnent aucun droit au Mexique ; mais les étrangers peuvent obtenir une patente comme les nationaux.

Garantie. — Le gouvernement ne garantit pas l'utilité de la découverte et la nouveauté de l'invention ; il examine seulement si les formalités ont été remplies et si l'invention est contraire à la sécurité publique, aux lois ou aux règlements.

Durée du brevet. — La durée des patentes d'invention est de 5, 8 ou 12 ans suivant la demande de la partie intéressée ; le délai court à partir du jour où la demande est accordée.

Les patentes de perfectionnement suivent la durée du brevet principal, mais elle est toujours de 6 ans au moins. Les patentes d'introduction ne dépassent pas le terme de 8 ans.

Taxe. — La taxe pour cinq ans est de 25 à 100 piastres (134 à 535 fr.) ; pour 8 ans de 100 à 200 piastres (535 à 1070 fr.) ; pour 12 ans de 200 à 300 piastres (1070 à 2140 fr.)

Formalités. — La demande doit être déposée, sous enveloppe cachetée, au ministère du commerce, et doit contenir l'affirmation par serment qu'on est l'inventeur, cessionnaire ou représentant de l'inventeur ; il faut y indiquer la durée pour laquelle on demande la patente.

A la demande il faut joindre une description de la découverte, les dessins ou échantillons utiles à l'intelligence de la description, sur une échelle donnée et en double expédition ainsi qu'un bordereau des pièces mentionnées.

La demande est enregistrée sur un registre *ad hoc* avec constatation du jour et de l'heure du dépôt, et signature du déposant.

Publicité. — La demande est publiée trois fois dans le journal officiel et dans deux autres grands journaux, et opposition peut être formée dans les deux mois à partir de la première publication.

L'opposition est jugée par le gouvernement, et, s'il est nécessaire, on demande l'avis de deux experts et d'un tiers arbitre ; si la patente est accordée malgré l'opposition, le tribunal de première instance peut être saisi par l'opposant.

Le gouvernement fait publier la liste des patentes accordées. Le public peut prendre communication des descriptions, dessins ou modèles et il en est délivré des copies aux frais du demandeur.

Cession. — La cession ne peut avoir lieu que par acte public; les cessionnaires n'ont point droit aux perfectionnements qui sont postérieurs à leur contrat.

Déchéance. — La déchéance a lieu faute d'application dans les deux premières années ou de cessation pendant deux ans ; s'il s'agit de l'exécution de travaux en divers lieux, le délai est de trois ans.

Elle est prononcée également si le patenté a introduit, sans autorisation du ministre, des objets semblables à ceux pour lesquels il a obtenu un brevet, et qui auraient été fabriqués en pays étranger.

Nullité. — Les brevets sont nuls si la découverte n'est pas nouvelle, s'il s'agit de compositions pharmaceutiques, de combinaisons de crédits ou de l'application de mécanismes à des procédés déjà connus, si l'invention est contraire à l'ordre public, si l'objet de la patente a été frauduleusement spécifié, si les descriptions sont inexactes ou incomplètes.

Contrefaçon. — Le tribunal de première instance du domicile du défendeur est compétent pour juger les contestations ; le tribunal doit convoquer un comité pour préciser les actions et exceptions et il nomme des experts, s'il y a lieu.

Pénalités. — La contravention est punie d'une amende de 20 à 1,000 piastres (107 à 5350 fr.) et de dommages-intérêts.

Si l'amende ne peut être payée, elle est convertie en un emprisonnement qui ne peut excéder une année.

En cas de récidive ou si l'usurpateur est un ouvrier ou un employé de l'établissement du privilégié, il est prononcé un emprisonnement de 1 à 6 mois.

II, III ET IV. — DESSINS OU MODÈLES, MARQUES DE FABRIQUE ET DROIT INTERNATIONAL.

La législation ne s'est encore occupée ni des dessins ou modèles de fabrique ni des marques de fabrique; il n'y a pas de convention internationale en ces matières.

PROPRIÉTÉ LITTÉRAIRE ET ARTISTIQUE

I. — ŒUVRES LITTÉRAIRES.

Législation. — La réglementation de la propriété littéraire se trouve au nouveau code civil de Mexico, voté par décret du congrès des États-Unis du Mexique, du 1er mars 1871, au livre II, titre VIII, intitulé : Du travail.

Durée du droit. — La propriété est perpétuelle, même pour les œuvres anonymes, à la condition de prouver son droit.

L'éditeur d'une œuvre posthume n'a la propriété que pendant 30 ans s'il n'est ni héritier ni cessionnaire de l'auteur.

Les académies et établissements publics n'ont la propriété que pendant 25 ans.

Lorsque par succession une œuvre est dévolue

au Trésor de l'État, elle tombe dans le domaine public.

Nature de l'œuvre. — La protection s'étend aux manuscrits, aux leçons orales et discours publics, aux plaidoiries et discours politiques en tant que mis en collection, aux lettres missives qui ne peuvent être publiées sans le consentement de l'écrivain et du destinataire.

On peut reproduire des articles de journaux en indiquant le titre et le numéro du journal.

Pour conserver le droit de traduction, l'auteur doit en avoir fait la réserve pour toutes les langues.

Expropriation. — Lorsqu'une œuvre n'est pas reproduite et que cette reproduction est jugée utile par le gouvernement, il peut l'exproprier et la mettre aux enchères moyennant indemnité au propriétaire.

Prescription. — La propriété littéraire se prescrit d'ailleurs par dix ans à partir de la publication illicite.

Dépôt. — Le dépôt de deux exemplaires doit être fait au ministère de l'instruction publique, l'un pour la Bibliothèque nationale, l'autre pour les archives générales.

Pour les œuvres anonymes, l'auteur doit joindre au dépôt un pli cacheté renfermant l'indication de son nom.

L'omission du dépôt est punie d'une amende de 25 piastres (134 fr.).

Publicité. — Le registre tenu à la Bibliothèque nationale est publié tous les mois.

Contrefaçon. — Le juge compétent pour juger la contrefaçon est celui du domicile du propriétaire de l'œuvre, contrairement aux règles ordinaires ; l'autorité publique de chaque État est compétente pour saisir un ouvrage contrefait.

Dans tous les cas douteux le juge entend l'avis des experts.

Pénalités. — Les exemplaires contrefaits sont confisqués au profit du propriétaire, s'il ne préfère recevoir la valeur entière de l'édition, calculée sur le prix des exemplaires de l'édition légale. Si le nombre des exemplaires de l'édition contrefaite est inconnu, le contrefacteur paie, en outre des exemplaires saisis, la valeur de 1000 exemplaires, sauf au propriétaire à prouver que ce *quantum* est inférieur au préjudice qu'il a subi.

Les peines relatives au délit de fraude prononcées par l'article 432 du code pénal sont en outre appliquées ; elles sont de 25 % du préjudice causé sans pouvoir excéder 1000 piastres (5350 fr.).

II. — Œuvres dramatiques et musicales.

Législation. — Code mexicain de 1871 (articles 1283 à 1306).

PUBLICATION. — *Nature du droit.* — Pour les œuvres musicales, l'auteur a seul le droit de faire ou d'autoriser les arrangements sur des motifs de l'œuvre originale.

Cession. — La cession du droit de publication n'emporte pas la cession du droit de représentation.

Dépôt. — Pour les œuvres dramatiques le dépôt de deux exemplaires se fait comme pour les autres œuvres littéraires ; pour les compositions musicales il n'y a lieu qu'au dépôt d'un exemplaire à la société philharmonique.

REPRÉSENTATION. — *Durée du droit.* — Le droit de représentation n'est pas perpétuel comme le droit de publication ; il dure pendant la vie de l'auteur et pendant trente ans après sa mort pour ses héritiers ou cessionnaires.

Le droit est de trente ans pour les œuvres posthumes.

Cession. — Si la pièce n'est pas jouée avant un an à partir de la réception, l'auteur peut la retirer sans rendre les sommes reçues.

Si une œuvre cesse d'être représentée pendant cinq ans, l'auteur peut en disposer en faveur d'un autre cessionnaire.

Prescription. — La propriété dramatique se prescrit par quatre ans à partir de la première représentation.

Pénalités. — Celui qui fait représenter une œuvre publiquement sans payer les droits à l'auteur doit lui abandonner, à titre de dommages-intérêts, la totalité du produit de la représentation qui peut être saisi, y compris les billets d'abonnement; si plusieurs œuvres de différents auteurs ont été représentées en même temps, le droit est proportionnel.

Les dommages-intérêts peuvent être augmentés en raison du préjudice, et une amende peut être prononcée.

III. — ŒUVRES ARTISTIQUES.

Législation. — Code Mexicain de 1871 (art. 1306 à 1315.)

Reproduction. — L'auteur a seul le droit de reproduire son œuvre sous des formes différentes.

Cession. — La cession de l'original n'emporte pas le droit de reproduction s'il n'y a convention contraire; mais l'artiste ne peut reproduire qu'il a vendue l'œuvre sous la même forme artistique.

Dépôt. — Pour les gravures, lithographies et œuvres analogues, il faut faire le dépôt d'un exemplaire à l'École des Beaux-Arts.

Pour les œuvres d'architecture, de peinture, de sculpture et autres semblables, il faut déposer un plan, un dessin ou croquis avec description et indication des dimensions de l'original.

IV. — Droit international concernant la propriété littéraire et artistique.

Les étrangers résidant au Mexique sont protégés comme les nationaux pour les œuvres qu'ils y publient. Pour les œuvres publiées à l'étranger, ils ne sont protégés que par réciprocité dans le cas où la législation de leur pays protège les Mexicains. Ce qui a lieu pour les Français en vertu du décret du 28 mars 1872.

Le droit de traduction pour les œuvres publiées à l'étranger par des étrangers est limité à dix années, à la condition que la traduction en toutes langues ait été réservée expressément.

DOMINATION DU CANADA

PROPRIÉTÉ INDUSTRIELLE.

I. — BREVETS D'INVENTION.

Législation. — La loi en vigueur est du 14 juin 1872.

Nature du brevet. — On distingue deux sortes de brevets ou patentes : le brevet d'invention, pour toute découverte qui n'est pas depuis plus d'un an en vente ou en usage public dans le pays par le fait ou le consentement de l'inventeur ; et le brevet d'importation, pour des inventions étrangères importées dans le pays.

Les brevets peuvent être accordés aux étrangers comme aux nationaux, mais s'ils ont déjà obtenu un brevet dans leur pays, il faut qu'il n'ait pas un an de date.

On peut former des demandes provisoires appelées *Caveat* qui permettent pendant un an protection à l'inventeur et lui laissent ainsi le temps de demander le brevet.

Durée du brevet. — La durée des patentes est de 5, 10 ou 15 ans à la volonté du pétitionnaire avec facilité de prolongation si l'on a demandé une durée inférieure à 15 années.

L'étranger qui a déjà pris un brevet dans son pays ne peut obtenir une durée plus grande que celle déjà obtenue par lui.

Taxe. — La taxe est pour 5 ans de 20 francs, pour 10 ans de 40 francs, pour 15 ans de 60 francs.

Formalités. — La demande doit être accompagnée pour les étrangers d'un *affidavit* ou déclaration de serment prêté devant le consul.

Elle doit être complétée par une description et des dessins ou modèles, le tout en double expédition; l'inventeur peut, pour des raisons sérieuses, être dispensé de fournir un modèle.

Cessions. — La patente peut être cédée pour toute l'étendue du pays ou pour une portion du territoire, et l'acte doit être enregistré au bureau des patentes.

Expropriation. — Le gouvernement a toujours le droit d'employer une invention patentée, à la condition de donner à l'inventeur une indemnité déterminée par un rapport du commissaire des patentes.

Déchéance. — L'inventeur est déchu s'il n'a pas exploité la découverte dans le délai d'un an; mais une prolongation peut être obtenue pour des raisons suffisantes ; si après la première année de son privilége, il a introduit de l'étranger des produits semblables à ceux pour lesquels il a obtenu sa patente.

Nullité. — Une patente peut être déclarée nulle, si la description est insuffisante ou inexacte ou si les formalités n'ont pas été remplies.

Pénalités. — Les contrefaçons sont punies d'une amende de 200 piastres au plus (1070 fr.) et d'un emprisonnement de 3 mois au maximum.

II. — DESSINS OU MODÈLES DE FABRIQUE.

Législation. — Les dessins industriels sont régis par un acte de 1868.

Nature du dessin. — Le dessin doit pouvoir être employé dans l'industrie ; il faut en outre qu'il soit nouveau, c'est-à-dire qu'on ne le connaisse ni par la vente ni par la publication.

Durée. — La durée n'est pas limitée.

Taxe. — La taxe est de 25 fr. payables au moment de la demande ; le certificat d'enregistrement est en outre de 5 fr.

Formalités. — Le dépôt doit être fait au ministère de l'agriculture, à Ottawa ; il doit être accompagné d'une demande d'enregistrement, d'une description de dessin en double expédition et de la déclaration que le requérant en est propriétaire.

Publicité. — Les registres sont à la disposition

du public et on peut se faire délivrer des extraits moyennant rétribution.

Les articles confectionnés à l'aide du dessin doivent porter la marque R D et la date de l'enregistrement.

Cession. — Les cessions totales ou partielles doivent être enregistrées au ministère.

Contrefaçon. — Les poursuites en contrefaçon doivent être formées avant les onze mois à partir du délit.

Pénalités. — L'emploi, la vente ou l'installation du dessin sont punis d'une amende de 100 à 600 fr. sans préjudice des dommages-intérêts; l'emploi frauduleux de la marque R D est en outre puni d'une amende de 20 à 150 fr.

III. — MARQUES DE FABRIQUE.

Législation. — L'acte de 1868 a été complété par celui du 14 juin 1872.

Nature de la marque. — On peut prendre comme marque tout nom, signature, mot, lettre, devise, emblème, figure, signe, sceau, timbre, diagramme, étiquette, carte ou combinaison quelconque.

Durée. — La durée n'est pas spécifiée.

Taxe. — La taxe est de 25 fr.

Formalités. — La demande d'enregistrement doit être présentée au ministère de l'agriculture à Ottawa avec dessins et description en double expédition ; elle doit contenir une déclaration qu'on ne connaît pas d'autre marque semblable.

Les corporations, compagnies, sociétés peuvent faire le dépôt, et les étrangers y sont aussi admis, même s'il n'y a pas de traité de réciprocité avec l'Angleterre.

Cession. — Le droit à la marque peut être cédé et mention de la cession doit être faite sur le registre en marge de l'enregistrement de la marque, moyennant une taxe de 10 fr.

Contrefaçon. — La contrefaçon de la marque consiste dans l'imitation, les additions ou altérations faites avec intention de fraude, ainsi que dans l'emploi et la vente des objets marqués frauduleusement.

Pénalités. — L'amende est de 2 à 20 piastres (10 fr. 70 à 107 fr.) et il peut être prononcé un emprisonnement de deux ans au plus sans préjudice de la confiscation et des dommages-intérêts.

IV. — Droit international.

Il n'existe pas de convention internationale.

PROPRIÉTÉ LITTÉRAIRE ET ARTISTIQUE

I. — ŒUVRES LITTÉRAIRES.

Législation. — La loi en vigueur est l'acte du 26 octobre 1875.

Durée du droit. — La durée du droit de l'auteur de sa veuve et de ses enfants est de 28 ans. Un second délai de 14 ans peut être accordé, et en ce cas l'insertion en est faite dans la *Gazette du Canada.*

Nature du droit. — Tous livres, productions littéraires, scientifiques, imprimés ou publiés au Canada, à l'exception des livres immoraux, irréligieux ou séditieux, sont l'objet d'un droit de propriété; ce droit est accordé à tout auteur, ou représentant légal d'un auteur domicilié au Canada ou dans les propriétés britanniques, ou citoyen d'un État ayant des conventions internationales à cet égard.

Un droit provisoire peut être obtenu avant la publication d'un ouvrage ou d'un article de revue en déposant une copie du titre ou une désignation de l'ouvrage et en faisant une insertion dans la *Gazette du Canada.* Ce droit est valable pour un mois à partir de la publication dans un autre pays.

Cession. — Toute cession doit être écrite en double exemplaire et enregistrée au Ministère de l'Agriculture.

Dépôt. — Deux exemplaires doivent être déposés

au Ministère de l'Agriculture et l'un d'eux est envoyé à la Bibliothèque du Parlement du Canada.

Pénalités. — La fausse déclaration d'enregistrement est punie d'une amende ne pouvant excéder 300 piastres (1605 fr.)

Si l'ouvrage n'est pas imprimé postérieurement au droit provisoire et dans le délai spécifié, il est dû une amende de 100 piastres (535 fr.) dont moitié au profit du poursuivant.

La contrefaçon est punie, outre l'amende, de la confiscation des exemplaires saisis.

II. — ŒUVRES DRAMATIQUES ET MUSICALES.

Les règles sont les mêmes que pour les œuvres littéraires proprement dites; et le droit de l'auteur sur la représentation dure le même espace de temps.

III. — ŒUVRES D'ART.

Législation. — La législation du 26 octobre 1875 s'applique aux œuvres d'art.

Dépôt. — Pour les photographies, gravures et estampes, le dépôt de deux exemplaires doit être fait comme pour les œuvres littéraires.

Pour les œuvres de peinture, dessin, sculpture, il faut présenter la description par écrit.

IV. — Droit international concernant les œuvres littéraires et artistiques.

Les étrangers ont les mêmes droits que les nationaux s'ils résident dans le pays et y publient leurs œuvres ; mais les œuvres publiées dans les autres pays ne sont pas protégées au Canada et il n'existe pas de convention internationale avec la France.

BRÉSIL

PROPRIÉTÉ INDUSTRIELLE.

I. — BREVETS D'INVENTION.

Nature du brevet. — Les brevets d'invention et de perfectionnement sont seuls reconnus ; il n'y a pas de brevets d'importation, mais on accorde, suivant la valeur de l'importation, une indemnité pécuniaire à l'introducteur à titre de prime d'encouragement.

Garantie. — Les brevets d'invention sont délivrés sans examen préalable, par suite sans aucune garantie.

Durée. — La durée varie de 5 à 20 ans au choix de l'administration.

Taxe. — Les frais ne sont pas taxés et peuvent être évalués à 800 fr.

Formalités. — La demande doit contenir la déclaration qu'on est le véritable inventeur ; elle est

accompagnée d'une description et 'de dessins ou
modèles s'il est nécessaire.

Déchéance. — L'invention doit être exploitée dans
les deux ans à partir de la délivrance de la patente.

Si l'inventeur obtient un brevet à l'étranger postérieurement à sa patente, elle cesse son effet,
mais on lui accorde une indemnité si l'invention
est importante.

II. — Dessins ou modèles de fabrique.

Il n'y a point de lois en cette matière.

III. — Marques de fabrique.

Législation. — La loi en vigueur est celle du
23 octobre 1875, à laquelle il faut ajouter un décret interprétatif du 2 novembre 1877.

Nature de la marque. — La marque peut consister dans le nom du fabricant ou négociant sous une
forme particulière, dans une signature ou raison
sociale, et dans toute dénomination telle qu'emblèmes, empreintes, timbres, cachets, vignettes,
reliefs et enveloppes de tous genres.

Sont exclus les emblèmes de nature scandaleuse,
es chiffres et lettres n'ayant pas un caractère
distinctif.

Lorsque plusieurs marques identiques sont présentées à l'enregistrement, la marque de plus an-

cienne possession doit prévaloir; si aucune n'a la priorité de possession on admet la priorité de présentation.

Durée. — Le droit à la marque peut être perpétuel au moyen d'un renouvellement d'enregistrement tous les quinze ans.

Taxe. — La taxe est la même que pour l'enregistrement des contrats de Société commerciale.

Formalités. — La demande doit indiquer le genre d'industrie auquel la marque est destinée ; il faut y joindre deux exemplaires de la marque ou de sa représentation en dessin, gravure ou impression.

L'un des exemplaires est rendu au déposant avec mention de la date et de l'heure du dépôt et la désignation de la personne.

Le dépôt doit être effectué aux Chambres de Commerce ; si l'établissement est situé hors du pays, il doit avoir lieu au Tribunal de Commerce de Rio-de-Janeiro.

Cessions. — Les cessions doivent être enregistrées au lieu où a été fait le dépôt.

Pénalités. — Celui qui a contrefait une marque, a fait usage de marques contrefaites ou vendu des objets portant des marques obtenues illégalement, est puni d'un emprisonnement d'un à six mois et d'une amende de 5 à 20 pour cent du dommage causé ou qui aurait pu exister.

Celui qui, sans contrefaire la marque, en fait une application ou un usage dolosifs, est puni d'un emprisonnement d'un à trois mois et en outre d'une

amende de 5 à 20 pour cent comme pour les
autres cas.

IV. — Droit international concernant les marques de fabrique.

Les étrangers dont l'établissement est situé au
Brésil sont protégés comme les nationaux ; mais
les étrangers ou Brésiliens dont l'établissement se
trouve à l'étranger ne sont protégés que s'il existe
une convention internationale établissant la réciprocité.

PROPRIÉTÉ LITTÉRAIRE ET ARTISTIQUE.

Le droit de l'écrivain n'est point réglé par la loi
civile ; mais on trouve à l'article 261 du code criminel que le droit sur ses œuvres lui survit pendant
10 ans, et qu'en cas de contrefaçon la confiscation
de tous les exemplaires contrefaits ; est prononcée,
au profit de l'auteur ou de ses ayants cause à défaut
d'exemplaires, on accorde le double de leur valeur ;
le contrefacteur est en outre condamné à une
amende du triple de la valeur des exemplaires.

Quant aux étrangers, ils n'ont aucune protection
et les ouvrages des auteurs français sont lus jusqu'aux
bords du fleuve des Amazones, sur des exemplaires
contrefaits immédiatement après leur publication
en France.

RÉPUBLIQUE DU CHILI.

PROPRIÉTÉ INDUSTRIELLE.

I. — BREVETS D'INVENTION.

Législation. — La Constitution reconnaît le droit de l'inventeur à l'obtention d'un brevet.

Forme des brevets. — Les brevets sont délivrés par le pouvoir législatif.

Durée. — Le brevet est délivré pour 25 ans au minimum à partir de la délivrance.

Taxe. — Il n'y a aucune taxe établie.

Formalités. — Il faut présenter une demande accompagnée de description et déposer au Musée national les dessins ou modèles nécessaires.

Le brevet n'est accordé qu'à la condition d'initier un certain nombre d'habitants à l'exploitation de la découverte, afin qu'ils se servent de l'invention.

II. — DESSINS OU MODÈLES DE FABRIQUE.

Il n'y a point de lois en cette matière.

III. — Marques de fabrique.

Législation. — La loi du 12 novembre 1874 a réglementé la protection des marques de fabrique et de commerce.

Nature de la marque. — On distingue les marques de fabrique qui indiquent le lieu de fabrication des objets et sont employées par les industriels ou agriculteurs, de celles du commerce qui ne font connaître que le passage de l'objet chez le vendeur.

On peut employer comme marques des noms propres, emblèmes ou autres signes distinctifs ; mais le nom d'une fabrique, d'une fonderie, d'une propriété rurale, d'un moulin sont réservés au propriétaire de ces immeubles.

Toute marque doit être, suivant sa nature, accompagnée soit de la mention : marque de fabrique ou marque de commerce ; soit des initiales M. de F. ou M. de C.

Durée. — Le droit à la marque dure dix ans, mais peut se continuer indéfiniment par un nouvel enregistrement.

Taxe. — La taxe est pour les marques de fabrique de 12 pesos (60 fr.) et pour les marques de commerce de 3 pesos (15 fr.) ; on peut retirer copie des marques, moyennant 1 peso (5 fr.)

Formalités. — La marque doit être déposée et

enregistrée sur un registre spécial au siège de la Société nationale d'agriculture.

L'enregistrement comprend les noms, profession et domicile du propriétaire, le lieu de la fabrique ou du commerce, et le genre d'exploitation auquel la marque doit servir.

Les formalités de dépôt et d'enregistrement peuvent être remplies par mandataire.

Cession. — La cession d'une marque est soumise à l'enregistrement et doit être en outre publiée pendant dix jours.

Pénalités. — Les marchandises revêtues de marques falsifiées ou employées frauduleusement sont confisquées au profit de la partie lésée et les objets ayant servi à la fabrication sont détruits.

PROPRIÉTÉ LITTÉRAIRE ET ARTISTIQUE.

I. — ŒUVRES LITTÉRAIRES.

Législation. — La loi fondamentale est du 24 juillet 1874, à laquelle il faut ajouter l'article 17 de la loi du 9 septembre 1840.

Durée du droit. — L'auteur conserve la propriété pendant sa vie, et ses héritiers pendant 5 ans après sa mort.

Les œuvres posthumes donnent un droit de dix années à partir de la publication.

Le gouvernement peut dans tous les cas accorder des priviléges plus étendus.

Dépôt. — Trois exemplaires doivent être déposés par l'auteur ou l'éditeur à la bibliothèque publique de Santiago.

II. — ŒUVRES DRAMATIQUES ET MUSICALES.

Les auteurs ont seuls le droit d'autoriser les représentations de leurs œuvres et les règles sont les mêmes pour la représentation que pour la publication.

III. — ŒUVRES ARTISTIQUES.

Les œuvres de peinture, gravure et sculpture sont assimilées aux œuvres de littérature.

IV. — DROIT INTERNATIONAL CONCERNANT LA PROPRIÉTÉ LITTÉRAIRE ET ARTISTIQUE.

Les auteurs étrangers ont les mêmes droits que les nationaux lorsqu'ils publient leurs œuvres au Chili pour la première fois ; ils ont dix années s'ils font au Chili une nouvelle publication d'une œuvre déjà publiée en pays étranger ; ils ne sont pas protégés si la publication a été faite seulement à l'étranger.

RÉPUBLIQUE DU PÉROU

PROPRIÉTÉ INDUSTRIELLE

ET

PROPRIÉTÉ LITTÉRAIRE ET ARTISTIQUE

La législation sur les brevets d'invention contient les mêmes principes que celle du *Chili*. Il n'y a pas de lois sur les autres matières.

RÉPUBLIQUE ARGENTINE

PROPRIÉTÉ INDUSTRIELLE.

I. — Brevets d'invention.

Législation. — La loi en vigueur pour la confédération est du 11 octobre 1864, qui a modifié celle du 15 octobre 1855.

Nature des brevets. — Le privilége est accordé aux inventeurs pour toutes inventions. On peut prendre ensuite des certificats d'addition. Des brevets d'importation sont également délivrés.

Des brevets provisoires valables pour un an et renouvelables peuvent être accordés pour permettre à l'inventeur de perfectionner son invention avant de faire le dépôt définitif.

Les produits pharmaceutiques et les combinaisons théoriques ne peuvent être l'objet d'un brevet.

Garantie. — Les brevets sont délivrés par le pouvoir exécutif sans examen préalble ni garantie.

Durée. — Le brevet d'invention est accordé pour 5, 10 ou 15 ans ; les perfectionnements et les importations ne sont protégés que pour 10 ans. Le délai court du jour du dépôt.

Taxe. — La taxe pour un brevet d'invention de cinq ans est de 500 francs, plus 50 francs pour timbre ; pour un brevet de dix ans, de 1100 francs, plus 50 francs pour timbre ; pour un brevet de quinze ans de 1750 francs, plus 125 francs pour timbre.

Pour les certificats d'addition la taxe est de moitié.

La taxe pour brevets provisoires est de 150 fr. par an.

La moitié des taxes est rendue en cas de rejet de la demande.

Cession. — Les cessions doivent être passées par acte notarié et signifiées au gouvernement.

Formalités. — La requête doit être présentée au Ministère de l'Intérieur, accompagnée d'une description complète et des dessins nécessaires à échelle métrique en double expédition.

Déchéances. — Le brevet doit être mis à exécution dans les deux ans de son obtention, et la fabrication ne peut jamais être interrompue plus de deux ans.

Nullités. — Le brevet est nul si l'invention n'est pas complétement nouvelle dans toute l'étendue de la confédération et si elle est connue à l'étranger.

Pénalités. — La contrefaçon est punie d'une amende de 250 à 2500 francs, d'un emprisonnement de un à six mois et de la confiscation des produits contrefaits.

II. — DESSINS OU MODÈLES DE FABRIQUE.

Il n'y a pas de loi sur cette matière.

III. — MARQUES DE FABRIQUE ET DE COMMERCE.

Législation. — Une loi spéciale du 14 août 1876, règlemente le droit de propriété des marques.

Nature de la marque. — La marque peut consister dans la dénomination d'objets, les noms de personnes, dans des emblèmes, monogrammes, dessins, timbres, vignettes, reliefs, lettres ou numéros spécifiés par des dessins particuliers, dans les enveloppes ou sacs renfermant les objets ou dans tout signe distinctif.

On ne peut adopter comme marques les lettres, mots, signes employés par l'État, les locutions usuelles ou spéciales à l'objet, la forme ou la couleur du produit, les dessins contraires aux bonnes mœurs.

La marque est facultative, elle peut être placée sur les objets mêmes ou sur les enveloppes.

Sont assimilés aux marques de fabrique et garantis de la même manière : le nom et la raison sociale des commerçants, les enseignes ou signes particuliers servant à désigner une maison de commerce.

Durée. — Le droit à la marque peut être perpétuel à la condition de renouveler l'enregistrement tous les dix ans et d'accomplir les autres formalités.

Taxe. — La taxe est de 40 piastres fortes (216 fr.) pour chaque période ; pour l'enregistrement des cessions il est de 20 piastres. (108 fr.)

Formalités. — La demande est déposée au bureau des brevets d'invention ; elle doit être accompagnée de deux exemplaires de la marque et d'une description en double expédition indiquant la matière du produit auquel elle doit s'appliquer.

Il faut y joindre le reçu de la taxe de la Trésorerie générale.

Publicité. — Les marques et leurs descriptions peuvent être consultées par toute personne au bureau des brevets, et on en délivre des copies moyennant 4 piastres (21 fr. 60.) plus les frais de timbre.

Cessions. — Les cessions doivent être enregistrées au bureau où la marque a été délivrée.

La vente de l'établissement aux produits desquels s'applique la marque, emporte la cession du droit d'en faire usage.

Contrefaçon. — Les réclamations contre les marques déposées ne sont admises que pendant un an à partir du jour où elles ont été mises en usage.

La poursuite du délit de contrefaçon doit être intentée dans le délai de trois ans à partir du jour où il a été commis.

Pénalités. — Ceux qui falsifient une marque, l'appliquent sur leurs produits ou vendent des objets revêtus de marques frauduleuses, sont punis d'une amende de 20 à 500 piastres fortes (108 à 2700 fr.) et d'un emprisonnement de 15 jours à 1 an, sans préjudice des dommages-intérêts pour la partie lésée.

PROPRIÉTÉ LITTÉRAIRE ET ARTISTIQUE.

Il n'existe pas de lois en cette matière.

RÉPUBLIQUE DE L'URUGUAY

PROPRIÉTÉ INDUSTRIELLE.

MARQUES DE FABRIQUE. — *Législation*. — Un décret du gouvernement provisoire daté à Montevidéo du 1er mars 1877, accorde aux fabricants protection pleine et entière pour leurs marques de fabrique.

Nature de la marque. — On admet comme marque les dénominations d'objets, les noms caractérisés par une forme spéciale et originale, emblèmes, monogrammes, gravures, timbres, vignettes, reliefs, les emballages ou enveloppes et autres signes susceptibles de distinguer les objets ; mais on ne considère pas comme marques la forme et la couleur des produits, les termes généraux et les noms ordinaires du produit, les signes employés par l'État et les emblèmes contraires à la morale.

L'usage de la marque est facultative.

Les noms et la raison sociale des commerçants sont protégés par la loi ainsi que les enseignes, et un commerçant qui veut exercer une industrie déjà exploitée, doit employer une désignation qui n'établisse pas de confusion avec les autres mai-sons existantes.

Durée. — Le droit à la marque est perpétuel à condition d'être inscrit de nouveau tous les dix ans.

Le droit au nom et à l'enseigne n'a pas besoin d'être inscrit pour être perpétuel.

Taxe. — Le droit de concession est de 50 piastres (131 fr. 50) ; celui de transfert de 25 piastres (65 fr. 75). Chaque copie d'attestation est fixée à 4 piastres (21 fr.).

Formalités. — Une demande doit être présentée à la division du ministère du gouvernement ; il faut y joindre deux exemplaires de la marque, une description en double expédition avec indication du produit auquel la marque est destinée, et une quittance de la taxe. S'il y a un mandataire, il doit être muni d'un pouvoir régulier.

Les demandes sont enregistrées et il est dressé un procès-verbal succinct.

En cas de refus de la demande on peut en appeler au même ministère, qui statue définitivement après avoir entendu les conclusions du commissaire du gouvernement.

Les noms, raisons sociales et enseignes ne sont point soumis à l'autorisation, quand ils ne servent pas de marque.

Publicité. — Les concessions de marques sont inscrites sur un registre et tous les trois mois la liste des demandes accordées ou refusées est publiée.

Les marques et les descriptions sont mises à la disposition du public.

Contrefaçon. — Sont réputés contrefacteurs ceux qui imitent une marque, appliquent sur leurs produits une marque appartenant à autrui, mettent en vente des articles marqués illégalement.

Sont également punis par la loi ceux qui trompent sur la qualité, la provenance, le nombre, le poids ou la mesure de la marchandise.

La poursuite criminelle ne peut avoir lieu que sur la plainte de la partie lésée.

L'action se prescrit par un an à compter du jour de la connaissance de la contrefaçon ou par 3 ans à partir de l'exécution de la fraude.

Pénalités. — La peine est de 100 à 500 piastres d'or (263 fr. à 1315 fr.) et d'un emprisonnement de 15 jours à un an. Elle est doublée en cas de récidive.

Le produit de la saisie des marchandises est versé à la caisse des écoles du département où la saisie a eu lieu.

Des dommages-intérêts peuvent être accordés au plaignant en compensation du préjudice causé.

PROPRIÉTÉ LITTÉRAIRE ET ARTISTIQUE.

Il n'y a pas de loi sur cette matière.

RÉPUBLIQUE DU PARAGUAY.

PROPRIÉTÉ INDUSTRIELLE.

BREVETS D'INVENTION. — *Législation*. — La matière des brevets d'invention est réglée par un décret du 20 mai 1845.

Nature du brevet. — On admet le brevet d'invention ou de perfectionnement et le brevet d'importation.

Durée. — La durée du brevet d'invention est de 5 à 10 ans à compter de la date du brevet; mais le délai peut être augmenté en raison de l'importance de la découverte.

Le brevet d'importation dure six mois au delà du brevet étranger.

Formalités. — Une requête doit être présentée au gouvernement, avec description des procédés constituant la découverte et avec plans, dessins et modèles nécessaires; le tout sous enveloppe cachetée.

Publicité. — Les pièces déposées sont à la disposition du public, à moins que le secret n'ait été demandé et accordé à l'inventeur.

Cessions. — La cession peut être faite en totalité ou en partie sans aucune formalité.

Nullité. — Il y a nullité si les vrais moyens d'exécution n'ont pas été révélés suffisamment, si les perfectionnements n'ont pas été divulgués, si la découverte n'était pas nouvelle.

Déchéance. — La déchéance est encourue s'il n'y a pas exploitation dans les deux ans, si le breveté prend sans autorisation un brevet à l'étranger pour la même découverte.

Pénalités. — Le contrefacteur peut être condamné à la confiscation, à des dommages-intérêts et à une amende de 20 $\%$ de ces dommages-intérêts ; le poursuivant, s'il succombe dans son action, peut de même être condamné à des dommages-intérêts et à une amende de 20 $\%$.

PROPRIÉTÉ LITTÉRAIRE ET ARTISTIQUE.

Il n'y a pas de loi sur cette matière.

ÉTATS-UNIS DE VENEZULA

―――

PROPRIÉTÉ INDUSTRIELLE.

Il n'y a pas de lois sur cette matière.

PROPRIÉTÉ LITTÉRAIRE ET ARTISTIQUE.

Législation. — Une loi du 19 avril 1837 a réglementé le droit des auteurs.

Durée. — Les auteurs sont propriétaires de leurs œuvres pendant leur vie, et après leur mort leurs cessionnaires ou héritiers pendant 14 ans.

Nature du droit. — La protection s'étend aux écrits en tous genres, aux traductions, aux compositions musicales, aux cartes, plans, dessins et gravures.

Dépôt. — Non-seulement il faut effectuer le dépôt d'un exemplaire, mais il faut demander une patente et l'imprimer en entier en tête de l'ouvrage; s'il s'agit d'une œuvre artistique, l'impression est remplacée par la mention : enregistré conformément à la loi.

Publicité. — La patente est publiée dans les journaux.

Pénalités. — Les peines sont la confiscation au profit de la partie lésée, des dommages-intérêts s'élevant au double de la valeur des exemplaires saisis, une amende remplacée par un emprisonnement de 3 à 6 mois en cas d'insolvabilité.

JAPON

PROPRIÉTÉ INDUSTRIELLE.

BREVETS D'INVENTION.—*Législation.* — Une loi du
23 mai 1871 règle le droit des inventeurs et leur
donne la faculté de prendre des brevets.

Nature du droit. — Les brevets sont accordés par
le Ministre de l'Intérieur aux personnes qui in-
ventent un appareil quelconque, machines, ustensiles, armes, meubles, tissus, etc., et à celles qui
font des perfectionnements aux inventions existantes.

Durée. — La durée du droit est de 7, 10 ou 15
ans suivant l'importance de l'invention.

Taxe. — Le droit est de 5 riô (26 fr. 55) par
année; la première annuité n'est payable que six
mois après que le brevet a été accordé afin de permettre à l'inventeur de s'assurer que son invention
est rémunératrice, et il peut déclarer dans ce délai
qu'il abandonne son brevet.

Formalités. — Le demandeur doit envoyer sa
demande aux autorités du district dans lequel il
demeure, avec description et dessin en coupe et en
plan, de manière que l'invention puisse être clai-
rement comprise. Cette demande est transmise au
Ministre de l'Intérieur.

PROPRIÉTÉ LITTÉRAIRE ET ARTISTIQUE.

Durée du droit. — Une loi spéciale de 1875 accorde pendant 30 ans à l'auteur et à ses héritiers le droit exclusif de vendre ; cette durée peut être prolongée de 15 ans si l'ouvrage est d'une grande utilité. Le traducteur est assimilé à l'auteur.

Formalités. — Ce droit n'est accordé que sur demande avant la publication; le dépôt de trois exemplaires est ensuite exigé avec une taxe égale au prix de six exemplaires.

Les exemplaires doivent porter l'indication de la durée du privilège.

Pénalités. — La contrefaçon est punie d'une amende de 20 à 300 *ens* (100 à 1,500 fr.) de la confiscation et de dommages-intérêts réglés sur la valeur des exemplaires vendus.

TABLE DES MATIÈRES

Pages.

PRÉFACE.   1

APERÇU GÉNÉRAL DES DIVERSES LÉGISLATIONS . .   3

FRANCE

PROPRIÉTÉ INDUSTRIELLE.

I. — *Brevets d'invention.*   25

II. — *Dessins et modèles de fabrique.* .   67

III. — *Marques de fabrique.*   79

IV. — *Droit international.*   94

PROPRIÉTÉ LITTÉRAIRE ET ARTISTIQUE.

I. — *Œuvres littéraires.*   96

II. — *Œuvres dramatiques.*   105

III. — *Œuvres artistiques.*   110

IV. — *Droit international.*   114

PAYS ÉTRANGERS.

	Prop. ind.	Prop. lit et art.
Allemagne (Empire d')	195	204
Angleterre	137	151
Argentine (République)	409	413

	Prop. ind.	Prop. litt. et art.
Autriche.	221	230
Belgique.	117	126
Brésil.	399.	402
Canada	391	396
Chili (République du).	403	405
Danemark.	293	296
Égypte	365	365
Espagne	243	248
États-Unis d'Amérique	367	377
Grèce.	361	361
Italie	167	187
Japon.	423	424
Mexique	381	385
Norwége.	286	287
Paraguay (République du)	419	420
Pays-Bas.	303	306
Pérou.	407	407
Portugal.	259	264
Russie.	313	324
Suède.	279	283
Suisse.	335	345
Turquie	363	363
Uruguay (République de l'). . . .	415	419
Vénézuela (États-Unis de) . . .	421	421

3693. — Tours, imp. Rouillé-Ladevèze, rue Chaude, 6.